铁路智能运输组织创新理论与技术系列专著

区域协同高速铁路列车运行图编制理论与方法

倪少权　张强锋　陈钉均　吕苗苗　蒋雪莹　著

科学出版社
北京

内 容 简 介

列车运行图是铁路行车组织的基础，直接反映了铁路运输组织和产品设计的质量与水平。目前我国高速铁路沿用既有普速铁路以跨线为主、换乘为辅的运输组织模式，采用先编长途后编短途列车运行线的传统编图方法，整个路网运行线纵横交织，难以编制和调整，导致高速铁路列车运行图在匹配客流特性、均衡线路能力、提高运输效能、适应市场变化等诸多方面存在发展瓶颈。本书创新性提出区域协同高速铁路运输组织模式，构建了区域协同高速铁路列车运行图编制理论与方法，从根本上解决制约我国高速铁路运输效率的瓶颈问题，提升高速铁路运营组织管理水平。

本书适合高等院校交通运输专业本科生及研究生使用，也可供相关专业师生、研究院及企业从业人员学习参考。

图书在版编目 (CIP) 数据

区域协同高速铁路列车运行图编制理论与方法 / 倪少权等著.
北京：科学出版社，2024.6.（2025.2重印）--（铁路智能运输组织创新理论与技术系列专著）. -- ISBN 978-7-03-078845-0

Ⅰ. U284.48

中国国家版本馆 CIP 数据核字第 2024YF1010 号

责任编辑：朱小刚 / 责任校对：高辰雷
责任印制：罗 科 / 封面设计：陈 敬

科 学 出 版 社 出版
北京东黄城根北街 16 号
邮政编码：100717
http://www.sciencep.com

四川青于蓝文化传播有限责任公司 印刷
科学出版社发行 各地新华书店经销

*

2024 年 6 月第 一 版　开本：B5（720×1000）
2025 年 2 月第二次印刷　印张：12 1/2
字数：240 000

定价：138.00 元
（如有印装质量问题，我社负责调换）

铁路智能运输组织创新理论与技术系列专著编委会

主　　任	何华武			
副 主 任	杨　丹	庄　河	王明慧	郭吉安
技术总监	倪少权			
编　　委	吕红霞	赵宏森	王　华	任瑞银	王瑞斌
	田长海	林柏梁	李夏苗	牛惠民	黄新建
	易志勇	蒋灵明	王　斌	程维生	张　伦
	肖建明	马　骏	彭　强	赵宏森	张学鹏
	杨晓军	谢明生	刘明杰	赵　周	田志强
	耿敬春	张　骏	邵玉华	陈　沛	彭文高
	樊均盛	王祖宽	杨秀志	王美景	何　洁
	苏祝政	李　珂	王永成	罗　广	吴　智
	王剑峰	丁　荣	陈阳龙	杨　蕾	陈钉均
	吕苗苗	潘金山	张强锋	张光远	郭孜政
	杨　达	陈　韬	李雪婷	郭秀云	

前　言

我国高速铁路沿袭了既有普速铁路以跨线为主、换乘为辅的运输组织模式，采用先编长途后编短途列车运行线的传统编图方法，整个路网运行线纵横交织，难以编制和调整，导致高速铁路列车运行图在匹配客流特性、均衡线路能力、提高运输效能、适应市场变化等诸多方面存在发展瓶颈；同时，列车运行图规格化程度较低，不利于高速铁路进一步吸引客流，制约高速铁路社会经济效益的充分发挥。因此，研究创新大规模复杂路网条件下高速铁路列车运行图编制创新理论与方法迫在眉睫。

本书突破既有高速铁路运输组织模式和传统列车运行图编制方法的束缚，研究提出基于区域协同的高速铁路运输组织模式，研究建立区域协同高速铁路列车运行图编制理论与方法，包括高速铁路区域网划分理论与方法、区域网干线单元周期列车运行图编制优化技术、区域间直通列车运行线接续优化技术、区域内跨线列车运行线选择优化技术、区域网干线列车运行图编制优化技术、区域网非干线列车运行图编制优化技术等，解决高速铁路列车运行图编制存在的路网运行线纵横交织、错综复杂、环环相扣的弊端，解决列车运行图编制复杂、调整困难、鲁棒性低、规律性弱等问题，将大规模复杂路网条件下高速铁路列车运行图编制的紧耦合问题转化为松耦合问题，提升高速铁路市场的应对能力和客运产品灵敏度。

本书借鉴和参考了国内外关于高速铁路列车运行图相关的书籍、报道、专题研究报告等书面或网络资料，并且结合了西南交通大学全国铁路列车运行图编制研发培训中心的最新研究成果，对区域协同高速铁路列车运行图的编制理论与方法进行了深入的研究。

本书由西南交通大学倪少权统稿，西南交通大学张强锋、陈钉均、吕苗苗、蒋雪莹参与了本书的撰写工作。本书在撰写过程中得到了西南交通大学吕红霞、潘金山、陈韬、李雪婷、郭秀云、廖常宇、谢春等老师的支持，还得到了霍浩阳、刘坤、宋嫣然、蒋佳锟、吴达、李斯涵、邓诗弋、王春晖、周颖、张南、余伟等研究生的大力支持，在此向他们表示衷心感谢！书中参阅了大量的国内外著作、学位论文及相关文献，并在书中采用了相关内容，在此谨向这些文献的作者致谢！感谢国家自然科学基金项目（52072314）、中国铁路北京局集团有限公司科技研究开发计划课题（2021AY01）、西南交通大学研究生教材（专著）经费建设项目专项资助（SWJTU-GHJC2022-006）的资助！

目 录

前言
第1章 绪论 ·· 1
  1.1 背景 ··· 1
  1.2 既有高速铁路运输组织模式与列车运行图编制现状 ····································· 2
    1.2.1 高速铁路运输组织模式与高速铁路列车运行图概述 ························· 3
    1.2.2 国外高速铁路运输组织模式与列车运行图编制现状 ························· 6
    1.2.3 我国高速铁路运输组织模式与列车运行图编制现状 ······················· 12
    1.2.4 国内外高速铁路列车运行图编制特点分析 ····································· 14
  1.3 既有高速铁路运输组织模式与列车运行图编制现存问题 ····························· 18
    1.3.1 我国高速铁路运输组织模式不适应性分析 ····································· 18
    1.3.2 我国高速铁路列车运行图编制模式问题分析 ································· 20
  1.4 基于区域协同的高速铁路运输组织模式 ··· 23
    1.4.1 我国高速铁路客运市场的定位 ·· 23
    1.4.2 基于区域协同的高速铁路运输组织模式的提出 ······························ 24
第2章 基于区域协同的高速铁路列车运行图编制基本理论 ······························· 27
  2.1 基于区域协同的高速铁路运输组织模式概述 ·· 27
    2.1.1 内涵 ·· 27
    2.1.2 基本原理 ··· 28
    2.1.3 基本框架 ··· 28
    2.1.4 适应性分析 ··· 29
    2.1.5 关键问题 ··· 30
  2.2 基于区域协同的高速铁路列车运行图编制原理 ·· 32
    2.2.1 编制原理 ··· 32
    2.2.2 编制特性 ··· 33
    2.2.3 与既有编图方式的区别 ··· 34
    2.2.4 编制优势 ··· 34
  2.3 基于区域协同的高速铁路列车运行图编制方法 ·· 35
    2.3.1 编制框架 ··· 35
    2.3.2 编制步骤 ··· 38
    2.3.3 编制关键技术 ··· 39

2.4 基于区域协同的高速铁路列车运行图编制管理模式 ·············· 41
    2.4.1 管理模式 ··· 41
    2.4.2 组织程序 ··· 42

第3章 高速铁路区域网划分理论与方法 ·· 45
3.1 高速铁路区域网划分关键问题分析 ·· 45
3.2 高速铁路列车合理开行距离阈值确定方法 ·· 46
    3.2.1 列车合理开行距离概述 ··· 46
    3.2.2 高速铁路列车开行距离影响因素分析 ··· 47
    3.2.3 高速铁路列车合理开行距离阈值模型 ··· 58
3.3 高速铁路换乘节点选择方法 ··· 66
    3.3.1 高速铁路换乘节点等级 ··· 66
    3.3.2 换乘节点重要度指标评价分析 ··· 67
    3.3.3 换乘节点等级划分方法 ··· 70
3.4 高速铁路区域网划分方法 ··· 72
    3.4.1 路网区域划分目的与原则 ·· 72
    3.4.2 路网区域划分影响因素 ··· 74
    3.4.3 路网区域划分问题描述 ··· 75
    3.4.4 基于空间运输联系度的区域划分理论与方法 ······························· 76

第4章 区域网干线单元周期列车运行图编制优化技术 ·························· 83
4.1 周期性列车运行图特性 ·· 83
    4.1.1 相关定义 ··· 83
    4.1.2 单元周期列车运行图编制关键要素 ·· 85
4.2 区域网干线单元周期列车运行图编制方法及流程 ···································· 89
    4.2.1 单元周期列车数量确定方法 ·· 89
    4.2.2 单元周期时间长度确定方法 ·· 89
    4.2.3 单元周期节点列车停站率确定方法 ·· 90
    4.2.4 编制流程 ··· 91
4.3 基于深度强化学习的区域网干线单元周期列车运行图编制
    优化技术 ·· 92
    4.3.1 基于深度强化学习的单元周期列车运行图编制优化原理 ·············· 93
    4.3.2 单元周期列车运行图编制环境 ·· 102
    4.3.3 多智能体强化学习优化算法 ·· 106

第5章 区域间直通列车运行线接续优化技术 ······································ 111
5.1 跨线列车运行线布局方式研究 ·· 111
    5.1.1 跨线列车运行线布局影响因素 ·· 111

5.1.2　跨线列车运行线布局关键问题 ……………………………………… 113
　　　5.1.3　区域协同高速铁路列车运行图路网跨线列车运行线布局思路 …… 116
　5.2　路网跨线列车运行线接续优化问题分析 …………………………………… 117
　　　5.2.1　问题描述 …………………………………………………………… 117
　　　5.2.2　边界界定 …………………………………………………………… 118
　　　5.2.3　相关定义 …………………………………………………………… 118
　5.3　路网跨线列车运行线接续决策优化模型构建 ……………………………… 120
　　　5.3.1　条件假设 …………………………………………………………… 120
　　　5.3.2　符号说明 …………………………………………………………… 122
　　　5.3.3　模型建立 …………………………………………………………… 123
　5.4　模型求解 ……………………………………………………………………… 126
　　　5.4.1　模型特点 …………………………………………………………… 126
　　　5.4.2　遗传优化算法设计 ………………………………………………… 127
　5.5　模型路网性推广 ……………………………………………………………… 131
　　　5.5.1　直线型路网结构 …………………………………………………… 131
　　　5.5.2　树状路网结构 ……………………………………………………… 133
　　　5.5.3　网状路网结构 ……………………………………………………… 134

第6章　区域内跨线列车运行线选择优化技术 ………………………………… 136
　6.1　区域内跨线列车运行线选择优化问题分析 ………………………………… 136
　6.2　区域内跨线列车运行线选择优化技术模型构建 …………………………… 136
　　　6.2.1　问题描述及参数定义 ……………………………………………… 136
　　　6.2.2　模型建立 …………………………………………………………… 140
　6.3　模型求解 ……………………………………………………………………… 145

第7章　区域网干线列车运行图编制优化技术 ………………………………… 150
　7.1　区域网干线列车运行图优化问题分析 ……………………………………… 150
　7.2　考虑客流需求与动车组运用的区域网干线列车运行图优化原理 ………… 151
　　　7.2.1　客流需求与动车组运用对周期性列车运行图的影响 …………… 151
　　　7.2.2　考虑客流需求与动车组运用的区域网干线列车运行图优化思路 … 152
　7.3　区域网干线列车运行图优化模型及算法 …………………………………… 153
　　　7.3.1　问题描述及假设 …………………………………………………… 153
　　　7.3.2　模型构建 …………………………………………………………… 154
　　　7.3.3　模型求解 …………………………………………………………… 157

第8章　区域网非干线列车运行图编制优化技术 ……………………………… 162
　8.1　基于客流匹配的区域网非干线列车运行图概述 …………………………… 162
　　　8.1.1　概念 ………………………………………………………………… 162

8.1.2　特点 ·· 163
　8.2　基于客流匹配的区域网非干线列车运行图编制方法研究 ············· 164
　　8.2.1　基于客流匹配的区域网非干线列车运行图编制问题分析 ············ 164
　　8.2.2　基于客流匹配的区域网非干线列车运行图编制关键技术 ············ 169
　8.3　基于客流匹配的区域网非干线列车运行图编制优化模型及算法 ··· 175
　　8.3.1　问题描述及假设 ··· 175
　　8.3.2　模型构建 ··· 176
　　8.3.3　模型求解 ··· 181
参考文献 ·· 186

第1章 绪　　论

1.1 背　　景

自 2008 年中国第一条时速 350km 的高速铁路——京津城际高速铁路通车运营以来，中国高速铁路迅猛发展。截至 2023 年末，中国高速铁路运营里程达到 4.5 万 km[1]，约占世界高速铁路总里程的 70%，领跑世界高速铁路建设的步伐，中国成为当今世界高速铁路运营里程最长、运输密度最大、成网运营场景最为复杂的国家。高速铁路的修建和运营，使得铁路运能进一步释放，旅客运输量不断增长。2023 年全国铁路旅客发送量完成 36.85 亿人，全国铁路旅客周转量完成 14717.12 亿人·km，其中高速铁路占比分别高达 70%、60%，高速铁路运输在人们日常生产生活中扮演着重要角色[1]。未来，将全面建成"全国 123 出行交通圈"，旅客联程运输更加便捷顺畅，极大地便利居民生活。

随着我国路网规模的不断扩大和客流规模的持续增加，路网结构与运输组织的需求较运营之初发生了深刻变化，我国高速铁路运输组织面临巨大挑战。

1. 高速铁路路网规模与路网结构复杂度增大

我国高速铁路网是由高速铁路、客运专线、城际铁路组成的复杂客运系统网络，路网结构空前复杂，干线与支线并存，骨干网与城际网交织，不同速度等级的线路贯通成网，连接度强，服务范围拓展，也为大量开行长途跨线列车创造了条件。受地理环境、人口密度、经济发展水平等的影响，区域线路密度不均，呈现出东部经济发达地区路网密度大、中西部经济欠发达地区路网密度小的局面。此外，还存在运营里程绵长、线路速度等级不一、车站繁多、线路衔接节点众多等特点，路网结构复杂。

2. 高速铁路旅客运输组织难度增加

随着我国高速铁路路网规模不断扩大，高速铁路旅客流量持续增加，现已成为我国旅客运输的主力军，且未来占比仍将进一步增长。为满足旅客多样化出行的需求，我国高速铁路动车组列车开行数量不断增长，2023 年全国铁路动车组达 4427 标准组 35416 辆[1]，目前高速铁路繁忙干线、多方向列车汇集的区段及枢纽节点出现了跨线车与本线车"抢流""抢点""抢线"的情况，客运产品设计与客流时空特性的协调、路网跨线车与本线车开行结构的协调难度大幅增加。此外，人口分布不均、经济发展不平衡等原因，导致我国高速铁路客运量区域分布不均衡，线路能力利用不均，制约高速铁路网运输效能的充分发挥，我国高速铁路运输组织具有多层次、多级协调的特点，运输组织统筹兼顾难度日益增大，整体路网与区域网、区域网之间的运输组织协调问题亟待解决。

3. 既有高速铁路运输组织模式不适应性显现

我国高速铁路沿袭了普速铁路以跨线为主、换乘为辅的运输组织模式，大型客运站之间开行大量直通旅客列车，该模式减少了旅客换乘次数，在一定程度上节约了旅客旅行时间，便捷了旅客出行，但随着客流增长，列车开行密度增大，其弊端日益凸显。旅客需求以中短途为主，"长线短流"现象明显，折射出高速铁路运输组织未能与客流需求形成良好契合的问题。其次，我国高速列车开行结构不协调，路网线路通过能力利用不均衡，东部地区繁忙干线负荷过大，运输能力出现"局部瓶颈"，降低了运输效能，而中西部地区部分线路存在能力空费、上座率较低的问题，呈现出运输能力"紧张"与"松弛"并存的局面。此外，我国高速铁路客运组织模式仍属于相对静态的模式，总体上是以铁路运输企业为中心的生产型模式，尚未形成动态的以市场为中心的服务型模式，难以根据客运市场需求进行精准性运输组织和实时动态优化调整，导致高速铁路客运产品灵敏度较低。

为适应以跨线为主、换乘为辅的高速铁路运输组织模式，我国高速铁路沿袭了既有线铁路列车运行图编制理论与方法，即先铺画跨线长途高速列车，后铺画区域本线列车，总体而言，立足于整体路网、全路一盘棋、先路网后区域，按照列车等级顺序铺画运行线的列车运行图编制模式。该模式在既有线和高速铁路运营之初发挥了巨大作用，但随着路网结构复杂度的增大和运输组织难度的增加，其不适应性逐渐显现：整个路网运行线纵横交织、环环相扣、错综复杂，全路列车运行图编制演变为紧耦合关系，列车运行图编制和调整难度大，市场应对能力和反应灵敏性较低；鉴于既有编图方法下高速铁路列车运行图编制问题的复杂性，高速铁路线路客运产品开发设计的自主能力受到极大限制，无法结合自身特性进行动态优化调整。

我国高速铁路已迈入引领世界大规模成网运营新时代，为突破既有高速铁路列车运行图编制理论与方法的束缚、突破路网列车运行图编制技术瓶颈、适应铁路运营战略转型需要、率先建成现代化铁路强国，研究建立与大规模路网、高复杂度路网结构和高难度运输组织需求相适应的、复杂要素耦合条件下的高速铁路列车运行图编制理论与方法迫在眉睫。

1.2 既有高速铁路运输组织模式与列车运行图编制现状

高速铁路运输组织模式作为运输组织的宏观战略决策，是制定运输组织方案、编制列车运行图的前提和基础，决定了高速铁路网络运输效能的发挥；列车运行图是高速铁路运输工作的综合计划和行车组织的基础，其编制水平与质量对提高运输能力、提升运输质量、提高服务水平和保证行车安全具有重要作用。由于国情路情、路网结构、路网规模、客流时空特性、运输组织理念等的差异，国内外高速铁路运输组织模式和列车运行图编制呈现出不同特点。

1.2.1 高速铁路运输组织模式与高速铁路列车运行图概述

1. 高速铁路运输组织模式

1）内涵

高速铁路运输组织模式是在一定管理体制下形成的，受到国家战略规划、既有路网、技术条件、社会经济情况等多方面限制，在市场需求、客流构成、客运枢纽布局、调度中心设置、动车段分布、换乘体系的完善程度等多因素的影响下逐步发展和完善，以适应新时代需求。

总的来说，高速铁路运输组织模式可概括为在一定的运营管理体制、社会经济和科技发展水平及一定的路网功能结构条件下，高速铁路所承担列车的组织形式和方法[2]，即一系列列车在高速铁路网上开行的组合形式。

高速铁路运输组织模式是制定高速铁路运输组织方案、铺画列车运行图的前提和基础，它决定着高速铁路上开行的列车种类及其相互关系和组织方法，决定着高速铁路网络的运输效能能否充分发挥。

2）分类

根据不同分类标准，对高速铁路运输组织模式进行划分，如表 1-1 所示。

表 1-1 高速铁路运输组织模式

分类标准	类型	特点
列车性质	客运专线	只开行旅客列车
	客货共线	混合开行或分时段开行
列车速度	单一速度列车共线运行	一般列车间无越行
	多种速度列车共线运行	可按需组织越行
跨线列车开行情况	仅本线列车开行	无跨线列车，旅客在跨线节点换乘
	本线和跨线列车共线开行	跨线列车可上、下高速线运行

世界各国根据自身实际需求和特点，形成了各具特色的运输组织模式，最为常见的有以下四种运输组织模式：①高速铁路线上只开行本线高速列车，跨线客

流需要换乘的"全高速-换乘"运输组织模式；②高速铁路线上只开行本线高速列车，跨线客流需高速列车下线运输的"全高速-下线"运输组织模式；③高速铁路线上开行高速旅客列车与货物列车的"混合运输"运输组织模式；④高速铁路线上开行本线高速列车与较低速度的跨线列车，即"不同速度等级列车共线开行"运输组织模式。整理总结出四种常见运输组织模式的特征、优缺点及其适用情况，如表 1-2 所示。

表 1-2 常见运输组织模式的特征、优缺点及其适用性

运输组织模式	主要特征	优点	缺点	适用情况
全高速-换乘	仅开行本线高速列车，跨线客流需换乘	①速度高，运输能力大；②追踪列车时间间隔短；③运输组织简单，便于管理	①增加换乘次数；②延长旅行时间；③旅客出行不便，降低旅行舒适度，损失客流	高速铁路自成体系
全高速-下线	仅开行本线高速列车，跨线客流需高速列车下线运输	①速度高，通过能力大；②减少换乘次数；③增大运输服务范围	①增加高速列车车底数与运营成本；②高速铁路与既有线的设施设备需能兼容	高速铁路与既有线衔接
混合运输	开行高速旅客列车与货物列车	①降低线路工程投资；②提高货物运输能力	①运输组织复杂；②通过能力降低；③最高速度受限，旅行时间延长	高速铁路由既有线改造
不同速度等级列车共线开行	开行本线高速列车与较低速度跨线列车	①减少换乘次数；②减少高速列车车底数；③扩大运输服务范围	①运输组织复杂；②速差较大，通过能力降低	高速铁路与既有线衔接

2. 高速铁路列车运行图概述

1）内涵

高速铁路列车运行图是用以表示列车在高速铁路区间运行及在车站到发或通过时刻的技术文件，它规定各车次列车占用高速铁路区间的顺序、列车在每个车站的到达和出发（或通过）时刻、列车在高速铁路区间的运行时间、列车在站的停站时间等，是全路组织列车运行的基础[3]。

高速铁路列车运行图一方面是铁路实现列车安全、正点运行和经济有效地组织铁路行车工作的基础，规定了铁路线路、站场、动车组等设备的运用，以及与行车相关部门的工作，将整个路网的运输生产活动联系为一个统一的整体，各部门严格按照规定程序组织工作，因此高速铁路列车运行图是铁路运输生产的综合计划。另一方面，高速铁路列车运行图是铁路运输企业向社会提供运输供应能力和承诺运输服务质量的一种有效形式。从这个意义上讲，列车运行图实际上是铁路面向社会服务的供给目录。因此，高速铁路列车运行图是铁路进行产品供应销售的综合计划，是铁路运输连接厂矿企业生产和社会生活的纽带。高速铁路列车

运行图的编制水平和质量对提升运输质量、保证行车安全、提高运输能力和服务水平具有重要作用。

2）分类

从国外高速铁路来看，列车运行图可分为常规列车运行图和节假日列车运行图。高速铁路可根据客流规律铺画多种版本的列车运行图以便更好地满足客流需求。目前，我国高速铁路列车运行图可以分为日常运行图、周末运行图和节假日运行图（高峰日运行图），具体包括周一到周四的日常运行图，周五、周六及周日的周末运行图，客流呈"一四平五高六低日高"的规律，节假日运行图为春运、暑运、黄金周、小长假运输期间执行的运行图。在日常和周末如果遇到突发客流，铁路局可向中国国家铁路集团有限公司申请增开节假日运行图中未开行的高速铁路列车，编制旅游旺季、特殊社会活动等分号运行图等。

3）基本要素

高速铁路列车运行图基本要素主要包括列车区间运行时分、起停车附加时分、中间站停站时间、动车组在折返站停留时间、追踪列车间隔时间、综合维修天窗开设时间等。

（1）列车区间运行时分。列车区间运行时分是指列车在两相邻车站（线路所）之间运行的时间标准，通常需要按照上下行方向和动车组的类型根据实际运行数据和模拟仿真计算分别确定。区间运行时分影响因素很多，主要包括动车类型及列车编组、线路纵断面、线路限速和接触网分相位置等。

（2）起停车附加时分。列车不停车通过区间两端车站所需的运行时分，称为区间纯运行时分。列车由车站启动出发或到站停站比不停车直接通过车站所增加的运行时分，称为起停车附加时分。

（3）中间站停站时间。列车在中间站停站时间主要是指动车组列车在中间站上办理必要作业所需要的最小时间。目前，我国高速铁路动车组的上水、排污等作业通常在动车段（动车运用所）、拥有相关吸污设备的始发站进行，一般只在中间站办理旅客乘降作业（有时有待避等其他技术作业）。

（4）动车组在折返站停留时间。动车组在折返站停留时间是指动车组列车终到后需要变更车次反向始发运行，在折返站办理必要技术作业所需的最小时间，也称为标准折返时间。折返站停留时间一般根据动车组的折返作业内容和流程及实际作业数据来计算、修正并确定。

（5）追踪列车间隔时间。追踪列车间隔时间为相邻追踪运行的两列车为保证行车安全，综合考虑线路状况、列控系统、动车组性能及车站信号设备等因素，所需的最小间隔时间。

（6）综合维修天窗开设时间。高速铁路综合维修主要指对线路、供电、信号等固定设备进行日常维护和检修。在列车运行图上预留的用于维修施工所需要的行车空隙称为天窗。为了保证高速铁路行车安全和正常运营，铁路线路、车站信号、牵引供电、信联闭等固定设施设备的养护维修作业都需要每天在一个固定时间段内进行，不同铁路线路根据实际情况略有不同。在高速度、高密度行车条件下，综合维修天窗开设形式和维修时间的确定，对铁路通过能力、行车组织方式影响较大。

1.2.2　国外高速铁路运输组织模式与列车运行图编制现状

日本、法国、德国等较早建成了高速铁路，其根据自身实际需求和特点，形成了各具特色的运输组织模式，并在列车运行图编制方面积累了较多的经验，取得了较好的实际运营效果，可为我国高速铁路列车运行图编制提供借鉴。

1. 日本高速铁路运输组织模式与列车运行图编制现状

日本是世界铁路运营效率最高的国家之一，也是高速铁路投入运营最早的国家。自高速铁路开通以来，日本一直高度重视列车运行图编制工作，形成了独具特色的规格化列车运行图结构[4]。日本高速铁路运输组织的高效和高服务质量与其高质量的列车运行图编制密不可分。

1）高速铁路网

1964 年 10 月 1 日，日本建成了世界上第一条高速铁路新干线。截至 2023 年 6 月，日本已开通或部分开通运营的高速铁路有 8 条，里程共计约 2831km[5]。目前，最高运营速度为 240～320km/h。

2）"全高速-换乘"高速铁路运输组织模式

由于日本新干线铁路多为自成体系的高速客运铁路，各运营线路间相对封闭，相互不联通，线路上只开行本线高速铁路列车，且新干线与在来线（普速铁路）轨距不同，跨线客流需要接续换乘，但只需购置一张车票，且不开行一站直达式列车，所有列车均需中途停站。因此，日本新干线铁路采用"全高速-换乘"运输组织模式，即高速铁路线上只运行高速度等级列车，采取直达运输模式，无跨线列车运行。为提高运输效率、吸引跨线客流，采用了高效、便捷的换乘组织模式：车站没有庞大的到发线组和复杂的候车机制，缩短了列车的停站时间；将跨线客流的换乘列车接发于同一站台，旅客可实现"门对门"换乘，提高旅客出行舒适性。换乘站发达完善的换乘体系为跨线客流的接续换乘提供了便利。此外，通过同一线路上列车停站方案的不同来满足广大旅客多样化的旅行需求。

"全高速-换乘"运输组织模式中行车组织较简单，便于管理，并且列车运行速度高（新干线最高运营速度可达 240～320km/h），追踪间隔时间短，运输能力大，满足快速、大量的旅客运输需求。但对于跨线运输的旅客会提高其时间成本，因为换乘延长了旅行时间，降低了旅行舒适度，甚至可能促使部分客流转向其他运输工具。

3）高速铁路列车运行图编制

（1）列车运行图编制管理。

1987年4月1日，日本国有铁路（Japan Railways，JR）依照《日本国有铁道改革法》，将原客、货运业务划分成6家客运公司和1家货运公司。日本国营铁路根据客流方向分为北海道客运铁道（JR Hokkaido）、东日本客运铁道（JR East）、东海客运铁道（JR Central）、西日本客运铁道（JR West）、四国客运铁道（JR Shikoku）、九州客运铁道（JR Kyushu）公司[6]。日本客运公司拥有线路的所有权，区域内高速铁路和既有线由同一公司经营。日本对列车运行图的管理体系十分明确，均由各公司本部（总社）编制，并根据市场变化和需要进行修订后，交给调度执行，对跨区域（公司）列车运行图的编制，由相关区域（公司）协商确定。

（2）列车运行图类型。

日本新干线列车运行图将列车分为3类，即定期列车、季节列车和临时列车。定期列车时刻固定，每日开行；季节列车时刻固定，在确定开行期间或日期开行；临时列车开行时间不固定，临时指定开行期间（或日期）和时刻。

（3）列车运行图特点。

日本新干线列车运行图日运营时间为6:00～24:00，夜间用于线路的维修保养[7]。目前，东海道新干线开行了Nozomi（"希望号"）、Hikari（"光号"）和Kodama（"回声号"）3种等级的列车。其等级的确定主要依据列车停站类型和停站数量，Nozomi（"希望号"）为大节点停站，只停靠名古屋、京都等站；Hikari（"光号"）、Kodama（"回声号"）为小站交错停和站站停列车，3种列车分别服务于不同出行目的和不同起讫点之间的客流，形成了3种不同等级的列车共线运行模式。在实际运营中，东海道新干线列车运行图在7:00～18:00运营时段内，基本符合以1h为周期的周期性列车运行图模式，规格化程度很高。

此外，日本高速铁路为了适应客流的波动，在基本列车运行图基础上编制了较多的节假日备用运行线，使节假日与工作日的列车开行密度基本均衡，无明显的运行高峰，这是日本高速铁路列车运行图的显著特点。

（4）列车运行图编制步骤。

日本铁路运输计划业务主要指基本计划、车辆使用计划和实施计划的编制[8]。基本计划的审定工作每年由各铁路公司联合进行，其编制步骤如下：确定公司的经营方针，运量预测，确定修改框架，编制列车运行图草案，确定列车运行图方案，新图实施。根据运输需求的变化制定临时列车计划，每个季度对计划进行调整，加入季节性列车和特殊列车，形成日常的运输方案。日本高速铁路列车运行图自1991年后采用列车运行图编制系统进行编制。

通过日本高速铁路列车运行图编制工作可以看出以下几个方面：

① 列车运行图编制具有"自主管理、协商编制"的特点；

② 日本高速铁路采用了周期性列车运行图，即采用"规格化"小时制循环铺画列车运行图模式，列车开行规律化、模式化；

③ 各区域（公司）列车运行图相对独立编制，区域（公司）间协商编制；

④ 列车运行标尺等级较少，且等级之间速差较小，列车运行线基本是平行运行线；

⑤ 同等级列车间无越行，列车间的关系较为简单；

⑥ 列车运行线分布均衡，列车运行图能力利用率较高。

2. 法国高速铁路运输组织模式及列车运行图编制现状

法国是欧洲高速铁路技术最先进、运营经验最丰富的国家之一。自20世纪70年代开始，法国先后通过改良蒸汽机技术和电气化改造，铁路最高运营速度可分别达到144km/h和331km/h[9]，为高速铁路的发展奠定了基础。

1）高速铁路网

1981年，TGV（法语"train à grande vitesse"的缩写，意为"高速列车"）东南线（巴黎—里昂）开通，最高运营速度达381km/h，标志着欧洲高速铁路发展的开始。此后，法国先后开通了高速铁路大西洋线（巴黎—图尔、勒芒）、北线（巴黎—加来、比利时边境）、罗讷—阿尔卑斯线（东南线—瓦朗斯）、地中海线（瓦朗斯—马赛）和东线（巴黎—斯特拉斯堡）等[10]。其中，巴黎占据绝对优势的地理位置，形成了以巴黎为中心的辐射状高速铁路网。法国形成了以巴黎为中心，向西南部、北部和东部以及围绕巴黎连接主干道的环线构成的放射状分布格局，高速铁路运营里程已达4537km[11]。由于法国在修建高速铁路初就确定TGV高速列车可下线运行，TGV高速列车运行范围远超高速铁路运营里程。巴黎是法国高速铁路网的中心，利兰地是机车车辆的维修中心，其北部负责维修车辆，中部负责TGV、欧洲之星和Thalys高速列车，南部负责日常维修[12]。

2）"全高速-下线"高速铁路运输组织模式

法国TGV与既有线兼容，采用"全高速-下线"高速铁路运输组织模式，即旅客列车在高速铁路上保持高速运行，最高运行速度可达350km/h，对于跨线客流的运输，只能降速下线到既有线上继续运输。高速铁路线上不仅运行本线高速列车，而且运行跨线列车。此外，法国既有线路质量较高，大部分跨线列车采用直达运输，增加了高速列车的通行网络，扩大了服务范围，提高了高速铁路线路的利用效率，便捷舒适的体验吸引了更多客流，提高了其市场竞争力。此外，高速铁路网上相同速度等级的列车共线运营，可以充分发挥路网能力，编制相对灵活的周期性列车运行图。部分区间采用固定发车时间间隔的周期性列车运行图模式。

在全高速客运专线上，列车开行频率高，编组较小，线路能力利用较充分，部分列车采用小编组方式加强小规模客流组织。法国高速铁路与既有线联通，通达性较好，但法国审计法院认为 1~3h 是高速铁路列车的合理运行范围[13]。因此，法国 TGV 开行距离较短，形成以巴黎为中心，列车开行 1h 内、1~2h、2~3h、3h 以上的时间圈，开行最长距离约 565km，从巴黎至马赛等东南沿海城市的东南延长线，直达列车最高时速为 320km，全程开行时间约为 5.5h[13]。

3）高速铁路列车运行图编制

（1）列车运行图编制管理。

法国铁路网运分离后，路网公司划分为多个管理部门，列车运行图编制是 2 级管理模式。其中，法国国营铁路公司（Société Nationale des Chemins de fer Français，SNCF）是法国独家铁路运营商，向路网公司支付线路使用费，其运营基础部受路网公司委托具体负责列车运行图的编制[14]。SNCF 运营基础部设有列车运行图编制办公室，分东北、东南和大西洋三个区，分别编制三个区的长途客货列车运行图；23 个铁路局中设有列车运行图办公室，负责各自管内列车运行图编制；另外 SNCF 的 150 个车站（到发线超过 4 股道）参加编图工作，同步编制车站股道占用计划[14]。

（2）列车运行图特点。

为充分发挥线路能力和提高资源利用率，法国高速铁路列车运行速度相同，采用周期性列车运行图模式。其周期性列车运行图模式相对灵活，部分区间采用固定发车间隔时间的周期性列车运行图模式，部分区间采用周期内发车数量相同的周期性列车运行图模式。此外，法国高速铁路列车运行图还具有如下特点：

① 运行线基本固定，其中 80%的运行线基本不发生变化，20%为新增或调整运行线；

② 列车运行图中留有一定数量的备用线，以应对客流波动和列车运行调整；

③ 最小追踪间隔时间较短，北方线为 3min，其他线为 4min，高峰期列车连续追踪最多为 4 列[15]。

（3）列车运行图编制步骤。

法国高速铁路列车运行图编制由路网公司组织实施，大致分为三个阶段，即申请与研究、编制与滞后申请、滞后申请处理。具体如下[15]：

① 运输生产部门向路网公司提出开行方案、基础设施维修时间需求等申请；

② 路网公司委托运营基础部列车运行图编制办公室编制列车运行图；

③ 参照历年列车运行图，依据运输需求分阶段编制列车运行图，重点处理好运营与维修的关系，交付列车运行图方案；

④ 路网公司审批，通告相关运输企业。

法国高速铁路列车运行图编制采用 THOR 软件作为编图辅助工具，将线路技术资料输入 THOR 数据库，THOR 软件将各数据进行综合处理，生成运行线的始发终到时刻和车站、停站车站和停站时间、列车旅行时间等。

通过法国高速铁路列车运行图编制工作可以看出以下几个方面：
① 列车运行图编制具有"统一管理、分层编制"的特点；
② 采用周期性列车运行图模式；
③ 各区域（管内）独立编制列车运行图；
④ 列车同速度等级开行，线路能力利用率高；
⑤ 最小追踪间隔时间较短，发车频率高；
⑥ 列车开行频率与客流需求吻合度高；
⑦ 预留一定数量的备用线，运输组织调整难度较小。

3. 德国高速铁路运输组织模式与列车运行图编制现状

德国于 20 世纪 90 年代初开始修建高速铁路，虽然德国高速铁路在运营时间和全面掌握高速铁路技术方面比日本、法国要晚，但德国的高速铁路技术起步较早，1988 年德国电力牵引的行车试验速度已经突破 400km/h，达到 406.9km/h，其独特的技术已经能与日本、法国相媲美。目前，德国是欧洲高速铁路技术最先进和运营里程最长的国家之一。

1）高速铁路网

1991 年 6 月 2 日，德国第一条高速铁路（汉诺威—维尔茨堡）正式开通运营，后续又陆续修建了曼海姆—斯图加特、柏林—汉诺威等高速铁路。除新建线路外，德国对既有线进行技术改造，最高允许速度可达 200km/h，形成由新建线路和既有线改造线路组成的高速铁路网，路网中各线路设计速度不同，采用客货混跑模式[12, 14]。德国高速铁路运营里程达 6226km[11]，高速铁路已贯通成网，其旗舰高速铁路 ICE（InterCity Express）列车可通达德国各地。

2）"混合运输"高速铁路运输组织模式

德国铁路网呈现多中心城市分散性的路网格局，主要开行中心城市间、中心城市与相邻城市间、中心城市与邻国间的高速列车。开行方案的制定以舒适、快捷的 ICE 为骨干，采用固定时间间隔的"节拍式"开行模式，根据客流密度调整节拍间隔，利用便捷的换乘设备满足旅客运输需求，实现所有路网连接城市间的快速通达。

德国高速铁路采用跨线列车直达运输、不同速度等级的列车混行、客货混行的"混合运输"组织模式。高速铁路线路上开行列车较为复杂，ICE 高速铁路列车、短途旅客列车、速度较低的货物列车三种列车混行，运营中要同时兼顾三种列车的行车要求，信号系统复杂度增大，安全保障难度增加。混合运输增加了运输组织的复杂性，限制了旅客运输的最高速度，延长了旅客的旅行时间。此外，由于客货列车速度差较大，旅客列车扣除系数增大，降低了线路的通过能力。

3）高速铁路列车运行图编制

（1）列车运行图编制管理。

德国铁路经过一系列的改革，德国联邦铁路和德国国营铁路于 1994 年合二为一，成立了德国铁路股份公司，组建了联邦铁路局和联邦铁路资产局，实现了网运分离和政企分开[16]。联邦铁路局和联邦铁路资产局归德国联邦交通、建设和住宅部管理，属于行政机构。1999 年 1 月 1 日，德国铁路股份公司将内部长途客运、短途客运、货运、路网等 4 个独立核算的事业部改组为 5 个分公司，即路网公司、长途客运公司、短途客运公司、货运公司及车站与服务公司[14]。路网公司主要负责列车运行图的管理、行车与调度指挥、路网建设和基础设施维护等工作。

德国铁路列车运行图的最终决定权在路网公司，列车运行图的编制主要由路网公司运营部门负责[14]，该部门具体负责制定列车运行图的编制原则、标准、规范，组织编制、协调和调整国际联运列车运行图，负责跨区域大型施工的组织和管理等。其编制依据主要是各运营公司提出的列车运行线订购计划，列车运行线是其唯一产品。德国铁路境内列车运行图由路网公司下属的 7 个分公司负责编制[14, 16]。过境列车运行线由总公司负责设计方案，其余列车由各区域（公司）自行编制[15]；跨区域（公司）列车运行图运行线铺画等相关问题主要由各分公司自行协商解决，但一般情况下 ICE 列车保持基本稳定[14, 15]；路网公司营销部门只对各分公司间解决不了的极个别问题进行协调。

（2）列车运行图特点[14, 16]。

德国高速铁路 ICE 实行固定时间间隔发车的节拍式开行方式。在德国大城市间以 2h 节拍基础开行直达列车，实现主要城市的客流快速直达；在繁忙干线或区段 2h 节拍列车重叠，对列车运行图合理处理后构成繁忙干线或区段 1h 或 0.5h 节拍列车。德国铁路从 20 世纪 70 年代末由 ICE 列车开始实施周期运行，目前所有列车都已采用了严格的周期性运行模式。

（3）列车运行图编制步骤[14-16]。

德国高速铁路列车运行图编制主要依据产品（运行线）订购情况，通过各公司协商编制，具体如下：

① 路网公司提供规划图，客户根据需要预购运行线；
② 路网公司对客户预定进行协调，编制协调图；
③ 路网公司根据客户意见修改列车运行图；
④ 路网公司与客户签订运行线购买合同；
⑤ 公布列车运行图。

德国铁路列车运行图采用计算机辅助编图系统进行编制，列车运行图每年变更一次，每年 12 月份的第 2 个周末实施新图。

通过德国的高速铁路列车运行图编制工作可以看出以下几个方面：

① 列车运行图编制具有"统一管理、按需定制"[16]的特点；
② 德国的高速铁路采用节拍化或周期性运行模式；
③ 区域（公司）自主编制列车运行图，区域协商编制跨区域（公司）列车运行图；
④ 发车频率高，方便旅客出行；
⑤ 重视服务质量，注重客流时空特性的满足和客流直达化输送。

1.2.3 我国高速铁路运输组织模式与列车运行图编制现状

目前，我国高速铁路总体上沿袭了普速铁路以跨线为主、换乘为辅的运输组织模式以及传统的列车运行图编制模式，立足于整体路网、全路一盘棋、先跨线后本线，按照列车等级顺序铺画列车运行线。

1）我国高速铁路网

目前，我国高速铁路已经形成了高速铁路、客运专线、城际铁路与既有线铁路贯通运营，运营速度最高、运营里程最长、跨越区域最广、运载人数最多、动车组数量最多、动车组谱系最全的复杂客运网络。随着石济高速铁路正式开通运营，标志着我国"四纵四横"高速铁路网中的"四横"完美收官，"八纵八横"的蓝图也在紧锣密鼓地实施当中。按照《"十四五"现代综合交通运输体系发展规划》，我国将构建现代铁路网络，加快推进"八纵八横"高速铁路主通道建设，到 2025 年我国高速铁路网对 50 万人口以上的城市覆盖率达到 95%以上，普速铁路瓶颈路段基本消除[17]。

2）跨线为主、换乘为辅的高速铁路运输组织模式

在全国高速铁路网中选取若干代表性线路，针对所运行的列车种类、列车运行速度、是否跨线等因素，结合 2022 年高速铁路线路运营数据进行统计分析，可将我国高速铁路运输组织模式归纳为四种情况，如表 1-3 所示。

表 1-3 我国高速铁路运输组织模式的分类

线路设计速度		运输组织模式
300km/h 及其以上		通常为客运专线；本、跨线列车混行；不同速度等级列车混行；少数设计速度超过 350km/h，相同速度等级列车运行（如京沪高速铁路）
200~250km/h	新建	通常为客运专线；本、跨线列车混行；不同速度等级列车混行
	既有改造	通常为客货混跑；本、跨线列车混行；不同速度等级列车混行
城际		通常为客运专线；仅开行本线列车；相同速度等级列车运行

我国高速铁路网规模庞大，结构复杂，旅客运输需求多样，路网中存在大量跨线客流，除城际铁路外，本、跨线列车共线运行。我国铁路旅客运输注重直达运输比例，随着跨线客流比重不断增长，跨线列车开行数量迅速增加，以最繁忙的京沪高速铁路为例，为满足旅客运输需求，跨线列车的开行比例高达75%左右，占比过半。跨线列车的开行可以延伸高速列车服务范围，最大限度提高旅客直达率，减少旅客换乘时间，降低旅客疲劳度，方便旅客旅行。目前，我国跨线客流主要由跨线列车直达输送。综上，当前我国高速铁路主要采用以跨线为主、换乘为辅的运输组织模式。

3）高速铁路列车运行图编制

（1）列车运行图管理。

目前，我国铁路列车运行图编制管理模式按照统一领导、两级管理的模式。中国国家铁路集团有限公司和铁路局成立列车运行图编制委员会和编图工作组，领导和具体实施全路列车运行图编制工作。中国国家铁路集团有限公司负责确定列车运行图的编制原则、方针及任务，制定直通客车方案图，并领导组织全路列车运行图编制工作；铁路局负责拟定具体行动计划，并具体负责完成本局的编图工作[18]。

（2）列车运行图类型。

目前，我国高速铁路列车运行图按需要调配，可分为日常运行图、周末运行图和节假日运行图（高峰日运行图）。周一至周四为日常运行图，周五至周日为周末运行图，春运、暑期、黄金周、小长假等为节假日运行图。

（3）列车运行图编制方法。

编制高速铁路列车运行图时需要处理好各方面的关系，安排好整个方向的列车运行线，以提高列车运行图的编制质量。我国既有高速铁路列车运行图编制采用先铺画跨局、跨线长途高速列车，后铺画管内、本线列车的方法，即先将全路的列车运行图框架编好后再以插线方式编制本线列车。总体而言，这是立足于整体路网、全路一盘棋、先路网后局部，按照列车等级分层铺画运行线的编制方法。我国高速铁路列车运行图的编制顺序大体如下[15]。

① 运行线按等级顺序铺画：按照列车性质及运行距离长短将列车划分为不同等级，按照等级的高低顺序铺画列车运行线，即先铺画路网长距离跨线列车运行线，后铺画短距离区域网本线列车运行线。

② 同等级列车按出发时刻先后顺序铺画：对于同等级列车，按出发时刻进行排序，顺序铺画列车运行线。

③ 高等级及先铺画列车具有优先权：在运行线铺画及调整过程中，当所铺画列车与已铺画列车发生冲突时，先调整正在铺画运行线的列车，再调整与其冲突的列车。

我国对计算机编制列车运行图进行了长期研发。2000 年，以全国铁路为背景的列车运行图编制系统的研发取得了显著进展，并应用于生产实际，取代了手工作业编图方式；2003 年，研发了计算机编制全路直通客车运行图方案系统，实现了基于计算机局域网编制全路直通客车方案二分格图；2009 年，研发了支持基于互联网编图的全路列车运行图编制系统 3.0 版；2014 年，又成功研发了全路列车运行图编制系统 4.0 版，应用于我国路网列车运行图编制，进一步提升了我国高速铁路列车运行图的编制水平[19]。

（4）列车运行图编制步骤。

总体上看，跨局列车由中国国家铁路集团有限公司组织编制，管内列车由铁路局负责编制。宏观上看，我国既有高速铁路列车运行图的编制大致分两步：第一步，编制列车运行方案图，注重解决列车运行图的整体布局问题，它只铺画出每一个方向各技术站间的列车运行线，而不详细铺画出经过每一车站的时刻；第二步，根据方案图铺画详细的列车运行图，即详细规定每一列车在各站的到发、通过时刻和顺序[3]。总体上主要解决方便旅客旅行、机车车辆合理运用、保证列车运行与技术站作业协调、为货物列车创造开行条件等几个方面的问题。我国既有高速铁路列车运行图编制流程如图 1-1 所示，具体流程如下[3]。

① 建议方案：各局提出本、跨线列车开行建议方案及既有线跨线列车上线运行的方案建议。

② 研究确定列车开行方案：中国国家铁路集团有限公司统一组织研究确定列车开行方案，主要包括列车开行对数和列车运行路径。

③ 列车运行图数据资料的加工、整理、审核及确定：编图前，中国国家铁路集团有限公司组织召开全路总工程师会议，审核各局相关资料，并整理加工。

④ 编制全路直通旅客列车运行方案图：主要解决旅客列车运行与动车组周转、直通旅客列车与管内旅客列车、铁路旅客列车与其他运输方式、旅客列车运行与客运站技术作业过程和能力及旅客列车始发、终到站的到发时刻与方便旅客出行的协调等问题。

⑤ 编制旅客列车运行详图：在全路直通客车运行方案基础上，编制全路所有列车（本、跨线列车等）到发或通过车站时刻和占用区间的顺序。

⑥ 列车运行图编制完成：计算列车运行图各项指标，打印列车时刻表，绘制列车运行图。

1.2.4　国内外高速铁路列车运行图编制特点分析

综合来看，日本和欧洲高速铁路形成了一套较为完备的周期性列车运行图编制模式，我国高速铁路总体沿用了传统的既有线铁路列车运行图编制模式。

第 1 章 绪 论

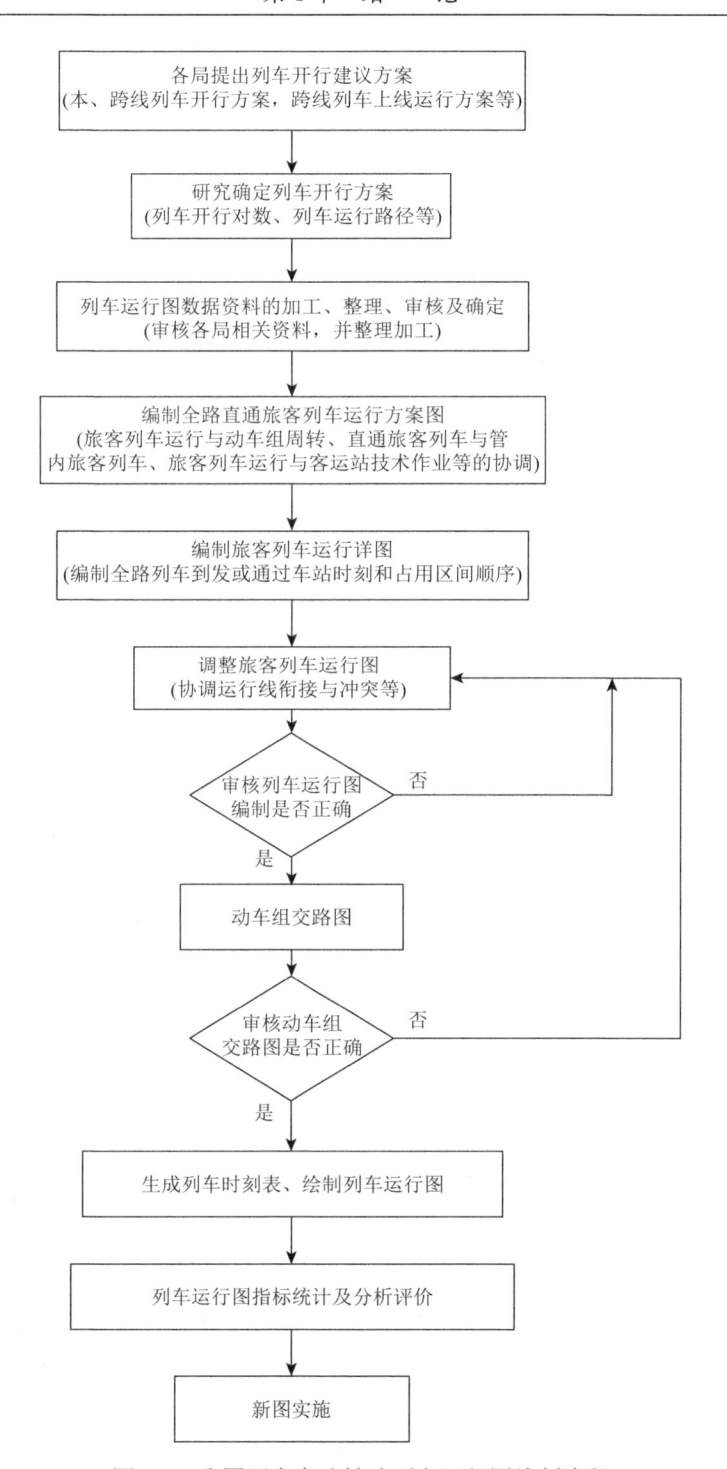

```
┌─────────────────────────────────┐
│      各局提出列车开行建议方案        │
│ (本、跨线列车开行方案，跨线列车上线运行方案等) │
└─────────────────────────────────┘
                │
                ▼
┌─────────────────────────────────┐
│      研究确定列车开行方案          │
│   (列车开行对数、列车运行路径等)     │
└─────────────────────────────────┘
                │
                ▼
┌─────────────────────────────────┐
│  列车运行图数据资料的加工、整理、审核及确定  │
│    (审核各局相关资料，并整理加工)     │
└─────────────────────────────────┘
                │
                ▼
┌─────────────────────────────────┐
│    编制全路直通旅客列车运行方案图       │
│ (旅客列车运行与动车组周转、直通旅客列车与管 │
│  内旅客列车、旅客列车运行与客运站技术作业等的 │
│              协调)              │
└─────────────────────────────────┘
                │
                ▼
┌─────────────────────────────────┐
│        编制旅客列车运行详图         │
│ (编制全路列车到发或通过车站时刻和占用区间顺序) │
└─────────────────────────────────┘
                │
                ▼
┌─────────────────────────────────┐◄──┐
│        调整旅客列车运行图           │   │
│      (协调运行线衔接与冲突等)         │   │
└─────────────────────────────────┘   │
                │                     │
                ▼                     │
            ╱╲审核列车运行图╲           │
           ╱  编制是否正确  ╲──否──────┤
            ╲              ╱          │
                │是                   │
                ▼                     │
┌─────────────────────────────────┐   │
│           动车组交路图              │   │
└─────────────────────────────────┘   │
                │                     │
                ▼                     │
            ╱╲审核动车组╲              │
           ╱ 交路图是否正确 ╲──否──────┘
            ╲              ╱
                │是
                ▼
┌─────────────────────────────────┐
│   生成列车时刻表、绘制列车运行图      │
└─────────────────────────────────┘
                │
                ▼
┌─────────────────────────────────┐
│     列车运行图指标统计及分析评价       │
└─────────────────────────────────┘
                │
                ▼
┌─────────────────────────────────┐
│             新图实施               │
└─────────────────────────────────┘
```

图 1-1　我国既有高速铁路列车运行图编制流程

1. 国外高速铁路列车运行图编制特点

日本和欧洲高速铁路列车运行图编制起步较早，高速铁路列车运行图编制与自身特点结合较好，运营效果较好，形成了一套比较完备的周期性、规格化列车运行图编制模式，其特点主要体现在以下几个方面：

（1）列车开行规律基本采用周期性、规格化列车运行图编制模式。国外高速铁路列车运行图编制通常以 1h 为周期，铺画大致相同的运行线，列车的开行呈现模式化和规律化的特点，根据客流需求波动进行调整。

（2）充分发挥各区域（公司）列车运行图自主编制能力。列车运行图编制时，充分考虑了区域（公司）的实际情况和利益，充分发挥其列车运行图自主编制能力和客运产品优化设计能力。

（3）区域（公司）协调编制跨区域（公司）列车运行图。列车运行图编制时，对于跨区域（公司）列车基本采用区域（公司）间协商编制模式，进而实现跨区域（公司）列车在所经区域（公司）协调开行。

（4）较好地适应市场变化，列车运行图类型丰富。列车运行图编制时，充分考虑了客流需求与变化，列车运行图充分体现了季节、节假日、周末等方面的波动变化。

（5）列车运行图格局稳定，列车运行图编制与调整的复杂度、难度较低。列车运行图编制时，运行线基本固定、铺画均衡，并可根据实际需求进行个别调整和新增；列车之间的越行和待避较少，列车间关系简单；固定时间间隔、规律化、节拍化方式编制。总体而言，列车运行图格局相对稳定，列车运行图编制的复杂度和调整难度较低。

（6）将运行线作为产品，列车运行图编制直接面向客户。国外高速铁路，尤其是德国将运行线视为产品，列车运行图的质量直接体现服务质量，同时也直接影响运输企业效益。

2. 我国高速铁路列车运行图编制特点

综合来看，我国高速铁路起步较晚，现行高速铁路列车运行图编制总体沿袭了既有线铁路列车运行图的编制理论与方法，主要具有如下特点。

1）采用传统列车运行图编制模式

我国高速铁路采用立足整体路网、全路一盘棋、先路网后区域，按照列车等级顺序铺画列车运行线的运行图编制模式，总体而言基本沿用了既有传统列车运行图编制模式。

2）注重全面布局和各层、各级的协调关系

我国高速铁路注重解决列车运行图的全面布局问题，在编制列车运行图时，只针对每一方向铺画各技术站间的运行线,而不详细铺画经过每一车站的时刻。在铺画列车运行图详图时,注重各层、各级的协调关系,较好地实现了旅客列车运行与动车组周转、直通旅客列车与管内旅客列车、旅客列车运行与客运站技术作业过程和能力以及旅客列车始发站、终到站的到发时刻等方面的协调。

3) 列车开行规律性较差

由于我国高速铁路列车运行图编制采用既有传统列车运行图编制模式,虽然采用了同类列车成组铺画的方法,但总体而言,不同时段的列车运行线具有较大差异,列车开行规律性较差。

4) 不同种类、等级和速度等级的高速动车组列车混跑

高速铁路是铁路通道的有机组成部分,我国高速铁路线路上运行着跨区域长途跨线列车、区域短距离本线列车和直达列车、大节点停站列车、站站停列车等不同种类、等级的高速动车组列车;运行着 CRH、CR 系列和 200~250km/h、300~350km/h 等不同速度等级的动车组列车,呈现了不同种类、等级和速度等级高速动车组列车混跑的局面。

5) 注重客流直达化输送

客运输送模式直接影响列车运行图的编制,我国高速铁路采用了既有线铁路直达化为主的运输组织模式。该模式多侧重于旅客的直达性(合理始发与终到时间、减少换乘)及降低运营成本(节约动车组)等方面,路网中尽可能开行直达列车,实现客流点到点的直达化输送,客运产品一次形成。

6) 列车运行线的安排时段分布不均

由于高速铁路客流存在高峰与低谷时段,且长距离列车受矩形天窗(即旅客列车允许始发、终到时间范围)等的限制,列车的始发与终到时间集中在一定时段内,使得我国高速铁路各时段内列车运行线分布不均。

7) 跨线列车比例高

高速铁路是我国铁路通道的重要组成部分,除了承担本线客流输送任务,还承担大量的跨线列车客流输送任务。我国高速铁路跨线列车开行比例高,且随着新建线路的开通运营,跨线列车开行比例会进一步增加。

8) 列车运行图能力利用率有进一步提升的空间

我国高速铁路列车停站方案多样化、长距离列车开行数量多、列车速度等级不一、夜间预留"天窗"等原因,造成列车运行图能力利用率较低,有进一步提升的空间。

9) 列车运行图编制和调整难度大

由于我国高速铁路列车运行图总体沿用了既有线列车运行图编制模式,路网列车运行图编制成为紧耦合问题,各线、各区域关联性强,列车之间关系复杂,往往牵一发而动全身,列车运行图的编制和调整难度大。

国外高速铁路周期性列车运行图编制和运营的成功经验为本书研究提供了思路和借鉴，为本章的研究奠定了基础。但鉴于我国国情和高速铁路路情与国外存在较大差异，我国高速铁路的路网规模、路网结构复杂度、客流规模和运输组织难度远超日本和欧洲，国外周期性列车运行图编制、运营的成功经验和现行模式不能照搬和套用，需结合我国的国情和高速铁路路情的实际情况进行改进和完善，形成适合我国高速铁路列车运行图编制的理论体系。

1.3 既有高速铁路运输组织模式与列车运行图编制现存问题

1.3.1 我国高速铁路运输组织模式不适应性分析

随着我国高速铁路路网结构复杂程度不断增大，客运需求日益增长，列车开行密度持续增加，以跨线为主的高速铁路运输组织模式的不适应性逐渐凸显。

1. 高速铁路运输组织模式与客流需求契合度不够

我国高速铁路沿袭了既有线铁路的运输组织模式，即以跨线为主、换乘为辅的运输组织模式。近年来，我国开行了大量长途跨线直通旅客列车，但根据售票数据分析，旅客大多为中短程客流，真正全程乘坐的旅客数不足列车定员的 1/3。"长线短流"的现象反映出我国现有以跨线为主的高速铁路运输组织模式未能与客流需求形成良好契合，与客流实际市场需求脱节，导致运能浪费。此外，随着路网的不断完善，大量新增跨线列车的开行打破已有本线列车运行图的框架，导致列车运行图结构变动频繁，列车开行缺乏规律性，不便于旅客记忆。

2. 列车开行结构不协调，线路能力利用不充分

既有以跨线为主的运输组织模式难以统筹兼顾各区域、各线路的客流时空特性与列车开行特点等实际情况，一定程度上存在路网长距离跨线列车之间、路网长距离跨线列车与区域或本线列车在停站方案、运行速度、运行时段等方面列车开行结构不协调的问题，某些干线、多方向列车汇集区段、枢纽节点出现了跨线列车与本线列车"抢点""抢线"的现象，直接导致运能浪费和部分列车降速运行，运能供需矛盾突出，且该矛盾随着跨线列车开行数量的增加和开行距离的延长进一步加剧。

随着高速路网的延伸，为提高列车运行品质，扩大服务范围，更多的列车通过衔接线接入通道型高速铁路线路运行。因通道型高速铁路与众多线路相衔接，多方向长途跨线列车的接入导致各区段开行列车数目不均，局部繁忙区段负荷过大，运输能力出现"局部瓶颈"，降低整体路网运输效能。其次，先长途跨线后本

线的列车运行图铺画模式以及为保证列车运行图的稳定性而预留的冗余能力均在一定程度上造成了能力空费,导致高速铁路本线能力无法充分利用。此外,当不同速度等级的列车共线运行时会延长列车追踪间隔时间,进而降低线路的通过能力。

3. 列车运行干扰大,市场应对能力和反应灵敏性不足

为适应以跨线为主的高速铁路运输组织模式,我国高速铁路列车运行图编制思想立足于整体路网和旅客客流直达化运输,先全局后局部,优先铺画长途跨线列车运行线。大量长途跨线列车的开行使相对独立的线路彼此关联,相对松弛的网络结构变得相对紧密,路网中各线路关系由松耦合演化为紧耦合,由此导致路网运行线错综交织,环环相扣,相互间干扰影响大,跨线列车运行线的变动将直接影响本线列车的组织运行。此外,高速列车行车密度较大,追踪间隔时间较短,前行列车的晚点可能引发后续一系列列车的晚点或停运,且随着长距离跨线列车开行数量的增加和开行距离的延长,列车运行干扰程度进一步加剧,高速铁路列车运行图的鲁棒性降低。

相对而言,我国高速铁路客运组织模式是相对静态的,总体上是以铁路运输企业为中心的生产型模式,尚未形成动态的以市场为中心的服务型模式,不能根据市场变化进行精准性运输组织和实时动态优化调整,导致高速铁路客运产品应对市场动态变化能力不足、反应灵敏度不高,造成市场竞争能力减弱、社会经济效益未充分发挥、路网综合效能未充分体现。此外,我国高速铁路客运组织模式适应季节性等客流波动的动态变化能力也相对较弱。

4. 难以结合客流特性优化设计运输产品

我国高速铁路大量路网长途跨线列车的开行对区域网本线列车产生了巨大冲击,新增的跨线列车不断打破已有的本线列车运行框架,已培育的上座率极高的本线核心列车不断受到影响,跨线列车与本线列车"抢流""抢点""抢线"的现象较为严重,各线路和各区域网的客流结构变化频繁,较大程度限制了区域客运产品的设计能力,难以根据路网内客流时空特性进行运输产品的设计和优化。其次,路网错综交织,线路关联性强,相互间动态影响大,难以根据当前运输市场客流需求及时动态优化调整列车运行图,难以优化相应运输产品。

5. 难以编制规格化列车运行图

我国高速铁路网规模庞大、结构复杂、旅客需求多样,基于旅客直达化运输思想开行了大量跨线旅客列车,减少旅客换乘次数,提高旅客旅程满意度。但以跨线为主的运输组织模式使相对独立的线路彼此关联,原本结构相对独立的静态路网结构演化为结合紧密的动态路网结构,路网中各区域、各线相对独立静态的

物理连接关系转化为相互动态影响的耦合关系，由此导致路网运行线错综交织、关联紧密，且运行线分布规律性差、列车运行图规格化程度低，与规律性强、运用灵活的规格化列车运行图难以契合。此外，我国复杂路网还存在线路运营里程绵长、车站数目繁多、线路衔接节点众多、列车停站方案呈爆炸组合、列车运行规律性差等特点，因此我国大规模复杂高速路网难以编制规格化列车运行图。

1.3.2 我国高速铁路列车运行图编制模式问题分析

1. 存在问题

我国高速铁路总体上沿用了既有线铁路列车运行图编制模式，该模式适用于同一运行区段开行的同一类别的列车较少、列车开行频率低、非公交化或公交化水平较低的客运网络系统，在我国既有线铁路和运营之初的高速铁路上发挥了巨大作用。

改革开放以来，尤其是近十年间，伴随着我国经济快速发展和经济实力的不断提升，国民收入水平大幅提高、消费能力大幅提升，区域客流流动性明显增强；伴随着我国高速铁路建设的快速发展和贯通成网运营，高速铁路路网规模和路网结构复杂度不断增加、客流规模持续增长，我国国情及高速铁路路情已经发生了深刻变化。目前，高速铁路大规模路网、高复杂度的路网结构和高难度的运输组织需求对列车运行图编制提出了更高要求，既有高速铁路列车运行图编制理论与方法难以较好地适应；高速铁路客运组织的市场应对能力和反应灵敏性不足的弊端逐渐显现，既有高速铁路列车运行图编制理论与方法难以有效改善；既有高速铁路列车运行图编制模式导致各线关联性强，整个路网运行线交织、错综复杂、环环相扣，全路列车运行图编制演变为紧耦合问题，列车运行图编制和调整难度大，各区域自主编图能力和客运产品设计能力受到极大限制，且既有高速铁路列车运行图自身的编制特性又进一步加剧了问题的复杂度和处理难度。

综合来看，无论是我国高速铁路客运组织需求、运输组织难度、路网结构的复杂度，还是自身编制特性，既有高速铁路列车运行图编制理论与方法都表现出诸多不足，难以较好地实现我国高速铁路成网条件下列车运行图的优化编制，难以满足我国高速铁路运输组织的迫切需求。

2. 致因机理

路网规模的扩大、路网结构复杂度的增加、运输组织难度的增大和客运组织要求的提高是既有高速铁路列车运行图编制理论与方法难以适应的主要外因。此外，既有高速铁路列车运行图编制理论与方法沿用了以直达化为主的客流输送模式、运行线分层铺画的编制方法和运行线递阶优化调整技术等，这些自身编制特性进一步加剧了问题的复杂度和处理难度,是产生问题的内因。外因和内因的综合作用导致我国既有高速铁路列车运行图编制模式产生诸多问题。我国既有高速铁路列车运行图编制模式的自身编制特性产生的问题主要体现在以下几个方面。

1)沿用以直达化为主的客流输送模式

由于我国既有线铁路客货混跑,同一运行区段开行的同一类别的旅客列车较少,可供选择的列车少,换乘可行性差。因此,为方便旅客出行、尽可能减少旅客换乘,设计以直达化为主的客运产品,最大限度地开行长距离列车,实现旅客的直达化输送。目前,我国高速铁路沿用了既有线铁路以直达化为主的客流输送模式,路网中存在大量的长距离跨线列车。我国采用客运产品设计(列车开行方案是客运产品设计的核心内容)在前,列车运行图编制在后的分步实施策略,且在既有高速铁路列车运行图编制时列车运行线一次形成,即按照列车的等级为其按顺序铺画完整运行线。在该模式下,运行线并未被视为产品,列车运行图编制时基本不具备产品设计能力,往往不可改变客运产品的属性与等级。

由1.3.1节分析可知,沿用普速铁路以直达化为主的客流输送模式造成路网中开行了大量长距离跨线列车,且在列车运行图编制时无法改变这种格局,直接导致各区域(各线)关联性强,相互动态影响大;列车间相互干扰程度增大,列车运行图鲁棒性降低;列车开行结构不协调,通道能力降低;运行线运用效率降低,运输资源利用率下降等问题。大量长距离跨线列车的开行源于以直达化为主的客流组织模式,以直达化为主的客流组织模式是既有高速铁路列车运行图编制模式不适应和产生诸多问题的直接原因。

2)采用按照列车等级分层铺画运行线的编制方法

我国既有高速铁路列车运行图编制模式采用先铺画跨局、跨线长途高速列车,后铺画管内、本线列车的方法,即先将全路的列车运行图框架编好后再以插线方式编制本线列车运行线。总体而言,沿用了既有线铁路列车运行图编制方法,即立足于整体路网、全路一盘棋、先路网后局部,按照列车等级分层铺画运行线的列车运行图编制方法。但该方法与高速铁路列车开行特点、客流时空特性等并不协调。对于高速铁路,同一运行区段开行了大量的高速列车,高速列车运行线之间具有很大的可替代性和选择性;此外,高速铁路上运行的都是旅客列车,虽存在运距、速度、停站方案等方面的差异,但列车的服务特性没有本质的差别,这也决定了不同运距、不同种类、不同速度的列车重要程度差异不大,运行线分层铺画编制方法的积极作用大打折扣。

我国既有高速铁路列车运行图采用运行线分层铺画的编制方法,就决定了需优先确定以路网长距离跨线列车运行线为主的列车运行图框架,区域、本线列车运行线在该框架允许范围、所留空间内,以插线的方式进行铺画。该编制方法必然导致出现以下几个问题:

（1）路网列车运行图编制演变为紧耦合问题。

路网长距离跨线列车运行线的铺画直接影响和制约区域和本线列车运行线的铺画，个体或局部运行线的调整可能会波及整个路网，高速铁路网列车运行图的编制成为紧耦合问题。

（2）列车等级越低其运行线铺画的灵活性越差、难度越大。

高等级列车运行线铺画后形成列车运行图基本框架，留给低等级列车运行线的铺画区域范围较小，其运行线铺画受制约程度较大，铺画难度增大，等级越低其运行线铺画的灵活性越差、难度越大，低等级列车运输组织的实际需求难以保证。

（3）路网长距离跨线列车开行数量增加。

先长线后短线的列车运行线分层铺画编制方法确定了路网长途跨线列车在列车运行图编制中的优势地位，长途跨线列车被赋予了优先"特权"，在"抢点"、"抢线"和"抢流"方面具有先天优势。因此，各运输企业基于长途跨线列车的优势地位和经济效益的驱使竞相开行长距离跨线列车，路网中跨线列车的开行数量进一步增加，其不利影响进一步加大。

既有高速铁路列车运行图编制的先长线后短线的列车运行线分层铺画编制方法导致路网运行线交织、环环相扣、错综复杂，路网列车运行图的编制成为紧耦合问题；列车运行图调整难度大，运输组织的市场应对能力和反应灵敏性不足；列车等级越低其运行线铺画的灵活性越差、难度越大；路网跨线列车开行数量增加，不利影响加剧。先长线后短线的列车运行线分层铺画是既有高速铁路列车运行图编制不适应和产生诸多问题的深层原因。

3）运用按列车等级的运行线递阶优化调整技术

我国既有高速铁路列车运行图编制主要考虑满足旅客的直达输送、列车运行与车站技术作业相互协调、经济合理使用动车组等目标。在各种行车定额标准、路网结构和给定方向别旅客列车开行方案条件下，按照列车等级顺序依次刻画出各列车在满足各类时空约束条件下的始发、终到、通过时刻及停站时间。我国既有高速铁路列车运行图编制总体上沿用了既有线铁路运行线递阶优化调整技术，即依据列车的优先级顺序依次铺画运行线，按照一定的目标，在相关约束下按优先级顺序递阶进行优化与调整，形成列车运行图方案。该技术在高速铁路列车运行图编制中的作用难以充分发挥，且产生如下新的矛盾：

（1）难以较好地实现高速铁路列车运行图的优化与调整。

对于列车速度、列车运距相似的高速列车，虽在运行区段、停站方案、编组方案等方面存在差异，但编图时无法区分（实际上也并未加以区分），运行线递阶优化调整技术难以很好地发挥作用。但由于列车停站方案等的差异，存在不同铺画顺序对线路能力占用不同的问题，运行线递阶优化调整技术无法处理该问题，往往依靠编图人员的主观判断和编图经验予以处理，效果不佳，运行线递阶优化调整技术难以较好地实现高速铁路列车运行图优化调整。

（2）限制了区域网列车运行图自主编制能力和产品设计能力。

运行线递阶优化调整技术进一步确定了长距离跨线车的优势地位，使得其"抢线""抢点"能力进一步增强，对本线列车开行质量的影响进一步加剧。已经出现了本线列车"有流无线"、难以开出的现象，以及长距离跨线列车"长线短流"、开行不合理的现象。运行线递阶优化调整技术在很大程度上保证了上层长距离跨线列车的利益，但在某种意义上损害了下层区域、本线列车的利益，极大限制了高速铁路区域网列车运行图的自主编制能力和产品设计能力。

（3）等级越低的列车其运行线调整余地越小、难度越大。

既有高速铁路列车运行图编制的运行线递阶优化调整技术进一步限制了低等级列车运行线的调整能力，造成低等级列车运行线调整多为服从性和可行性调整，实际上往往难以满足基于实际运输组织的需求。

既有高速铁路运行线递阶优化调整技术难以较好实现高速铁路列车运行图的优化调整，极大限制了区域网列车运行图自主编制能力和产品设计能力，对本线列车开行有较大影响，造成低等级列车运行线调整余地小。按列车等级的运行线递阶优化调整技术是既有高速铁路列车运行图编制不适应和产生诸多问题的重要原因。

1.4 基于区域协同的高速铁路运输组织模式

1.4.1 我国高速铁路客运市场的定位

近年来，随着我国经济发展，人们生活水平明显提高，区域性旅客流动增强。随着高速铁路网的不断铺建与完善，人们更青睐于乘坐舒适、便捷、高效的高速铁路列车完成区域间短途旅行。基于旅客运输直达化思想，我国开行了大量长途跨线高速旅客列车，截至 2019 年底，我国共计开行动车组旅客列车 7330 列，其中直通动车组旅客列车达到 2436 列，比 2010 年的 135 列增加 2301 列，增幅达到 1704%[20]。但根据售票数据分析，在运行时间超过 8h 的长途动车组旅客列车中，全程旅客不足列车定员的 1/3，旅客大多为中短程客流。可见，我国高速铁路直通和管内动车组列车开行比例与客流实际需求存在较大差距，较大程度地存在"长线短流"的不合理现象，反映出我国现有高速铁路列车开行距离未能与客流需求形成良好契合，与客流实际市场需求脱节，导致运能浪费。究其原因，在于对高速铁路客运市场定位存在偏差。

短途运输中高速铁路与高速公路竞争激烈，基于"门到门"运输的便捷性，高速公路在短途运输中优势明显；在长途运输中，民航较高速铁路有显著的时间优势，加之客流淡季与平日给予旅客一定折扣优惠，更多客流被航空运输所吸引，客流分担率较高。综合考虑高速铁路的时效性、快捷性和普速铁路的经济性，定位高速铁路运输市场以中短途为主，适当兼顾长途客流。高速铁路主要开展中短途运输可与中短程客流需求形成良好契合，满足旅客多样化的出行需求，减少运能浪费。此外，降低了旅客运输组织难度，也为周期性列车运行图的编制奠定了基础。

综上所述，我国高速铁路客运市场主要定位于中短途旅客运输市场。

1.4.2　基于区域协同的高速铁路运输组织模式的提出

我国高速铁路沿袭了既有线铁路以跨线为主、换乘为辅的运输组织模式，采用了先编制长途跨线列车后编制短途本线列车运行线的传统列车运行图编制方法。但随着路网规模的不断扩大，不同速度等级的线路贯通成网运营，路网结构空前复杂，客流需求多元发展，既有运输组织模式的不适应性逐渐凸显。

高速铁路运输组织模式作为运输组织的宏观战略决策，是制定列车运行方案、铺画列车运行图的前提和基础，决定了高速铁路网络的运输效能能否充分发挥。然而，当前采用的以跨线为主的运输组织模式和编图方法呈现出路网运行线纵横交织、环环相扣、错综复杂的问题，难以根据客流市场需求进行动态调整，导致高速铁路列车运行组织中存在匹配客流特性、均衡线路能力、提高运输效能、适应市场变化等方面的发展瓶颈。此外，我国线路运营里程绵长、车站数目繁多、线路衔接节点众多、列车停站方案呈爆炸组合等特点，难以满足规格化列车运行图的铺画要求，不利于进一步提升整体路网运输效能、吸引更多客流，制约了高速铁路社会经济效益的发挥。

因此，为解决我国高速铁路运输现存问题，突破发展瓶颈，基于高速铁路中短途客运市场定位，研究提出基于区域协同的高速铁路运输组织模式，即综合多因素将我国高速铁路网合理划分成若干相对独立的区域，区域内以直达运输为主，区域间以节点换乘为主、直达为辅的运输组织模式[21]。各独立区域结合自身客流特性自主组织旅客运输与列车运行图编制，实现效益最大化；区域间相互配合，形成良好接续，充分满足旅客运输需求，最终实现全网运输能力最大化。区域协同运输组织模式可打破既有高速铁路运输组织模式的弊端，将跨线客流"点与点"之间的直达输送转变为"区域与区域"之间的协同运输，对优化设计运输产品、提高路网运输效能、增强运输市场竞争能力、发挥高速铁路社会经济效益等诸多方面具有重要意义。

1. 结合客流特性优化设计运输产品

基于区域协同的高速铁路运输组织模式将规模庞大、结构复杂的高速路网划分成各区域子网，各区域子网内可充分根据旅客出行时段和旅客的乘降与可达性需求，编制相应的列车运行图组织行车，大大提高了高速铁路运输组织与客流出行需求间的契合度以及区域网列车运行图的自主编制能力，适应运输市场动态变化及时优化调整行车组织，有利于结合客流特性优化设计运输产品。

2. 实现路网松耦合，减少跨线、本线列车运行干扰

基于区域协同的高速铁路运输组织模式突破了旅客直达化运输思想，将长途跨线客流分段，即各区域子网独立编制本线列车运行线，通过区域间运行线的时空接续关系，合理确定跨线列车运行线。如此，打破我国既有高速铁路列车运行图编制存在的路网运行线纵横交织、错综复杂、环环相扣的弊端，将紧耦合的线路关系解耦转变为松耦合的线路关系，大大减弱了跨线列车与本线列车间的线路关联性，降低了跨线列车对本线列车的制约与干扰，减少了线路能力空费，高速铁路本线能力得到充分利用，提高了整体路网的运输效率。

3. 充分发挥路网效能，避免出现局部瓶颈

在基于区域协同的高速铁路运输组织模式下，可有效减少跨区域跨线直达列车的开行数量，降低路网中跨线列车欠速运行对线路通过能力的制约以及对本线列车运行空间的挤压，以减少能力空费，提高线路通过能力利用率。通过各区域相对独立自主组织客流输送与编制高速铁路列车运行图，可较好实现列车运行速度、开行时段、停站方案等运行结构的相互协调，通过跨区域协同运输减少跨线列车在通道干线某区间运行而造成区段能力的浪费，降低跨线列车对干线瓶颈的制约，避免运行线路能力出现局部瓶颈，有效提高高速铁路通道能力，充分发挥高速铁路网运输效能。

4. 利于高速列车"公交化"运营，提高运输市场竞争力

区域子网内可大量开行同一类别高速列车，缩短列车追踪间隔时间，提高列车开行频率，为高速列车"公交化"运营创造条件，也增加了旅客出行的选择灵活性。此外，列车运行图结构相对固定，列车开行规律性增强，方便旅客记忆，有利于吸引更多客流，提高高速铁路运输市场竞争力。

5. 缩小编图问题规模，为编制规格化列车运行图创造条件

区域网的划分缩小了运输组织规模和列车运行图的编制规模，利于运输组织的灵活调整和列车运行图的优化编制，降低了工作人员的劳动强度，同时便于区

域性运输企业经营管理，发挥企业主观能动性，增强企业经营自主性，提升企业经济效益。此外，在基于区域协同的高速铁路运输组织模式下，各区域子网列车运行图编制相对独立，列车开行种类少、频率高、均衡性好、规律性强，列车运行图结构相对固定但又可按需灵活调整，这与规律性强、运用灵活的规格化列车运行图契合度较高。因此，该运输组织模式在一定程度上为我国高速铁路大规模复杂路网编制规格化列车运行图创造了条件。

综上所述，本书将突破既有以跨线为主、换乘为辅的高速铁路运输组织模式和先编制长途跨线列车后编制短途本线列车运行线的传统列车运行图编制方法的束缚，研究提出基于区域协同的高速铁路运输组织模式，即综合多因素将我国高速铁路网合理划分成若干相对独立的区域，区域内以直达运输为主，区域间以节点换乘为主、直达为辅的运输组织模式。基于此，研究建立基于区域协同的高速铁路列车运行图编制理论与方法，克服高速铁路列车运行图编制复杂、调整困难、鲁棒性低、规律性弱的弊端，将大规模复杂路网条件下高速铁路列车运行图编制紧耦合问题转化为松耦合问题，提升高速铁路应对市场的能力和客运产品灵敏度，实现大规模复杂路网条件下高速铁路运输组织模式和列车运行图编制理论与方法的创新。

第 2 章　基于区域协同的高速铁路列车运行图编制基本理论

随着我国国情和高速铁路路情的深刻变化，既有高速铁路列车运行图编制理论与方法难以较好地弥补我国高速铁路列车运行图编制中存在的不足，难以解决由于自身编制特性所产生的系列问题，难以适应我国高速铁路大规模路网、高复杂度的路网结构、高难度的运输组织需求，难以有效实现成网条件下高速铁路列车运行图的优化编制。本章基于区域协同的高速铁路运输组织模式研究，借助大系统分解协调法，借鉴日本、欧洲高速铁路列车运行图编制的成功经验，并结合我国高速铁路的实际特点和运输组织需求，突破既有高速铁路列车运行图编制理论与方法的束缚，探讨复杂要素耦合条件下高速铁路列车运行图的编制途径，提出区域协同高速铁路列车运行图编制思想，阐述编制原理，构建编制方法，探讨管理模式，建立市场应对能力强、反应灵敏度高和与大规模路网、高复杂度路网结构、高难度运输组织需求相适应的高速铁路列车运行图编制理论，较好地弥补和解决既有高速铁路列车运行图编制模式存在的不足和产生的问题，实现我国高速铁路成网条件下列车运行图的优化编制。

2.1　基于区域协同的高速铁路运输组织模式概述

2.1.1　内涵

基于区域协同的高速铁路运输组织模式，即根据路网结构、客流需求、列车合理开行距离、动车组检修地布局等因素将我国高速铁路网合理划分成若干相对独立的区域，区域内以直达运输为主，区域间以节点换乘为主、直达运输为辅[21]，区域内的中短途旅客主要依靠直达运输，而长途旅客主要依靠在节点换乘到达目的地。

各区域根据自身属性特点，开展相适宜的高速铁路客运组织，充分发挥区域内运输能力，实现运输资源利用最大化和效益最大化；区域间相互协调，基础设施互联互通，信息联动共享，资源优化配置，管理服务高效协同，高效、合理地共同完成跨区域客流的运输，实现区域间相互配合、协同发展、互惠互利，充分满足旅客运输需求，最终实现全路网运输能力最大化，运输效率达到最高，进而提升高速铁路客运市场的竞争实力，提高运输企业经济效益。

基于区域协同的高速铁路运输组织模式使各区域内具有相对独立性和较高的灵活性，区域间具有协同性，有利于调节繁忙区段的运输能力，提高线路通过能力利用率，提高客运市场灵敏性，进一步发挥区域内自主设计客运产品的潜能。

2.1.2 基本原理

基于区域协同高速铁路运输组织模式的基本原理为综合各方影响因素将我国高速铁路网划分成若干相对独立的区域，对于区域内客流运输，高速铁路具有较高的客流分担率，运输市场竞争力较强，因此应充分考虑旅客出行时空特性，开展旅客直达运输，实现本线列车"公交化"开行，在方便旅客记忆的同时增加旅客出行选择的灵活性；对于跨区域客流运输，可采用跨区域换乘、跨区域直达两种运输模式，在选择时可以综合衡量两种模式对应的旅客广义出行费用与运输企业经营效益，在保障旅客与运输企业利益平衡发展的前提下，选用综合效用最高的运输模式。由于路网区域的划分以高速铁路列车合理开行距离为约束，随着跨区域直达列车开行距离的延长，高速铁路客流分担率下降，客运市场竞争力减弱，对铁路企业的运营效益造成影响，因此采用区域内以换乘模式为主、跨区域以直达模式为辅的运输组织模式。

在基于区域协同的运输组织模式下，高速铁路以开行高规格化的中短途列车为主，配合以高效换乘服务，部分原有跨区域长途跨线客流的直达输送将变为由各区域内部或区域间的中短途列车的接续输送。因此，该运输组织模式减少了中长距离跨线路直通旅客列车的开行数量，有助于缓解开行中长途跨线路直通旅客列车对高速铁路网运行结构的制约，可以有效提高繁忙干线的通过能力，也为区域内运输服务质量的提升预留较大空间，有利于铁路企业为旅客提供更灵活、更适宜旅客需求的运输服务产品。

2.1.3 基本框架

基于区域协同的高速铁路运输组织模式的基本框架主要包括计划层面、技术层面、组织实施层面三个层面。

计划层面面向的是铁路计划制定部门，是在制定具体的区域协同运输组织方案前需要解决的基础性问题。协同运输组织方案的制定，需要高速铁路列车合理开行距离、高速铁路换乘节点选择与等级划分、高速铁路区域划分等相关研究的结论支撑。

技术层面面向的是铁路技术制定部门，是实施基于区域协同的高速铁路运输组织中关键的技术性措施，包括区域网干线单元周期列车运行图编制、路网跨线列车运行线接续优化、区域网跨线列车运行线选择优化、区域网干线本线列车运行图优化及区域网非干线列车运行图编制等铁路部门的技术性工作。

组织实施层面面向的是铁路旅客，在区域协同的高速铁路运输组织模式下，大多数长途旅客、跨区域旅客、跨线旅客固有的一站直达的运输体验将转变为中转换乘的运输体验，面向旅客的票务服务、换乘设施设备保障、车站换乘流线设计、车站换乘组织引导等工作将成为重要的旅客保障方法[22]。

基于区域协同的高速铁路运输组织模式基本框架如图 2-1 所示。本章主要研究基于区域协同的高速铁路运输组织模式在计划层面及技术层面涉及的列车运行图编制关键技术。

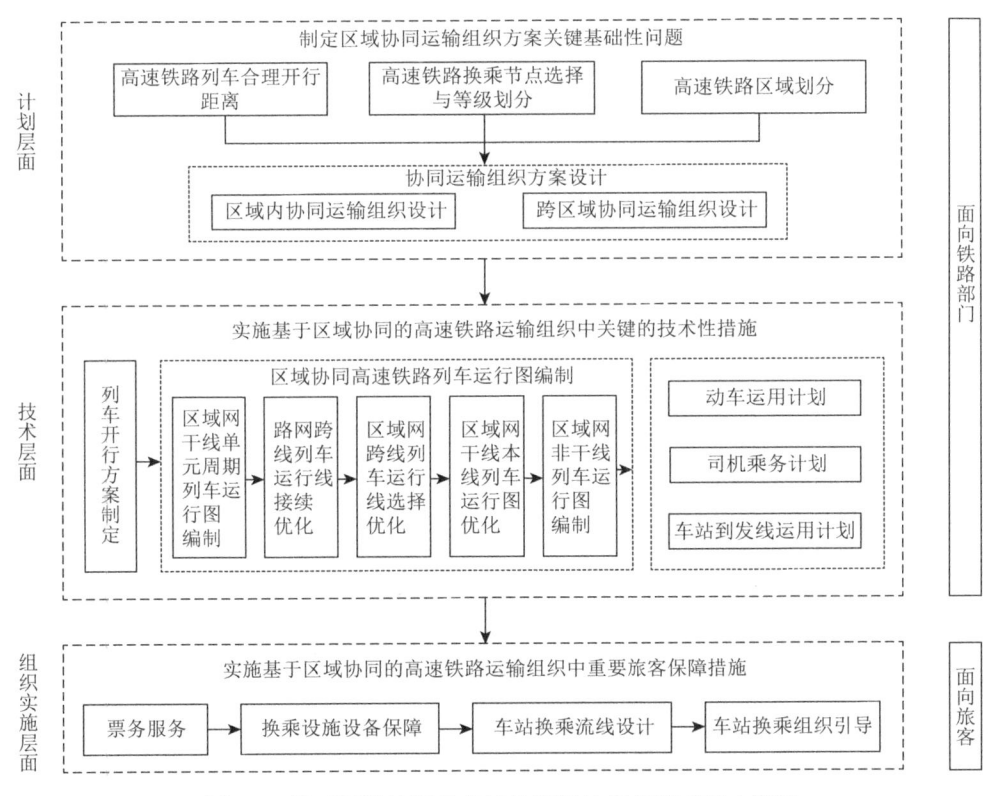

图 2-1　基于区域协同的高速铁路运输组织模式基本框架

2.1.4　适应性分析

根据基于区域协同的高速铁路运输组织模式基本原理及实施优势，总结归纳基于区域协同的高速铁路运输组织模式适用条件如下：

（1）具有大规模的路网，路网布局复杂。

（2）线路间联系较为紧密，需要通过划分区域进行解耦合，进而优化编制列车运行图。

（3）高速铁路上线运行的跨线列车较多，急需化解本、跨线列车运行冲突。

（4）区间通过能力的提高处于研究瓶颈，列车运行图编制方法需要突破创新。

根据基于区域协同的高速铁路运输组织模式适用条件的归纳总结，可以得出我国采用基于区域协同的高速铁路运输组织模式的适配性条件，如图 2-2 所示。

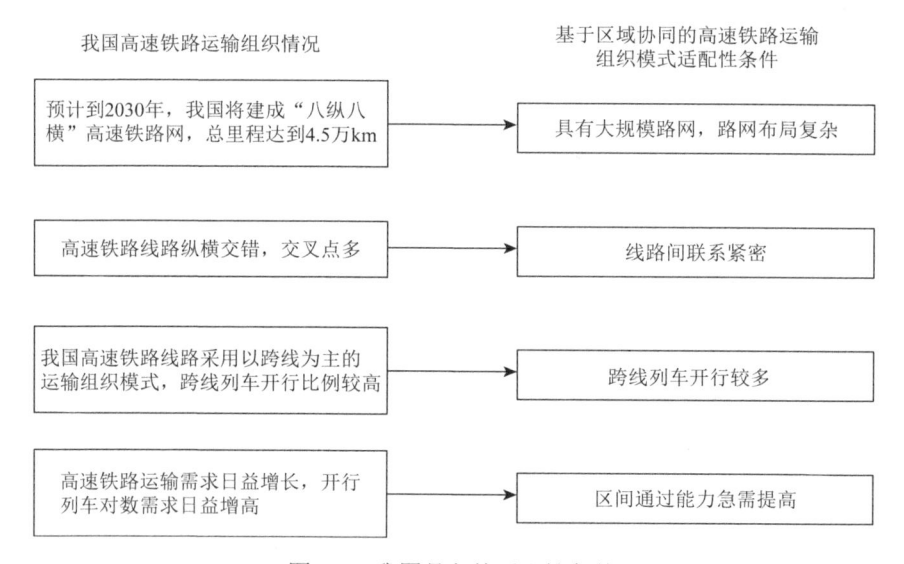

我国高速铁路运输组织情况	基于区域协同的高速铁路运输组织模式适配性条件
预计到2030年，我国将建成"八纵八横"高速铁路网，总里程达到4.5万km	具有大规模路网，路网布局复杂
高速铁路线路纵横交错，交叉点多	线路间联系紧密
我国高速铁路线路采用以跨线为主的运输组织模式，跨线列车开行比例较高	跨线列车开行较多
高速铁路运输需求日益增长，开行列车对数需求日益增高	区间通过能力急需提高

图 2-2 我国具备的适配性条件

2.1.5 关键问题

研究基于区域协同的高速铁路运输组织的实施方法，需要对区域协同下的高速铁路运输组织关键问题进行分析，找到具体实施方法中的关键环节，进一步探索模式理论的应用方法。

1. 高速铁路列车合理开行距离

我国高速铁路沿用了既有普速铁路直通型的运输组织模式，开行了大量的长距离高速列车，存在"长线短流"的不合理现象，表现出与客运市场契合度不高、对市场动态变化的反应灵敏度不足、制约线路通过能力等问题。

研究高速铁路列车合理开行距离，是设计区域协同下运输组织方案的前提、基础和关键问题，有助于找到高速列车的优势运距，提升高速列车在优势运距下的开行数量。在此基础上，本线或跨线直达列车的开行距离以此为约束，跨区域跨线客流以此为依据并结合枢纽节点的换乘能力进行协同运输组织方案的设计。

对高速铁路列车的合理开行距离进行研究，需要分析高速铁路的客流特征，比较高速铁路与其他交通方式的竞争优势，并充分考虑旅客、铁路技术等因素。

2. 高速铁路换乘节点选择方法

目前，在既有高速铁路直通型运输组织模式中，高速铁路车站以完成旅客的到发作业为主，而在协同运输组织模式下，部分长途跨线客流的直达输送将转变为中短途列车的接续输送，由此带来大量的换乘旅客，部分枢纽节点车站将承接路网中换乘旅客的换乘需求。

因此，对路网中的换乘节点进行合理的选择并科学地划分等级是设计区域协同运输组织方案的前提、基础和关键问题。在此基础上，能够更好地结合枢纽车站的换乘能力并匹配适当的路网换乘客流。

研究高速铁路换乘节点的选择方法，需要综合考虑节点衔接的线路数量、线路等级、动车段所布局、城市人口、经济发展、营业列车数量、始发终到列车比例、客运站规模等诸方面因素。

3. 高速铁路网区域划分方法

高速铁路网区域划分是基于区域协同的高速铁路运输组织模式的关键问题，是设计区域协同运输组织方案的前提和基础。将整个路网合理划分为若干个区域后，简化了路网规模，降低了路网耦合度。基于此，各区域内可相对独立地编制列车运行图，打破了传统铁路列车运行图一体化编制带来的路网交织、错综复杂、环环相扣等弊端，大大提升了高速铁路运输组织的灵活性和区域内自主设计客运产品的潜能。

高速铁路网的区域特性与地区内的经济、人员流通特性紧密相连，对于高速铁路网的区域划分，必须紧密结合区域内客流输送结构，使划分后的各区域客流对内具有紧密的联系，对外具有相似的客流特征，有助于实施区域内以直达运输为主、跨区域以换乘运输为主的运输组织模式。

4. 区域协同高速铁路列车运行图编制技术

列车运行图是全路组织列车运行的基础，体现着铁路工作的各种质量指标和数量指标，规定了铁路线路、站场、机车、车辆和通信信号等设备的运用和与行车有关各部门的工作，是协调铁路各部门、各单位按一定程序进行生产活动的重要工具。

因此，区域协同高速铁路列车运行图编制技术是协同运输组织模式下的关键性技术措施，有助于协调铁路各部门协同化运作，立足于将既有高速铁路网列车运行图一体化编制紧耦合问题转化为松耦合问题，以降低路网列车运行图编制与调整难度、提升列车运行图编制市场应对能力和反应灵敏性、适应高复杂路网结构的要求和满足高难度的运输组织需求为目标。通过协同编制技术改进研发的列车运行图协同编制软件是铁路各部门协同配合的关键工具。

5. 高速铁路车站换乘组织匹配技术

对于以上高速铁路列车合理开行距离、高速铁路换乘节点选择方法、高速铁路网区域划分方法、区域协同高速铁路列车运行图编制技术等都是面向铁路部门的关键性基础问题、关键性技术措施。而实施基于区域协同的高速铁路运输组织模式，最终的服务对象是实际出行的铁路旅客。

在基于区域协同的高速铁路运输组织模式下，路网中长途旅客、跨区域旅客、跨线旅客固有的一站直达运输将转变为中转换乘运输，各区域内的重要换乘枢纽节点车站将承接大量的中转换乘客流。因此，高速铁路车站换乘组织匹配技术是组织实施层面关键性的保障措施，有助于在路网中重要的换乘枢纽节点车站构建高效、便捷、有序的换乘组织体验，提高在模式转变下换乘旅客的服务水平和满意度。

2.2 基于区域协同的高速铁路列车运行图编制原理

既有高速铁路列车运行图编制模式难以适应路网规模的扩大、路网结构复杂度的增加、运输组织难度的增大和客运组织需求的提高，其自身编制方法与特性进一步加剧了问题的复杂度和处理难度。解决或缓解问题的关键是将既有高速铁路网列车运行图编制的紧耦合问题转化为松耦合问题。基于区域协同的高速铁路列车运行图编制理论即立足于此，从而打破既有高速铁路网列车运行图编制存在的路网运行线交织、错综复杂、环环相扣的弊端，实现路网列车运行图的优化编制。

2.2.1 编制原理

基于大系统分解、子系统优化、子系统间协调的大系统分解协调思想，立足于高速铁路区域内以直达为主，区域间以换乘为主、直达为辅的高速铁路客运组织模式，将路网划分为若干子系统，各区域列车运行图相对独立编制，区域间列车运行图协同编制。面向整体路网，以高速铁路区域划分为基础，以路网划分后形成的各区域网为编图结构单元，形成先相对独立编制区域网干线周期性列车运行图，再基于跨线衔接协同优化编制跨线列车运行图，后基于客流匹配确定区域网非干线列车运行图的高速铁路列车运行图编制策略。以区域网干线周期性列车运行图为框架的区域网列车运行图独立优化编制、路网跨线列车运行图区域协同编制为核心环节，综合运用高速铁路区域划分方法、区域网干线单元周期列车运行图编制优化技术、路网跨线列车运行线接续优化技术、区域网干线本线列车运行图优化技术、区域网非干线列车运行图编制优化技术等关键方法和技术，实现复杂要素耦合条件下的高速铁路网列车运行图优化编制。

2.2.2 编制特性

基于区域协同的高速铁路列车运行图编制模式与既有高速铁路列车运行图编制模式在编制特性上差异较大，主要体现在编制理论基础、编制思想、编制方法等方面。

1. 编制理论基础

基于区域协同的高速铁路列车运行图编制模式以大系统分解协调思想为理论基础，立足于大系统与子系统、子系统间的协调和制约关系，通过大系统解耦实现大系统分解，通过子系统自身优化、子系统间相互协调实现大系统优化。

基于区域协同的高速铁路列车运行图编制理论面向整个路网，高速铁路网列车运行图的编制为其大系统。高速铁路网经区域划分后形成若干区域网，各区域网列车运行图编制为其子系统。

2. 编制思想

立足于最大限度发挥区域网运输能力和运输效益，且保证区域间的相互协调，实现路网列车运行图的优化编制。该编制理论与方法多侧重于满足旅客时间（旅客的出行时段）和空间（旅客的乘降及可达性）的需求等方面，路网中开行的列车相互协调，彼此冲击和影响较小，客运产品分阶段形成。

3. 编制方法

基于区域协同的高速铁路列车运行图编制面向整体路网，首先按照区域网划分方法将高速铁路网划分为若干区域网，以区域网作为列车运行图编制结构单元，以区域网干线周期性列车运行图编制为核心环节，进行区域网满能力列车运行图的相对独立优化编制；然后，以区域网干线周期性列车运行图为基础，以路网跨线列车所经列车运行线的协同接续优化确定路网跨线列车运行线；之后，编制区域网跨线列车运行图并优化区域网干线本线列车运行图；最后，完成区域网非干线列车运行图编制，实现路网列车运行图的优化编制。从而，将既有高速铁路列车运行图编制的以行政管辖范围为基本编图区域演变为以高速路网划分形成的相对独立的区域网为基本编图区域，将按照列车等级顺序优化编制演变为各区域优先优化编制模式，将编制中顺序递推形成路网跨线列车完整运行线模式演变为分段区域协同接续形成路网跨线列车完整运行线模式。

总体而言，基于区域协同的高速铁路列车运行图编制主要按照区域网划分、区域网干线周期性列车运行图编制、跨线列车运行图编制、区域网非干线列车运行图编制的路线，采用整体设计、逐层推进、分步实施的策略，实现高速铁路网列车运行图的优化编制。

2.2.3 与既有编图方式的区别

由以上分析可知，基于区域协同的高速铁路列车运行图编制方法与既有传统高速铁路列车运行图编制在理论基础、编制思想、编制方法、优化技术、编制目标、适用性等方面均存在较大差异，其差异如表2-1所示。

表2-1 列车运行图编制模式差异比较

编制模式	理论基础	编制思想	编制方法	优化技术	编制目标	适用性
既有传统	系统思想	整体路网，区域服从；客流直达化输送	路网一体化编制；运行线分层铺画，产品一次形成	运行线递阶优化技术；由整体到局部	长距离跨线列车开行；客流直达化输送	开行同一类别列车较少；列车开行频率低；非公交化
区域协同	大系统分解协调思想	区域网优化编制、区域协同；满足客流时空特性需求	区域网独立编制，区域协同优化；运行线方案与产品分阶段形成	跨线列车运行线区域协同接续，由区域和区域协同到整体路网	本、跨线列车协调开行；发挥区域网列车运行图编制自主能力	开行同一类别列车多；列车开行频率高；公交化

2.2.4 编制优势

基于上述原理的列车运行图编制模式不仅可以打破既有高速铁路网列车运行图编制存在的路网运行线交织、错综复杂、环环相扣的弊端，而且可以实现各区域网和整个路网列车运行图的优化编制，可较好地缓解和解决既有高速铁路列车运行图编制模式所导致的系列问题。

编制优势主要体现在以下几个方面：

（1）基于区域协同的高速铁路列车运行图编制为高速铁路区域内直达，跨区域以换乘为主、直达为辅的客流输送模式的建立提供了有力支撑，可进一步促进客流需求特性、列车开行特点与客运组织模式的相互协调。为进一步提升高速铁路运输组织效率、提升运输组织的市场应对能力和反应灵敏性奠定基础。

（2）发挥区域网客运产品设计和列车运行图自主编制能力，优化区域网列车运行图编制。路网列车运行图区域协同编制的方法降低了路网中各区域、各线的相互影响和制约的关系，较大程度地保证了各区域网的相对独立性。区域网列车运行图相对独立的编制进一步释放了区域网客运产品设计和列车运行图自主编制能力，各区域可依据自身路网特点、客流特性优化设计客运产品和优化编制列车运行图。

（3）建立路网跨线列车和区域网间换乘列车运行图区域协同编制机制，优化路网列车运行图编制。各区域干线相对独立编制的规格化程度、服务水平高的满能力周期性列车运行图为路网跨线列车和区域网间换乘列车运行图区域协同编制提供了丰富的资源，创造了有利条件。通过建立以路网跨线列车和区域网间换乘列车运行线区域协同接续和衔接机制，优化确定路网跨线列车和区域网间换乘列车运行线，编制路网跨线列车和区域网间换乘列车运行图方案，促进路网与区域网、区域网之间列车运行图编制的协调，实现路网列车运行图的优化编制。

（4）降低路网列车运行图编制和调整难度，提高运输组织的市场应对能力和反应灵敏性。基于区域协同的高速铁路列车运行图编制以区域网划分后形成的若干区域网为基础，以区域网列车运行图相对独立编制和路网列车运行图区域协同编制取代既有高速铁路网列车运行图一体化编制，将既有高速铁路列车运行图编制的紧耦合问题转化为松耦合问题，打破了既有高速铁路网列车运行图编制存在的路网运行线交织、错综复杂、环环相扣的弊端。区域网列车运行图的独立编制和路网列车运行图的区域协同编制大大降低了列车运行图的编制规模和编制难度，且便于调整，提高了高速铁路运输组织的市场应对能力和反应灵敏性。

（5）提高高速铁路通道能力利用率，提升运输资源运用效率。区域网列车运行图相对独立图编制可较好地实现列车运行结构（停站方案、列车运行速度等级等）的相互协调，降低路网中开行列车相互影响、制约和冲击的程度，降低能力浪费，提高高速铁路通道能力利用率；路网跨线列车和区域网间换乘列车运行线区域协同接续和衔接可提升运行线运用效率，进一步提高高速铁路通道能力利用率，提升稀缺运输资源（高速铁路繁忙干线）运用效率。

区域协同高速铁路列车运行图编制理论与方法可有效弥补我国既有高速铁路列车运行图编制理论与方法存在的不足，实现高速铁路成网条件下路网列车运行图的优化编制，解决高速铁路运输组织面临的实际问题，提高服务质量、运输效率，节约成本，有助于可持续发展。

2.3 基于区域协同的高速铁路列车运行图编制方法

2.3.1 编制框架

基于区域协同的高速铁路列车运行图的编制框架主要涉及宏观战略层、微观战术层及技术层三个层面，整体设计、逐层推进、分步实施。通过宏观战略层的设计和微观战术层、技术层的实施建立基于区域协同的高速铁路列车运行图编制框架，如图2-3所示。

```
宏观战略层 | 微观战术层及技术层

大系统分解:
    高速铁路网
      ↓ 高速铁路区域网划分方法
    高速铁路区域网 … 高速铁路区域网 … 高速铁路区域网
    编图结构单元 … 编图结构单元 … 编图结构单元
      ↓ 区域网干线单元周期列车运行图优化编制技术

子系统优化:
    区域网干线单元周期列车运行图 … 区域网干线单元周期列车运行图 … 区域网干线单元周期列车运行图
    区域网干线周期性列车运行图 … 区域网干线周期性列车运行图 … 区域网干线周期性列车运行图
      ↓ 路网跨线列车运行线接续优化技术

子系统间协调:
    路网跨线列车运行图 … 路网跨线列车运行图
      ↓ 区域内跨线列车运行线选择优化技术 / 区域网干线本线列车运行图优化技术

子系统优化:
    区域内跨线列车运行图    区域网干线本线列车运行图
      ↓ 区域网非干线列车运行图编制优化技术

子系统优化:
    区域网非干线列车运行图 … 区域网非干线列车运行图
      ↓
    高速铁路网列车运行图
```

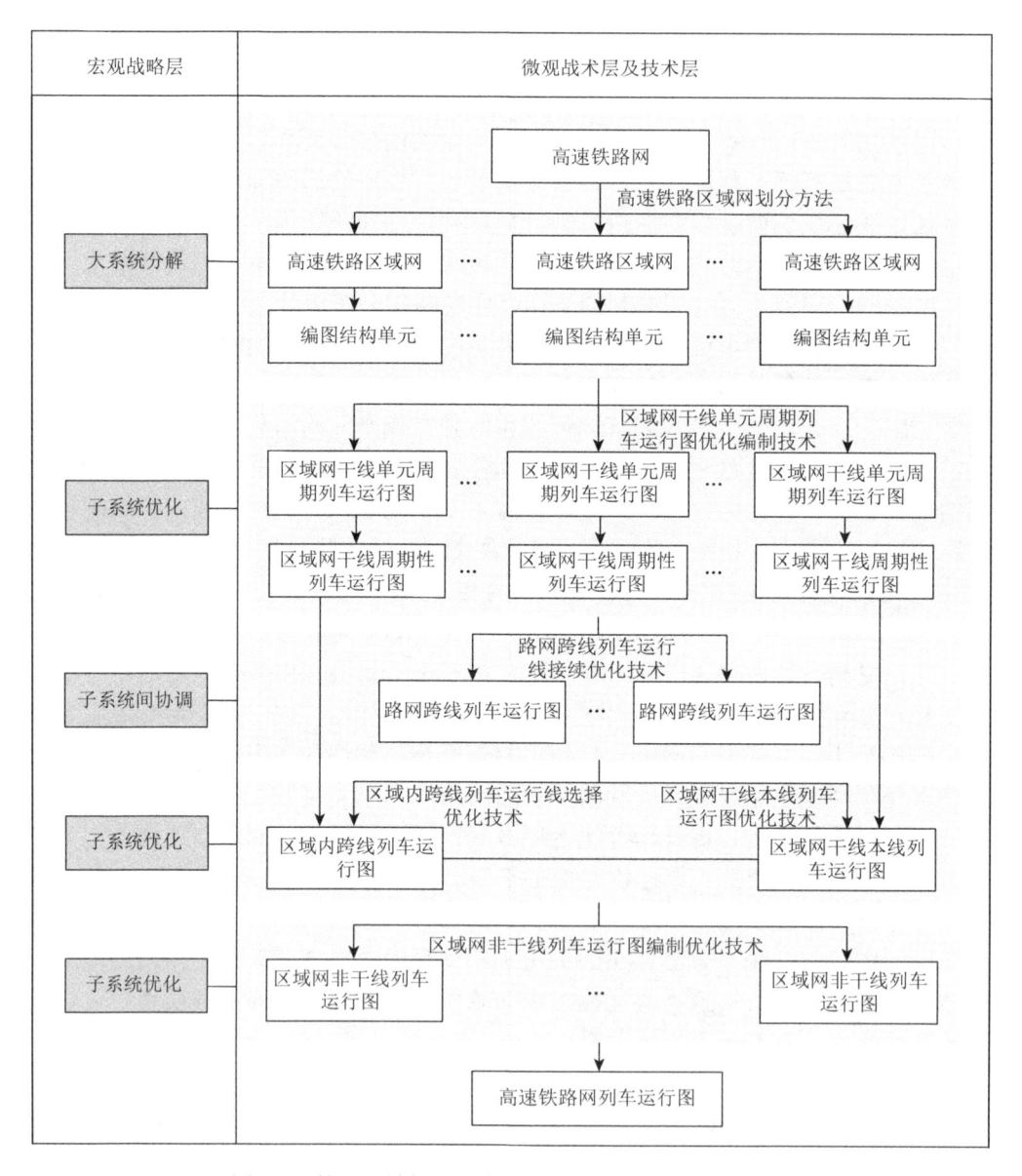

图 2-3 基于区域协同的高速铁路列车运行图编制框架

1. 战略层设计

战略层设计是指宏观机制建立，主要包括大系统分解，即在区域网划分基础上，将路网列车运行图编制问题转化为若干编图结构单元（区域网）的列车运行图编制问题；子系统优化，即区域网划分后所形成的若干区域网干线周期性列车运行图、区域内跨线列车运行图和区域网非干线列车运行图的优化编制；子系统间协调，即编图结构单元间关联列车（路网跨线列车）运行图区域协同编制等三个宏观层次。

1）大系统分解

基于区域协同的高速铁路列车运行图编制理论以大系统分解协调思想作为理论基础，大系统分解是其中的重要环节。运用高速铁路区域网划分方法将高速铁路网划分为若干区域网，路网划分后所形成的各区域网成为各编图结构单元，高速铁路网列车运行图编制问题可转化为若干编图结构单元（区域网）列车运行图编制与各编图结构单元（区域网）列车运行图协调编制问题，从而将高速铁路网列车运行图编制这一大系统分解为若干区域网列车运行图编制的子系统，实现大系统分解。

高速铁路网区域划分后所形成的各区域网在物理结构上保持相对独立，较整体路网而言，各区域网的路网规模减小、路网结构和复杂程度降低，路网得以简化，进而减小列车运行图编制规模，为后续区域网列车运行图的编制与优化创造条件、奠定基础。

2）子系统优化

子系统优化主要指区域网干线周期性列车运行图、区域内跨线列车运行图、区域网非干线列车运行图的优化编制，核心是区域网干线周期性列车运行图的优化编制。子系统优化是基于区域协同的高速铁路列车运行图编制理论的重要环节和内容。高速铁路网划分为若干区域网后，各区域网路网规模和复杂度降低，各区域网可依据自身的客流时空特性、列车开行特点、路网结构特点、线路标准等，借鉴周期性列车运行图编制的理论和方法，独立编制区域网干线满能力、规律化、服务水平高的周期性列车运行图。在满能力区域网干线周期性列车运行图框架下，进行区域内跨线列车运行图编制、区域网干线本线列车运行图优化和区域网非干线列车运行图编制，实现区域网列车运行图的优化编制，进而实现子系统优化。

各区域网相对独立编制列车运行图可大大减小列车运行图的编制规模，降低编制难度，提高运输组织的市场应对能力和反应灵敏性；减小路网中各线相互影响程度，将高速铁路网列车运行图编制这一紧耦合问题转化为松耦合问题，打破既有高速铁路列车运行图编制理论与方法存在的路网运行线交织、错综复杂、环环相扣的弊端；进一步提升区域网自主编图能力和产品优化设计能力，提高区域公司（高速铁路公司）自主经营能力，化解既有高速铁路列车运行图编制中各区域难以从自身角度进行产品优化设计、各区域列车运行图自主编制能力难以发挥的矛盾。

3）子系统间协调

子系统间协调是指路网跨线列车运行图区域协同编制，是基于区域协同高速铁路列车运行图编制理论的关键环节。基于区域协同的高速铁路列车运行图编制中，各区域网主要依据自身客流时空特性、路网结构特点等优化编制列车运行图。但是，由于跨区域客流的影响，各区域难以保持绝对独立，动态上区域网间仍然存在着相互影响和联系，需要建立各区域网列车运行图编制的协调机制来实现路网列车运行图的优化编制。基于各区域网运行线的时空衔接关系，通过路网跨线列车运行线接续优化技术，优化确定路网跨线列车运行线，形成路网跨线列车运行图。

路网跨线列车运行线区域协同接续机制可实现各区域网列车运行图的协调编制；实现路网跨线客流的合理输送，改变既有客运组织模式产生的"长线短流"的不合理现象；减少跨线列车数量，实现跨线列车与本线列车开行协调；减弱既有高速铁路列车运行图编制所导致的跨线列车对本线列车的冲击和影响，缓解跨线列车与本线列车彼此"抢流""抢点""抢线"的矛盾。

2. 战术层实施

战术层实施是指微观机理的建立，形成基于区域协同的高速铁路列车运行图编制步骤，即按照区域网划分、区域网干线单元周期列车运行图编制、路网跨线列车运行图编制、区域内跨线列车运行图编制、区域网干线本线列车运行图优化、区域网非干线列车运行图编制的路径顺序，逐层推进。

3. 技术层实施

技术层实施是指细部方法与技术的建立和突破，解决在战略层设计过程中所涉及的关键方法、技术，主要包括高速铁路区域网划分方法、区域网干线单元周期列车运行图优化编制技术、路网跨线列车运行线接续优化技术、区域内跨线列车运行线选择优化技术、区域网干线本线列车运行图优化技术、区域网非干线列车运行图优化编制技术等。

通过战略层设计、战术层实施和技术层实施构建基于区域协同的高速铁路列车运行图编制框架，打破既有传统列车运行图编制存在的路网交织、错综复杂、环环相扣的弊端，破解复杂要素耦合条件下路网列车运行图编制的技术瓶颈，发挥区域网列车运行图自主编制能力，促进区域间列车运行图编制的协调，实现成网条件下高速铁路列车运行图的优化编制，提高我国高速铁路运输组织水平。

2.3.2 编制步骤

基于区域协同的高速铁路列车运行图编制总体按照高速铁路区域网划分、区域网干线周期性列车运行图编制、路网跨线列车运行图编制、区域内跨线列车运行图编制、区域网干线本线列车运行图优化、区域网非干线列车运行图编制的基本步骤，顺序实施、逐层推进，实现基于区域协同的高速铁路列车运行图编制。

1. 高速铁路区域网划分

按照高速铁路区域网划分方法将高速铁路网划分为若干相对独立的区域网，路网划分后所形成的各区域网成为各编图结构单元。

2. 区域网干线周期性列车运行图编制

路网划分后，在各区域网内以干线为基础独立编制服务水平较高的满能力周期性列车运行图，形成区域网列车运行图基本框架。

3. 路网跨线列车运行图编制

各区域网干线周期性列车运行图独立编制后，基于路网跨线列车运行结构与运行线结构的时空协调关系和其所经区域网运行线时空接续关系，优化确定路网跨线列车运行线，形成路网跨线列车运行图方案。

4. 区域内跨线列车运行图编制

以区域网干线周期性列车运行图为基本框架，确定区域内跨线列车运行线，进而编制区域内跨线列车运行图，实现区域网列车运行图的优化编制。

5. 区域网干线本线列车运行图优化

路网跨线列车、区域内跨线列车运行线确定后，基于满能力区域网干线周期性列车运行图，依据客流的时空特性，兼顾动车组运用效率，将各时段剩余运行线合理匹配给区域网干线本线列车，实现区域网干线本线列车运行图优化。

6. 区域网非干线列车运行图编制

基于上述步骤形成的区域网列车运行图，根据客流需求编制基于客流匹配的区域网非干线列车运行图，完成路网列车运行图的优化编制。

2.3.3 编制关键技术

1. 高速铁路网区域划分方法

立足于列车合理开行距离、线路连接紧密度、邻接距离、邻接特性、动车组储备能力和维修能力等，在分析高速铁路区域网划分原则和影响因素的基础上，建立高速铁路区域划分理论与方法，实现高速铁路区域网的划分。

2. 区域网干线单元周期列车运行图编制优化技术

高速铁路网划分为若干个区域网后，各区域网子系统的特性得以保持，可以依据自身的客流时空特性、列车开行特点、路网结构特点、线路技术标准等，借鉴周期性列车运行图编制的理念和方法实现区域网列车运行图的优化编制。单元周期列车运行图是周期性列车运行图的核心，可依据高峰时段客流时空特性和区域网自身特点，建立区域网干线单元周期列车运行图优化编制方法，构建基于深度强化学习的区域网干线单元周期列车运行图编制优化技术，实现区域网干线单元周期列车运行图优化编制。在此基础上，基于单元周期列车运行图，通过复制、衔接等技术处理即可形成区域网干线全日周期性列车运行图，进一步拓展，可形成周、季等列车运行图，实现区域网干线周期列车运行图的优化编制。

3. 路网跨线列车运行线接续优化技术

由于跨线客流需求的存在，各区域间必定开行部分跨线列车，而跨线列车的开行使得各区域间列车运行图的编制存在关联。因此，需要在各区域干线均已独立编制完成规格化列车运行图的基础上，优化确定具体选取哪些运行线相衔接形成既定开行方案中的跨线列车。以列车开行方案中路网跨线列车和区域网干线周期性列车运行线为考察对象，基于路网跨线列车运行结构与运行线结构的时空协调关系和其所经区域网运行线时空接续关系，建立路网跨线列车运行线的区域协同接续优化技术，实现路网跨线列车运行线的区域协同接续。

4. 区域内跨线列车运行线选择优化技术

在实现路网跨线列车运行线区域协同接续后，需进一步进行区域内跨线列车运行线的选择优化，即在区域网干线周期性列车运行图上为跨线列车在区域内部运行部分选取合适的运行线。以跨线列车区域内运行段和已完成路网跨线列车运行线接续优化的周期性列车运行图为研究对象，考虑跨线列车开行方案、跨线列车合理到发时间域等因素，建立区域内列车运行线的选择优化技术，实现区域内跨线列车运行线的选择优化。

5. 区域网干线本线列车运行图优化技术

区域网干线本线列车运行图的优化是在路网跨线列车、区域内跨线列车运行线确定后，以满能力区域网干线周期性列车运行图为基本框架，依据客流时空特性，兼顾动车组运用效率，将各时段所剩余的运行线合理匹配给各本线列车，实现区域网干线本线列车开行与旅客运输需求和运输企业经济效益的协调，优化确定干线本线列车运行线，形成区域网干线本线列车运行图。以动车组的接续时间最短为目标，以列车运行图基本约束、动车组接续约束等为约束条件，构建考虑客流需求与动车组运用的区域网干线本线列车运行图优化调整技术，实现区域网干线本线列车运行图优化调整。

6. 区域网非干线列车运行图编制优化技术

区域网非干线列车运行图编制为基于区域协同的高速铁路列车运行图编制的末端环节。基于已编制完成的区域网列车运行图，根据客流需求编制区域网非干线列车运行图。以满足区域网非干线动态客流需求为基础，以提高运能与客流匹配度为目标，考虑安全间隔时间限制、到发线能力限制、列车到发时间域限制、动车组接续限制等因素，构建基于客流匹配的区域网非干线列车运行图编制优化技术，实现区域网非干线列车运行图的优化编制。

2.4 基于区域协同的高速铁路列车运行图编制管理模式

2.4.1 管理模式

为保障路网整体效能和体现区域高速铁路公司的利益诉求，结合我国国情、路情和国外高速铁路列车运行图编制工作的成功经验，基于区域协同的高速铁路列车运行图编制管理模式宜采用三方参与、两级管理模式[23]。为保障各区域网和整体路网的能力和效益有效发挥，中国国家铁路集团有限公司应对高速铁路列车运行图编制进行集中领导、统一管理，协调各铁路局、各高速铁路公司的各项需求。中国国家铁路集团有限公司的作用不是简单地从某个高速铁路公司和铁路局角度出发寻求各自利益最大化，而是将所有铁路局、高速铁路公司融合成一个系统，并寻求系统整体最优，起到系统整体功能倍增的效果。鉴于各区域高速铁路公司对所负责的高速铁路相关建设情况、客流情况、线路技术条件与线路特点等最为熟悉，对其运营情况和营利能力等最为了解，因此各区域高速铁路公司应负责该区域网内高速铁路列车运行图的统一编制和管理工作。鉴于我国高速铁路公司与铁路局之间的特殊关系，铁路局应参与到高速铁路列车运行图编制工作中，配合中国国家铁路集团有限公司和高速铁路公司做好跨局列车和局间衔接列车的运行图编制工作。对于路网跨线列车和区域网间换乘列车运行图，由中国国家铁路集团有限公司组织、各区域网高速铁路公司、铁路局参加，统筹兼顾、区域协同编制。总体而言，中国国家铁路集团有限公司领导、组织全路高速铁路列车运行图编制工作，区域高速铁路公司具体负责列车运行图编制工作，铁路局配合中国国家铁路集团有限公司和高速铁路公司做好运行图编制工作。具体如下：

（1）中国国家铁路集团有限公司。中国国家铁路集团有限公司领导全路高速铁路列车运行图编制工作，负责协调各铁路局、高速铁路公司的各项要求，召集各区域高速铁路公司、铁路局进行整体方案的制定和优化。

（2）区域高速铁路公司。区域高速铁路公司主要负责对市场需求和发展趋势进行分析，在区域网高速铁路线路整体优化的思想下，本着最大化发挥区域网高速铁路的运输能力和区域网间的相互协调，制定本区域网高速铁路的基本列车运行图和实际列车运行图。

（3）铁路局。各铁路局主要负责配合中国国家铁路集团有限公司和区域高速铁路公司进行跨局列车、局间换乘列车运行线的编制。

2.4.2 组织程序

1. 准备工作

基于区域协同的高速铁路列车运行图编制方法与既有编制方法的最大区别之一就是在编图工作开始之前，需要运用路网区域划分方法将路网划分为各区域子路网，以减弱线路间的联系，给列车运行图的编制及调整带来便利。区域划分完毕后，每个区域需要有一个管辖公司来完成区域子路网列车运行图的编制。同时基于区域协同的高速铁路列车运行图编制方法与既有编制方法相同，中国国家铁路集团有限公司需要在编图之前整理汇总各铁路局提交的编图所需技术资料，将列车运行图编制任务下达给各区域管辖公司。

2. 列车运行图编制及调整

各区域公司需要按照中国国家铁路集团有限公司的要求按时保质保量地完成区域本线列车运行图的编制。中国国家铁路集团有限公司需要根据各区域管辖公司的区域子路网运行情况协调铺画跨线列车运行线。最后，要根据各区域的本线和跨线列车运行情况，优化确定区域网非干线列车运行线，形成基本列车运行图。

3. 列车运行图评价及实施

经过中国国家铁路集团有限公司审查的基本列车运行图需要经抽线形成实际列车运行图，即基于区域协同的高速铁路列车运行图。统计分析相关技术指标后，新图上线实施。

基于区域协同的高速铁路列车运行图的组织流程如图 2-4 所示，具体流程如下所述：

（1）中国国家铁路集团有限公司负责组织编图工作，将编图任务下达给各区域管辖公司，并监督各区域管辖公司按时完成区域子路网列车运行图的编制；

第 2 章 基于区域协同的高速铁路列车运行图编制基本理论 ·43·

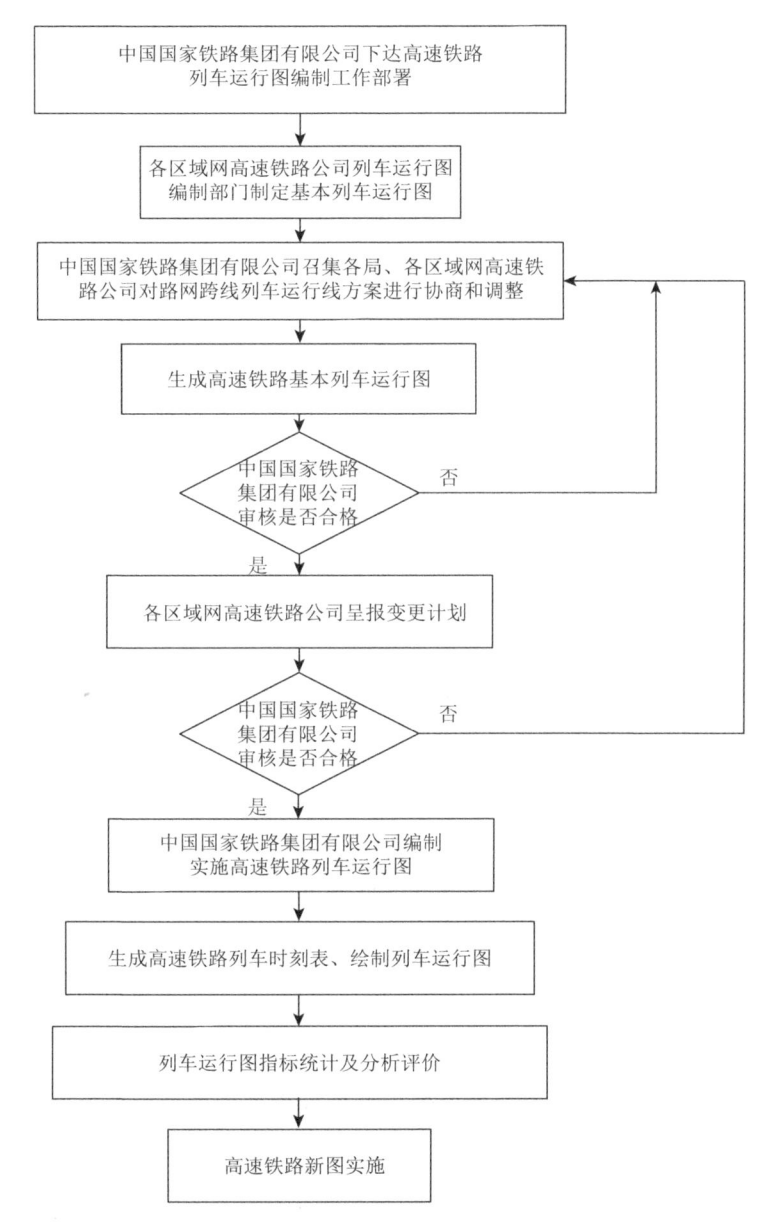

图 2-4 基于区域协同的高速铁路列车运行图组织流程

（2）各区域公司编制区域网本线列车运行图；

（3）中国国家铁路集团有限公司统筹安排各区域管辖公司铺画跨区域长途列车运行线；

（4）确定区域本线列车运行线，生成基本列车运行图；

（5）铺画好的基本列车运行图需要由中国国家铁路集团有限公司审核，不合格的基本列车运行图需要重新铺画调整，合格的需要经过抽线形成实际列车运行图；

（6）调整基本列车运行图生成实际列车运行图；

（7）中国国家铁路集团有限公司需要统计并分析实际列车运行图的各项技术指标，用以对列车运行图进行评价；

（8）新图上线实施。

第 3 章 高速铁路区域网划分理论与方法

高速铁路区域网划分即通过区域网划分技术将整体路网进行合理分解，划分为若干在物理结构上相对独立的区域网，形成若干相对独立的编图区域。高速铁路区域网划分是基于区域协同的高速铁路列车运行图编制理论的基础和前提，是实现路网列车运行图编制大系统分解的重要环节和内容。

本章通过对高速铁路区域网划分技术的研究，实现我国高速铁路网的区域划分，为后续区域网干线列车运行图优化编制、路网跨线列车运行图区域协同编制、区域网非干线列车运行图优化编制等环节的实施奠定基础和创造条件，实现基于区域协同的高速铁路列车运行图编制。

3.1 高速铁路区域网划分关键问题分析

1. 高速铁路列车合理开行距离

在我国综合交通运输体系中，高速铁路与民航、高速公路、普速铁路等交通方式形成竞争关系，各种运输方式都具有其经济合理的运输范围。近年来，我国开行大量长途跨线高速旅客列车，但根据售票数据分析，旅客大多为中短程客流，真正全程乘坐的旅客数不足列车定员的 1/3。"长线短流"的现象反映出我国现有高速铁路运输组织未能与客流需求形成良好契合，列车开行距离未达到合理阈值，导致运能浪费。

研究高速铁路列车合理开行距离阈值，是设计区域协同运输组织模式下运输组织方案的前提、基础和关键问题，是合理划分高速铁路区域网的重要约束条件。分析高速铁路列车合理开行距离即是研究高速铁路旅客的合理运输范围，对高速铁路客运市场进行精准定位，进而根据高速铁路合理优势运输距离发展运输市场，进一步提高高速铁路的运输效率和市场竞争力，也为高速铁路网区域划分奠定基础，为我国大规模开展基于区域协同的高速铁路运输组织模式的改革创造条件。

对高速铁路列车合理开行距离的研究，需要从铁路内、外部进行影响因素分析，依次研究满足运输组织技术条件限制和企业经济效益约束的列车可行开行距离，以及根据旅客出行选择行为决定的高速铁路客流分担率最高的列车优势开行距离，综合得到经济效益占据市场优势的高速铁路列车合理开行距离。

2. 高速铁路换乘节点选择

目前，在既有高速铁路运输组织模式下，开行了大量长途跨线直通旅客列车，高速铁路车站以完成旅客的到发作业为主，而在区域协同高速铁路运输组织模式下，部分长途跨线客流的直达输送将转变为中短途列车的接续输送，由此带来大量的换乘旅客，部分枢纽节点车站将承接路网中换乘旅客的换乘需求。因此，合理选择并科学划分路网中的换乘节点等级是设计区域协同高速铁路运输组织方案的前提和基础，也是进行高速铁路区域划分的关键问题。

研究高速铁路换乘节点的选择方法，需要综合考虑节点衔接的线路数量、动车段所布局、城市人口及经济发展水平、营业列车数量、始发终到列车比例等诸多方面因素，选取路网属性、社会属性、列车规模和站场规模指标对各节点聚类分析，合理划分换乘节点等级，并结合节点内部线路实际走向以及换乘方向，得到路网性节点、区域性节点、地方性节点和一般性节点的选择结果。

3. 高速铁路网区域划分

以路网高等级换乘节点为区域中心，以高速列车合理开行距离为区域范围约束，研究建立高速铁路区域划分理论，将我国高速铁路网划分为在物理上若干个相对独立的子网，是实现大规模复杂路网条件下基于区域协同高速铁路运输组织模式和区域协同高速铁路列车运行图编制理论的基础和前提，是实现大规模路网列车运行图编制解耦的关键环节和重要内容，可打破传统列车运行图一体化编制导致路网运行线纵横交织、错综复杂、环环相扣等弊端，提升高速铁路运输组织的灵活性，挖掘区域内自主设计客运产品的潜能。

高速铁路网的区域特性与地区内的经济、人员流通特性紧密相连，对于高速铁路网区域的划分，必须紧密结合区域内客流输送结构，使划分后的各区域客流对内具有紧密的联系，对外具有相似的客流特征，为开展实施区域内以直达运输为主、跨区域以换乘运输为主的高速铁路运输组织模式创造条件。

3.2 高速铁路列车合理开行距离阈值确定方法

3.2.1 列车合理开行距离概述

在我国综合交通运输体系中，高速铁路、普速铁路、高速公路、民航等各种交通方式之间存在竞争关系，因其具有不同的技术经济特征，满足旅客运输需求的侧重点不同，各种运输方式根据自身优势特性形成了其经济合理的运输距离。

为了避免恶性竞争，各种运输方式应根据自身合理优势运输距离发展运输市场，提高自身运输竞争力，也利于相互间形成良性互补。然而，在我国目前以跨线为主的高速铁路运输组织模式下，已经产生了"长线短流"的不合理现象，因此应对我国高速铁路列车合理开行距离阈值展开深入研究，以进一步提高高速铁路运输效率和市场竞争力。

列车合理开行距离是指在充分满足旅客运输需求和保证运输企业经济效益的前提下，具有较大客流吸引力的一次列车开行起终点间运行的总里程。确定高速铁路列车的合理开行距离需要根据高速铁路特征，针对不同旅客的具体运输需求，结合高速铁路在旅客运输市场中的竞争情况，确定高速铁路的客运市场地位和鲜明的运输服务内容，从而增强自身竞争力，获得更多旅客的支持。列车合理开行距离包含两层含义：首先在运输组织技术层面，在满足企业经济效益和运输组织技术可行约束条件下，列车能够开行的距离，也即最大运输距离；其次从运输市场宏观角度出发，开行充分满足旅客出行需求、经济效益占据市场优势的距离。

高速铁路列车合理开行距离受铁路内部、外部因素双重作用影响。铁路内部因素主要包括运输组织技术条件限制和企业经济效益的影响，外部因素主要包括社会经济因素和运输市场竞争因素。在多重因素综合影响约束下，最终确定出列车合理开行距离。

3.2.2 高速铁路列车开行距离影响因素分析

1. 运输组织技术

高速铁路内部的运输组织技术条件制约了高速铁路列车的开行距离。下面分别从列车速度与等级、动车组检修、综合维修天窗、线路通过能力和列车运行干扰等方面分析其对高速铁路列车开行距离的影响。

1）列车速度与等级

列车运行速度是列车开行距离的决定性因素，在相同运行时间内，列车运行速度越快，列车开行最远距离越长。目前我国开行的动车组列车可分为四个等级，即 350km/h、300km/h、250km/h 和 200km/h。列车等级划分依据是列车在路网中的作用及运行速度，在路网中作用越大、运行速度越高，优先级别越高。高等级列车在制定运输计划、安排技术作业时会被优先考虑，若发生运输冲突，低等级列车需避让高等级列车。

2）动车组检修

高速铁路行车速度快、密度高，对高速动车组的质量及养护提出了较高要求，为保证行车安全、延长动车组列车使用寿命，各类动车组需根据《动车组专用设备检修维护管理规则》和中国国家铁路集团有限公司的相关要求定期在运营结束时进行检修与保养，检修制度体系如图 3-1 所示。动车组检修作业分为预防维修和更正维修，其中以预防维修为主，包含以维护保养为主的运用检修、以恢复基本性能为主的定期检修以及状态维修[24]。

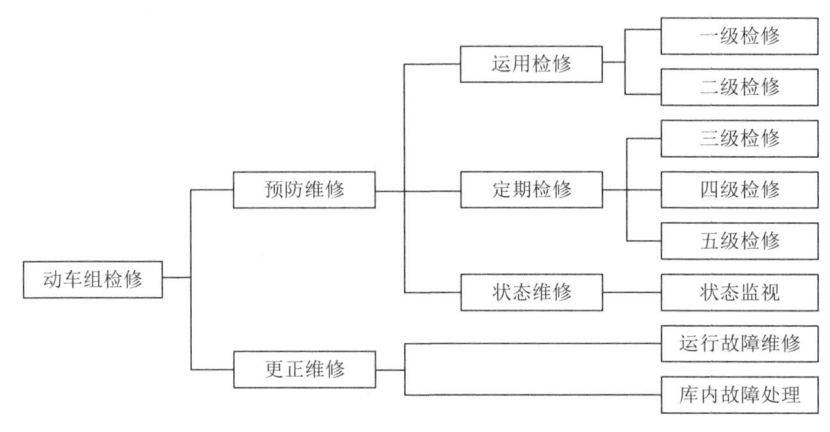

图 3-1　动车组检修制度体系

我国动车组检修制度体系健全，各级检修有严格的检修里程和时间周期规定（表 3-1），对列车的开行距离产生影响。

表 3-1　动车组检修周期表

	CRH2A/E、CRH380A/AL	CRH5A	CRH3C、CRH380BL/CL
一级检修	（4000±400）km 或 48h	（5000±500）km 或 48h	（4000±400）km 或 48h
二级检修	1.5 万～30 万 km 或 15～360 天	6 万～72 万 km 或 1～12 月	2 万～80 万 km 或 10～360 天
三级检修	（120±12）万 km 或 3 年	60km 或 1.5 年	
四级检修	（240±12）万 km 或 6 年	120km 或 3 年	
五级检修	（480±12）万 km 或 12 年	（240±10）万 km 或 6 年	

动车组检修对列车开行距离的约束主要体现在日常检修中，其中运用检修中的一级检修里程最短，为保障检修工作，长距离动车组列车在完成一次单向交路后应至少检修一次，因此我国高速铁路动车组最远开行距离要小于动车组一级检修里程。列车可行开行距离（L_j）与检修里程（L_J）的关系为

$$L_j \leqslant L_J \tag{3-1}$$

3）综合维修天窗

高速铁路设置综合维修天窗是解决列车运行与固定设备检修之间发生矛盾冲突的重要技术措施。在高速铁路开行高密度、高速度动车组的情况下，综合维修天窗开设时间和开设方式会对通过能力及行车组织方式造成极大影响。为确保高速铁路列车的运行安全性，我国高速铁路在 0:00～6:00 开设矩形综合维修天窗，在此区域范围内，严禁列车通行，同时停止供电，为工务、电务等部门实施固定设备检修作业提供条件。天窗开设时有关线路上的列车需停车等待，延长了列车的运行时间，降低了动车组的运用效率，对列车开行造成了一定影响。

线路上的长距离列车的数量会影响列车的开行距离。如图 3-2 所示，极端假设，同一个运行时间带内，如果只开行一列长距离列车，列车可以到达 F 站；如果想开行四列长距离列车，则第二列及后面列车还未到达 F 站便已遇上天窗时间。因此，长距离列车数量越多，则部分列车能够开行的最远距离就越短。设长距离列车间的相互影响系数为 α，根据经验，影响系数取值如表 3-2 所示。

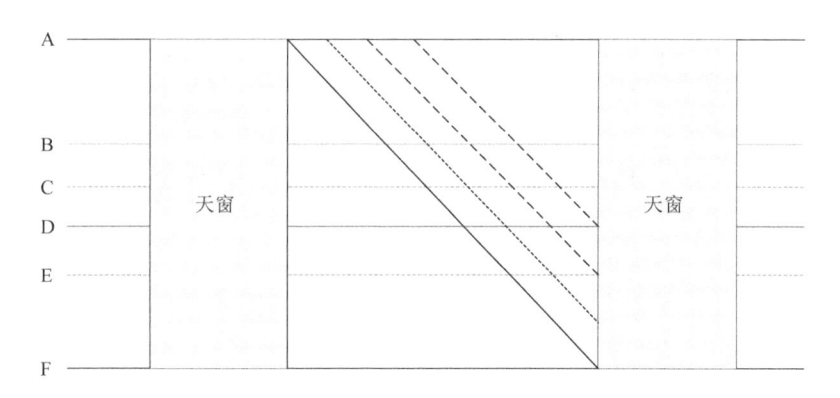

图 3-2 列车运距与天窗影响关系示意图

表 3-2 长距离列车比例与 α 取值表

长距离列车比例/%	≤10	11～20	21～30	31～40	41～60	61～80	>80
影响系数 α	0.9	0.8	0.7	0.6	0.5	0.4	0.3

开设天窗时，天窗两侧存在能力空费三角区，降低了线路的通过能力，因此某些线路设置分段错位矩形天窗提高三角区的利用效率，如图 3-3 所示。假设相邻分段错位矩形间的影响系数为 ε，根据经验取值为 1.2～1.7[25]，具体取值与列车运行速度有关。设天窗开设时间为 $T_{天窗}$，单位为 min，列车运行速度为 v，列车所有停站时间及停站启停附加时间之和为 $\sum T_{停}$，单位为 min，在考虑线路利用率 η 的情况下，高速铁路动车组列车可开行的最大运距 L_{max} 为

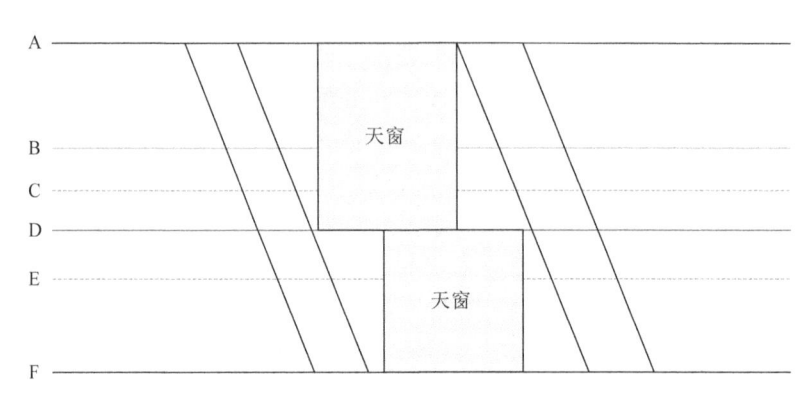

$$L_{\max} = \frac{1440 - T_{天窗} \cdot \varepsilon - \sum T_{停}}{60} \cdot v \cdot \eta \cdot \alpha \qquad (3\text{-}2)$$

图 3-3 分段错位矩形天窗示意图

4）线路通过能力

由于我国大量长途跨线列车开行，线路通过能力利用不均，繁忙干线部分区段运输负荷过重出现"局部瓶颈"现象，而部分区段能力空费。线路通过能力在一定程度上限制了长运距列车的开行，当线路的通过能力达到饱和时，后续开行的列车其运输距离会相应缩减。因此，区段内列车开行数量需满足线路通过能力约束，即

$$\frac{Q_{AB}}{\varphi_0 N} \leqslant M_{AB} \qquad (3\text{-}3)$$

式中，Q_{AB}——A、B 两地间直达旅客列车输送的客流量；

M_{AB}——A、B 两地间区段运输能力（辆）；

φ_0——列车最低客座率；

N——动车组列车定员。

5）列车运行干扰

高速铁路列车运行冲突的判定准则是将列车的实时运行状态与其需要满足的各类时间标准、运行约束进行逻辑比较，如果满足运行条件，则不存在冲突，如果不满足运行条件，则存在冲突。我国高速铁路列车开行范围广、速度快、密度大，为提高高速铁路列车运输可达性、增强运输市场竞争能力，开行了大量长距离跨线直达列车。在列车运行途中，会遭遇大量不可控的非人为影响和干扰，使得列车的实际开行情况与计划偏离。

相关研究表明，假设运行干扰随机发生，列车运行干扰与列车开行距离成正

比例关系,即列车开行距离越长,列车受到运行干扰的概率、程度越大,列车晚点率越高。大量随机非人为的干扰和影响使实际运行线相较计划运行线产生偏差,如图 3-4 所示,随着列车运行距离的延长,偏差程度增大,对后续列车的影响越大。尽管编制列车运行图时会预留弹性时间,但对于长运距列车会因运行干扰较大而难以相抵消,因此若想尽可能减少列车运行干扰造成的不良影响,应适当缩短列车开行距离。因此,列车运行干扰会影响列车开行最远距离。

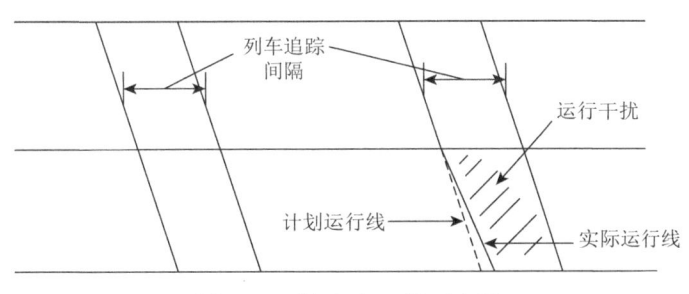

图 3-4 列车运行干扰示意图

2. 企业效益

1)客流运量

我国高速铁路在制定列车开行方案时遵循"按流开车"的基本原则,尽可能满足旅客的出行需求。我国地域辽阔,路网规模庞大、结构复杂,旅客出行需求多样,为减少旅客换乘时间,提高旅客旅行满意度,基于客流直达的思想开行了大量长途直达旅客列车。然而,目前我国高速铁路运输存在严重的"长线短流"问题,根据客票系统分析,真正全程乘坐长运距列车的旅客数不足列车定员的 1/3,反映出列车开行距离与客运需求匹配度不高的问题,导致运能浪费,损害了企业的经济效益。

为提高运输能力利用率、降低运输成本风险,高速旅客列车载客量不得低于列车最低载客量。若 A、B 两地间需开行直达旅客列车,则输送客流量应满足:

$$\frac{Q_{AB}}{\varphi_0 N} \geq 1 \tag{3-4}$$

式中,Q_{AB}——A、B 两地间直达旅客列车输送的客流量;
  φ_0——列车最低客座率;
  N——动车组列车定员。

高速铁路列车运行存在固定成本,我国旅客出行需求多样,在遵循"按流开车"基本原则的同时,也要关注企业的经济效益。合理的列车开行距离可以与客运需求形成良好匹配,提高能力利用率和企业经济效益。

2）运输成本

交通运输成本由固定设施成本、移动设施成本和运营成本三部分构成，其中运营成本与列车开行距离可近似为正比关系。假设公路、普速铁路、高速铁路和民航四种交通方式运量固定，不同运输方式的列车开行距离与运输成本可近似为线性关系，则运距与运输成本关系图大致如图 3-5 所示。

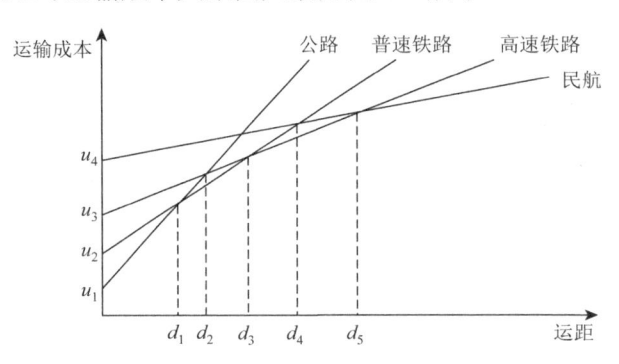

图 3-5 交通方式的运距与运输成本关系图

由图 3-5 可知，公路运输固定成本较低，但随着运距的增加，运输成本增长迅速，因此公路运输适合短距离运输；中、长距离运输时，随着运距的增加，高速铁路运输成本逐渐变为最低，占据优势地位；超长距离运输时，民航则更具成本优势。根据运输成本与运距变化关系可得知，公路、普速铁路、高速铁路和民航的优势运距分别为

$$d_{公路} \leqslant d_1, \quad d_1 \leqslant d_{普铁} \leqslant d_3, \quad d_3 \leqslant d_{高铁} \leqslant d_5, \quad d_{民航} \geqslant d_5 \quad (3-5)$$

运输成本影响不同交通方式开行的优势运距。各交通方式应根据自身合理优势运距发展运输市场，提高自身运输竞争力，获取更高的企业经济效益。

3．社会经济

1）区域经济发展水平

区域经济发展水平一定程度上决定着区域内运输市场结构，以及区域内旅客出行购买力与经济负担能力。旅客的收入水平和消费水平是影响旅客出行方式选择的重要主观因素，与所处区域经济发展水平直接关联。区域经济发展水平高，则物价水平、生活品质相对较高，相应的居民的收入水平与消费水平普遍较高，旅客更倾向于选择便捷、舒适、服务品质较高的交通出行方式。因此，区域经济发展水平一定程度上反映了当地居民的经济承受能力和居民普遍时间价值，影响旅客对出行方式的选择，进而影响运输市场结构和列车开行距离。

2）旅客出行选择行为

旅客在选择出行交通方式时，会从自身特性和出行需求出发，结合交通方式的技术经济特性和服务品质进行综合评估，选择对自己效用最高的运输方式。宏观来看，旅客出行选择行为决定不同交通方式的客流分担率，影响运输企业的经济效益，形成交通方式的优势运距阈值，影响列车的开行距离。

从旅客自身角度出发，旅客的个人属性、出行需求和运输服务需求会影响旅客的出行行为选择。其中个人属性主要包括性别、年龄、职业、收入等，出行需求主要涵盖出行目的、出行距离、出行时间、出行费用来源等，运输服务需求可归纳为安全性、经济性、快速性、舒适性、便捷性和准时性。旅客出行选择影响因素如图 3-6 所示。

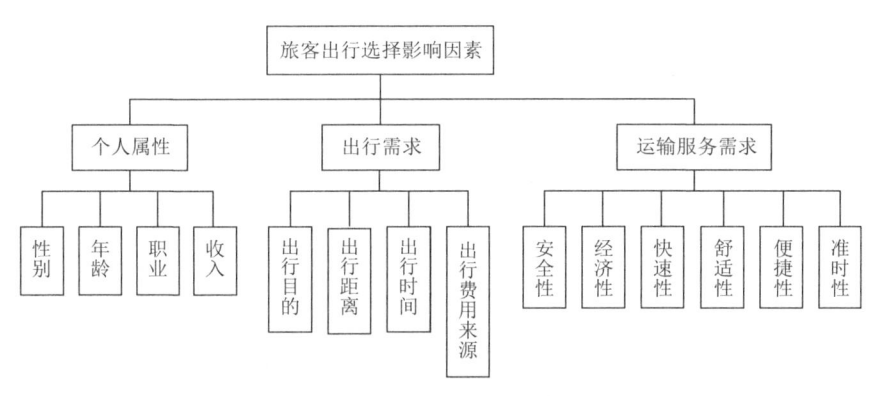

图 3-6 旅客出行选择影响因素

（1）个人属性。

旅客的个人属性影响旅客对不同运输方式提供的客运产品形成不同的认识与评估，影响旅客选择决策。其中旅客的收入直接影响旅客出行方式的选择，收入水平较高的旅客更倾向于选择提供高品质运输服务的客运产品。

（2）出行需求。

①出行目的。

出行目的是影响旅客出行方式选择的重要因素。出行目的不同，旅客对运输服务质量要求不同，对客运产品选择的关注点不同。例如，公务出行的旅客时间价值较高，对时效性要求较强，因此倾向于选择旅行速度快、旅行时间短、准点率高的客运产品，对费用敏感度较低；而旅游、探亲等非公务出行的旅客对舒适性、经济性要求较高。因此，旅客根据出行目的的不同，选择满足自身需求的出行方式。

②出行距离。

出行距离对旅客出行选择决策有决定性作用。不同运输方式根据自身技术经济特点形成优势运距，即交通工具在优势运距内运行时，旅客花费的广义运输费用比其他交通方式少，对客流吸引力较强，分担了更多的客流。出行距离可划分为短途、中短途、中长途、长途和超长途，对于短途出行，旅客倾向于灵活、快捷的公路运输，而对于超长途出行，旅客更多选择民航运输节约旅行时间。

③出行时间。

出行时间是旅客从起始地至目的地全程花费的所有时间,包括乘坐交通工具的旅行时间、程前程后接续时间等。对时间要求严格、时间价值较高的旅客优先选择时效性高、准时性好的客运产品,而对时间要求宽松、时间价值较低的旅客则会注重对其他因素的考量。

④出行费用来源。

旅客的出行费用来源分为自费和公费,自费出行的旅客选择时会考虑个人的经济条件,对旅行费用关注度更高,而公费出行的旅客优先选择舒适性高、时效性高、旅行时长短的运输方式或客运产品。

(3)运输服务需求。

随着我国社会经济迅猛发展,人民生活水平明显提高,更加注重生活品质,旅客出行时对交通方式的运输服务需求日益增长。旅客的运输服务需求可归纳为安全性、经济性、快速性、舒适性、便捷性和准时性。

①安全性。

安全性是旅客选择出行方式的首要考虑因素,是完成旅行过程的最基本保障。不同运输方式因其技术经济条件不同,运输安全性存在差异,旅客出行前会根据自身经验和交通事故率对各运输方式进行安全性评估。对于长距离旅行,公路运输因司机疲劳驾驶发生交通事故率明显高于高速铁路和民航,因此旅客倾向于选择高速铁路或民航等安全性更高的运输工具。

②经济性。

经济性是指旅客在旅行过程中需要支付的运输费用,主要体现形式为票价。票价与运输服务品质直接关联,追求高品质的服务体验需支付更高的票价费用。旅客会根据自身收入水平、消费水平选择高品质服务或高性价比的运输方式满足自身的出行需求。

③快速性。

快速性体现为旅客出行起讫点间的运输效率。旅客旅行时间主要有运输途中交通方式的旅行时间、停站时间等,但不含起讫点两端市内出行耗时。相同运距下,对快速性要求高的旅客会忽略经济性考量,选择旅行总耗时最少的出行方式。

④舒适性。

舒适性是旅客对不同运输方式运输服务的满意程度,是旅行途中对车次等级、座位活动空间大小、座椅舒适度、旅行过程的平顺度、环境温度等的综合体验感受,具有一定主观性。旅客旅行舒适度受多因素叠加影响,因此可选用旅客的疲劳恢复时间进行量化。

⑤便捷性。

便捷性指旅客出行的方便程度,包括购、换票或改签的便捷性,进出站、安检、行李取送的便捷性,不同运输方式衔接换乘的便捷性等。旅客旅行的便捷性可反映为耗时,耗时越长,运输方式的便捷性相对较差。

⑥准时性。

准时性代表旅客到达终点站的正点率水平。随着旅客时间价值的提升,旅客对运输方式的准时性要求提高。对于短距离运输,旅客对运输方式的准时性敏感度较大;对于长距离运输,旅客对运输方式的准时性敏感度较低。

4. 运输市场竞争

运输市场提供运输服务,旅客根据自身出行需求结合不同运输方式的技术经济特点,选择最适宜的客运产品。旅客的不同选择决定不同运输方式的客流分担率,进而影响企业的经济效益,也反映出运输方式在不同运距下的市场竞争实力。因此,运输市场竞争对不同交通方式运输距离的影响体现在旅客选择行为上。旅客出行选择时对运输方式的运输服务需求主要体现在安全性、经济性、快速性、舒适性、便捷性和准时性,对其逐一进行量化分析。

1)安全性

安全性较为特殊,无法通过具体关系式表达其与开行距离的关系,因此通过死亡率间接表示运输方式的安全可靠程度,即

$$S_i = \frac{1}{1 + 0.045 \times s_i^{0.38}} \tag{3-6}$$

式中,S_i——第 i 种运输方式的安全可靠程度;

s_i——第 i 种运输方式的死亡率[人/(亿人·km)]。

2)经济性

运输方式的经济性主要以票价体现,由于受市场和政府的双重影响制约,不同运输方式的票价制定方法各异,因此采用不同关系式分别量化。

(1)高速公路。

$$C_1 = c_1 \times L_1 + e_1 \tag{3-7}$$

式中,C_1——高速公路客运票价(元/人);

c_1——高速公路客运票价率[元/(人·km)];

L_1——高速公路客运里程(km);

e_1——高速公路起讫点两端接续费用。

(2)民航。

根据规定,民航客运票价可在基准票价的基础上最高上浮 25%,因此在确定最高基准票价时乘以 1.25。此外,国内民航旅客需缴纳机建燃油费 50~150 元,取均值 80 元。

$$C_2 = (\log_{0.6L_2} 150) \times L_2 \times 1.1 \times 1.25 \times z + 80 + e_2 \tag{3-8}$$

式中，C_2——民航客运票价（元/人）；

L_2——民航客运里程（km）；

z——折扣率，取 0.6；

e_2——民航起讫点两端接续费用。

（3）高速铁路。

高速铁路客运票价的票价率遵循"递远递减"原则，根据相关规定可得票价与客运里程关系式为

$$C_3 = \begin{cases} c_3 \times L_3 + e_3, & 0 < L_3 \leq 500 \\ 500c_3 + 0.9c_3(L_3 - 500) + e_3, & 500 < L_3 \leq 1000 \\ 500c_3 + 500 \times 0.9c_3 + 0.8c_3(L_3 - 1000) + e_3, & L_3 > 1000 \end{cases} \tag{3-9}$$

式中，C_3——高速铁路客运票价（元/人）；

c_3——高速铁路客运票价率[元/（人·km）]；

L_3——高速铁路客运里程（km）；

e_3——高速铁路起讫点两端接续费用。

（4）普速铁路。

普速铁路客运票价可以表示为票价率与客运里程的乘积再加上起讫点两端接续费用，其中票价率取平均值得到。

$$C_4 = c_4 \times L_4 + e_4 \tag{3-10}$$

式中，C_4——普速铁路客运票价（元/人）；

c_4——普速铁路客运票价率[元/（人·km）]；

L_4——普速铁路客运里程（km）；

e_4——普速铁路起讫点两端接续费用。

3）快速性

快速性体现为旅客出行起讫点间的运输效率，其与运输距离的关系式为

$$T_i = \frac{L_i}{\bar{v}_i} + t_{i停} + t_{i发} + t_{i到} \tag{3-11}$$

式中，T_i——乘坐第 i 种运输方式的旅行时间（h）；

L_i——第 i 种运输方式的运输距离（km）；

$\bar{v}_i$——第 i 种运输方式平均运输速度（km/h）；

$t_{i停}$——第 i 种运输方式的停站时间及停站启停附加时间（h）；

$t_{i发}$、$t_{i到}$——第 i 种运输方式分别在出发地、目的地消耗的时间（h）。

4）舒适性

舒适性主要与旅行过程中旅客个人空间和交通工具的振动强度相关，个人空

间越大，振动强度越小，旅客舒适度越高。舒适度系数可按式（3-12）计算：

$$f_i = H_i + \frac{1}{Z_i} \tag{3-12}$$

式中，f_i——第 i 种运输方式的舒适度系数；

H_i——第 i 种运输方式运输过程中的个人空间（m^3）；

Z_i——第 i 种运输方式运输过程中的振动强度（m/s^2）。

旅客对运输疲劳有一定的耐受时间，一定旅行时间内旅客疲劳敏感度低，随着运输时间的延长，旅客疲劳感逐渐增加。相关研究表明[26]，旅客舒适度与运输距离的关系式为

$$F_i = \frac{f_i}{1 + \alpha_f \max(0, L_i / v_i - t_f)} \tag{3-13}$$

式中，F_i——第 i 种运输方式的舒适度；

α_f——旅客疲劳增长系数，取 0.25；

t_f——旅客疲劳容忍时间，取 2.5h。

舒适度在一定程度上可由票价反映，票价高的运输方式其舒适度相对较高。现有研究表明，可取票价的 5%~10%作为舒适度费用。然而运输过程中并非票价越高，舒适度就越高，因此综合旅客舒适度与运输距离的关系式进行修正，可得舒适度费用 K_i 为

$$K_i = 0.08 C_i F_i \tag{3-14}$$

5）便捷性

便捷性体现为购、换票或改签，进出站、安检、行李取送及程前程后接续花费的总时间，由于票务系统使用十分便捷，各运输方式购、换票或改签时间相差不大，此处不予量化统计。

$$B_i = t_{i\text{进出}} + t_{i\text{流}} + t_{i\text{接}} \tag{3-15}$$

式中，B_i——第 i 种运输方式的便捷程度量化指标（h）；

$t_{i\text{进出}}$——第 i 种运输方式平均进出站时间（h）；

$t_{i\text{流}}$——第 i 种运输方式站内运输流程耗时（h）；

$t_{i\text{接}}$——第 i 种运输方式程前程后接续时间（h）。

6）准时性

旅客对运输方式的晚点敏感度与晚点时间占旅行总时间的比重有关，晚点时间占比越大，旅客对晚点敏感度越高。

$$\phi_i = \frac{t_{1i}}{T_i} \tag{3-16}$$

式中，ϕ_i——第 i 种运输方式旅客晚点敏感度；

t_{li}——第 i 种运输方式平均晚点时间（h）；

T_i——第 i 种运输方式旅行时间（h）。

3.2.3 高速铁路列车合理开行距离阈值模型

1. 高速铁路列车合理开行距离计算原理

高速铁路列车的合理开行距离受运输组织技术条件限制和企业经济效益的约束，以及在运输市场竞争因素作用下，旅客出行选择行为的影响。内部因素（如列车速度与等级、动车组检修、综合维修天窗、线路通过能力和列车运行干扰等技术因素）制约了高速铁路列车的最远开行距离，客流量则从效益理论的角度限制高速铁路列车的运输组织。外部因素从市场因素角度出发，不同运输方式具有不同的技术经济特征，旅客出行时综合考虑各项因素，将其折合为广义费用，进而通过广义费用折算的综合效用判断选择何种方式出行。

如图3-7所示，交通运输方式的运输组织水平和技术条件限制运输距离，同时也形成了自身的技术经济特征，例如，铁路人均开行成本较低，在经济性上占据一定优势，而民航在速度上占绝对优势，但经济性较差。旅客在选择出行方式时，会将自身出行情况与运输方式的特征结合起来，选择对自己效用最高的出行方式。从宏观角度看，旅客选择行为决定了不同运输方式的客流分担率，影响运输企业的经济效益，从而也在一定程度上影响运输距离。运输距离、运输方式技术经济特征、客流分担率、运输企业经济效益围绕旅客选择和运输组织技术条件形成了循环反应[25]。

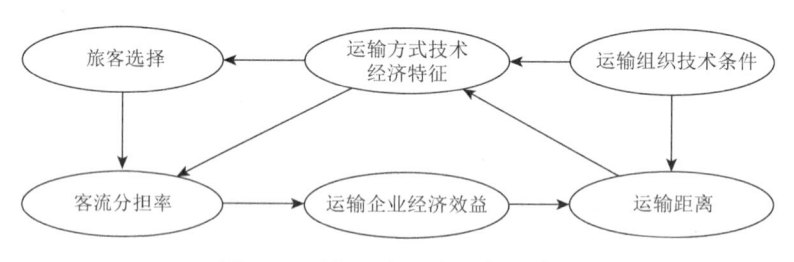

图 3-7 开行距离影响因素关系图

高速铁路列车合理开行距离是列车在充分考虑社会效益和经济效益的条件下，即在保证运输企业经济效益，尽可能满足旅客出行需求的前提下，一次列车开行所经过的距离。计算列车合理开行距离时，首先需要考虑在满足运输组织技术条件和保证企业经济效益的前提下，列车能够开行的最大运输距离；其次，从运输市场宏观角度出发，计算根据旅客出行选择行为决定的高速铁路客流分担率最高的运输距离；最后，综合计算结果，得到经济效益占据市场优势的列车合理开行距离。

对高速铁路列车合理开行距离影响因素分别进行定性、定量分析，为更好地进行综合效用的统计和对比统一量纲，利用大数据技术获取旅客出行大量数据信息，确定各影响因素权重系数，形成旅客广义出行费用函数，进而确定不同运输距离下各交通方式的客流分担率，高速铁路客流分担率高于高速公路、普速铁路与民航客流分担率时，所对应的运输距离即为高速铁路列车优势开行距离，此时高速铁路运输对客流吸引力最大，在运输市场中竞争力最强，企业经济效益相对最高。

高速铁路列车合理开行距离阈值确定技术路线图如图 3-8 所示。

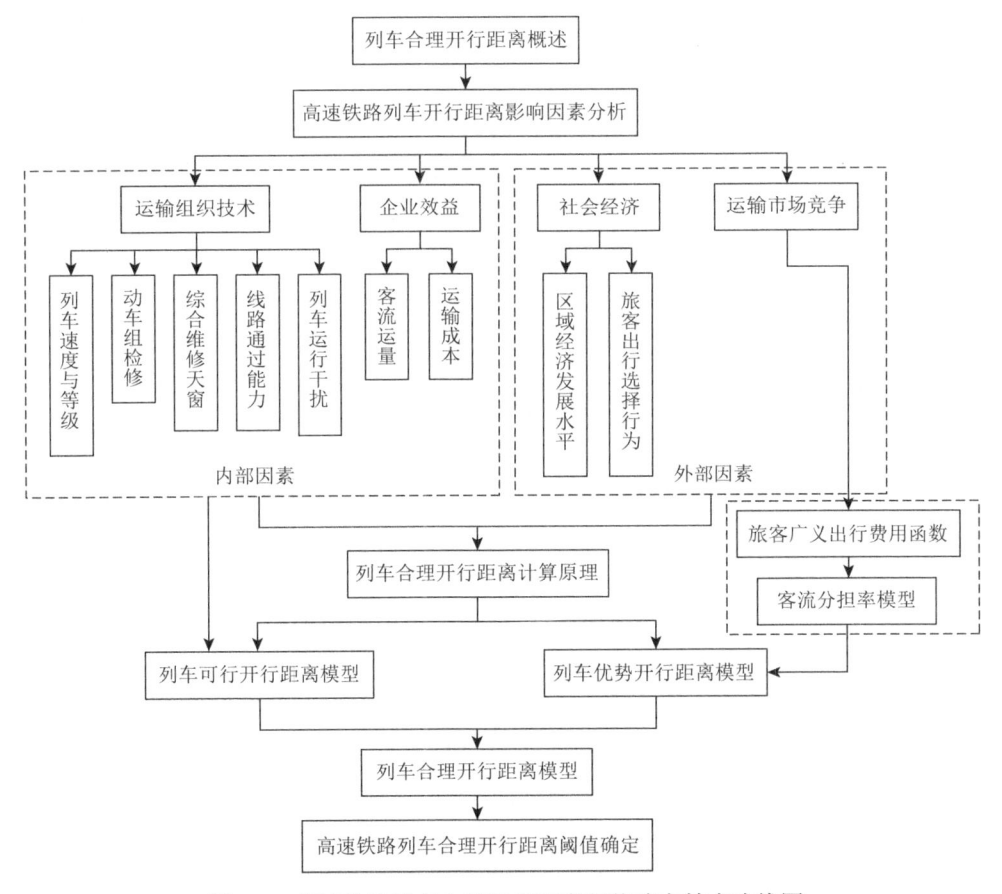

图 3-8 高速铁路列车合理开行距离阈值确定技术路线图

综上所述，对高速铁路列车合理开行距离计算的步骤总结如下：
（1）计算高速铁路列车可行开行距离范围 $(0, L_{行}]$。

系统分析制约不同运输方式列车开行距离的因素，厘清不同因素之间的作用关系，并对其进行定量分析，得出其可行开行距离和开行条件。

(2) 计算高速铁路列车的优势开行距离阈值 $[L_{优\min}, L_{优\max}]$。

从市场选择的角度量化客流分担率，从旅客选择入手，定性分析影响旅客选择的因素，选择主要因素形成指标对其量化，确定不同指标的权重并采用非集计模型计算不同运输距离下运输市场客流分担率分布情况，客流分担率较高的运输距离区间即为优势开行距离。

(3) 计算高速铁路列车合理开行距离 $L_{合}$。

综合高速铁路列车可行开行距离和高速铁路列车优势开行距离计算得到高速铁路列车合理开行距离。

2. 高速铁路列车合理开行距离影响指标权重确定

1) 旅客广义出行费用函数的确定

运输市场竞争对旅客出行选择行为的影响可通过时间和费用进行量化，处理方法通常分为两种，即统一折算为广义出行费用函数或广义出行时间函数。两类函数处理的选择标准如下：如果旅客时间价值高，对快速性要求较高，选择广义出行时间函数；如果旅客时间价值低，对出行费用较为敏感，则选择广义出行费用函数。

西方发达国家处理此类问题时通常采用广义出行时间函数模型，虽然我国近些年来经济发展迅速，但仍然处于发展中国家行列，因此旅客对出行费用更为敏感，故选择广义出行费用函数模型处理问题，使用旅客广义出行费用作为旅客综合效用。

为统一量纲，更好地进行综合效用的统计和对比，利用旅客时间价值将出行过程中的时间消耗转化为费用成本。旅客时间价值是指由于时间的推移而产生效益增值量和由于时间的非生产性消耗造成的损失量的货币表现，通俗来说即由于旅客出行过程中产生的时间消耗而产生的机会成本。旅客时间价值估算方法有生产法、收入法等直接估计法和陈述或显示偏好分析法等间接估计法。通常采用生产法和收入法进行时间效用测算。

(1) 生产法。

该方法假设旅客在出行中节省的时间均用于生产活动，从而创造出相应的社会价值及个人收入，出行时间的增加则造成生产时间的下降。其测算公式为

$$w(t) = \frac{\text{GDP}}{N_{\text{p}} \times t_{\text{w}}} \tag{3-17}$$

式中，$w(t)$——旅客时间价值；

GDP——地区生产总值；

N_{p}——地区人口数量；

t_{w}——地区劳动者年平均劳动时间。

（2）收入法。

收入法将旅客时间归类为工作时间和休闲时间两类，休闲时间的价值按工作时间的一定比例进行核算。采取此类方法要求对客流进行详细分类，且需对出行目的归类，尤其是公务出行和休闲出行。

结合我国的实际情况，生产法更适合用于测算旅客时间价值，但生产法有一定的缺陷，即旅客节省的时间不能完全用于生产活动，因此需要对生产法测算出的旅客时间价值进行修正。本章选取生产法进行估算，其计算公式如式（3-17）所示。

由于不同地区旅客时间价值不同，取出发地与目的地旅客时间价值的平均值，即

$$w(t) = (w_{出发地}(t) + w_{目的地}(t))/2 \qquad (3\text{-}18)$$

利用旅客时间价值对不同影响因素进行广义出行费用折算，统一为费用量纲。其中，安全性因素具有相对独立性，无法用时间或费用来表示，但当安全性与其他影响因素同时最优时，该运输方式的综合效用最大，因此安全性与其他属性是乘法关系。同时，其余服务属性间相对独立，是加法关系。从旅客角度出发，广义出行费用是损失型费用，因此广义出行费用最小的运输方式对旅客综合效用最大。

综合各影响因素构建旅客广义出行费用函数为

$$W_i = (\theta_1 C_i + \theta_2 T_i w(t) - \theta_3 K_i + \theta_4 B_i w(t) + \theta_5 t_{1i} w(t)) \times \frac{1}{S_i} \qquad (3\text{-}19)$$

式中，W_i——第 i 种运输方式的旅客广义出行费用；

θ_1、θ_2、θ_3、θ_4、θ_5——分别为经济性、快速性、舒适性、便捷性和准时性的系数。

2）影响因素权重系数的确定

不同出行距离下，旅客对各运输方式各服务属性的偏爱度不同，为确定各运输方式经济性、快速性、舒适性、便捷性和准时性影响因素的权重系数，需要利用大数据技术对不同出行距离下旅客的出行选择行为和意愿展开调查，获取所需数据。

常见的确定权重的方法有回归分析法、层次分析法等。回归分析法需要大量的数据支撑，并且数据必须具有普遍性，不能通过某条线路的客流数据分析得到，因此本章采取数据更易获得的层次分析法。

利用层次分析法确定不同因素的权重，不同于传统的层次分析法解决决策问题，不需要层次总排序，分为如下三个步骤：建立层次结构模型、构造判断矩阵、层次单排序及其一致性检验。

（1）建立层次结构模型。

层次分析法是 20 世纪美国运筹学领域内兴起的应用网络系统理论和多目标综合评价方法，提出的一种层次权重决策分析方法。该方法在解决复杂决策问题时，可以利用少量的定量信息使决策过程数学化、科学化，从而使多目标、多准则的复杂决策问题简单化。同时，此方法也是常用的赋权方式，具有简单、客观等特点，本章拟采用此方法对指标进行赋权。

层次分析法分为目标层、准则层、方案层三层，目标层为旅客选择效用最大化的运输方式，准则层为五个指标，方案层为待选的四类运输方式，如图 3-9 所示。

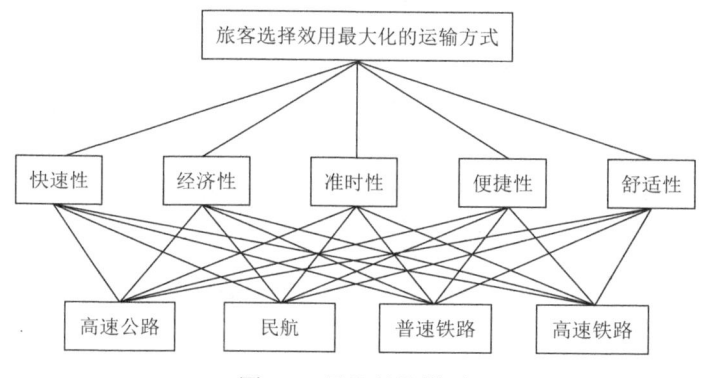

图 3-9 层次结构模型

此处需要强调一点，在准则层中，只有五个指标，并未包含安全性指标，这是因为安全性指标的性质与这五个指标不同，安全性极难折算为广义出行费用，故采用将其折算为安全系数与这五个指标相乘的方式处理，单独考虑。

（2）构造判断矩阵。

构造完层次结构示意图后，需要对各个指标进行比较，得出两两之间的重要度判断矩阵为

$$A = (a_{jq})_{m \times n}, \quad j, q = 1, 2, \cdots, n \tag{3-20}$$

规范化判断矩阵各列：

$$\overline{A} = (\overline{a}_{jq})_{m \times n}, \quad j, q = 1, 2, \cdots, n \tag{3-21}$$

其中，

$$\overline{a}_{jq} = a_{jq} \Big/ \sum_{j=1}^{n} a_{jq}, \quad j, q = 1, 2, \cdots, n \tag{3-22}$$

对规范后的矩阵规范列平均：

$$\theta_j = \frac{1/n}{\sum_{j=1}^{n} \overline{a}_{jq}}, \quad j, q = 1, 2, \cdots, n \tag{3-23}$$

特征向量：

$$\boldsymbol{\Phi} = [\theta_1, \cdots, \theta_j, \cdots, \theta_n]^{\mathrm{T}} \tag{3-24}$$

式中，θ_j——第 j 个指标的权重。

（3）层次单排序及其一致性检验。

在使用层次分析法时，为使判断矩阵更加具有逻辑性和科学性，需对判断矩阵进行一致性检验。

通常情况下，在人的客观认识中，不要求判断具有传递性和一致性，但在数学应用中则要求判断大体一致。例如，判断甲指标比乙指标极端重要，乙指标比丙指标极端重要，此时如果丙指标的重要程度低于甲指标，则不符合逻辑，也不符合一致性检验。

一般对判断矩阵进行一致性检验，不要求绝对一致，允许在一定范围内出现不一致，其检验过程如下。

①测算一致性指标 C.I.：

$$\mathrm{C.I.} = \frac{\lambda_{\max} - n}{n - 1} \tag{3-25}$$

式中，$\lambda_{\max}$——判断矩阵的最大特征根；

n——判断矩阵的行数。

②根据一致性指标 C.I. 查询表（表3-3）确定判断矩阵不一致的允许范围。当 $n = 1$、2 时，C.I. = 0，因为一阶与二阶判断矩阵总是满足一致性；当 $n \geqslant 3$ 时，C.I. 逐渐增大。

表 3-3　一致性指标查询表

n	1	2	3	4	5	6	7
C.I.	0	0	0.58	0.89	1.12	1.24	1.32

③测算一致性比例 C.R.：

$$\mathrm{C.R.} = \frac{\mathrm{C.I.}}{\mathrm{R.I.}} \tag{3-26}$$

式中，R.I.——随机一致性指标。

若 C.R. < 0.1，说明判断矩阵一致性检验通过，对应的特征向量可以作为影响因素费用函数的权重向量；若 C.R. ≥ 0.1，说明一致性程度不够，需要对矩阵进行修正，然后重复前述计算与检验过程。

3）客流分担率模型

旅客出行选择行为决定了不同运输方式的客流分担率，客流分担率反映出运输方式在不同运距下的市场竞争实力。因此，通过构建客流分担率模型可了解不同运输方式的客流分担情况，客流分担率最高的运输距离即为运输方式的优势运距。

目前，研究不同运输方式的客流分担率的预测模型主要有 Logit 模型和 Probit 模型。Probit 模型可以模拟旅客的选择喜好，但参数标定较困难，求解极其复杂。Logit 模型由于非相关选择方式相互独立而不受其他方式效用函数固定性影响而夸大或缩小评价旅客选择概率大的或选择概率小的运输方式。从模型的构造和实际操作等方面考虑，Logit 模型具有突出优点。在充分考虑模型构建方便性、简洁性和预测准确性的前提下，本章选用多项 Logit 模型进行不同运输方式的客流分担率模型构建。传统的多项 Logit 模型表达式为

$$P_i = \frac{\exp(W_i)}{\sum_{i=1}^{m} \exp(W_i)} \quad (3\text{-}27)$$

式中，P_i——第 i 种运输方式的客流分担率；

W_i——第 i 种运输方式的旅客广义出行费用。

相同运距下，客流分担率的高低反映了运输方式市场竞争力的强弱，客流分担率越高则市场竞争力越强，企业经济效益越好。但由于旅客广义出行费用是损失型效用函数，需对模型进行修正。此外，为了规避模型中指数级增长导致结果差异化放大显著，对广义出行费用进行均值化处理，改进后的模型为[27]

$$P_i = \frac{\exp(-W_i/\overline{W})}{\sum_{i=1}^{4} \exp(-W_i/\overline{W})}$$
$$\overline{W} = \sum_{i=1}^{4} W_i / 4 \quad (3\text{-}28)$$

式中，$\overline{W}$——4 种运输方式的平均旅客广义出行费用。

3. 高速铁路列车合理开行距离模型构建

1）高速铁路列车可行开行距离模型

在满足高速铁路运输组织技术条件限制和保证企业经济效益的条件下，建立高速铁路列车可行开行距离模型：

$$L_{行}=\delta \cdot L$$

$$\begin{cases} 0 < L \leqslant \min(L_1, L_2) \\ L_j \leqslant L_J \\ L_{\max} = \dfrac{1440 - T_{天窗} \cdot \varepsilon - \sum T_{停}}{60} \cdot \eta \cdot v \cdot \alpha \\ \delta = \begin{cases} 1, & Q_{AB}/(\varphi_0 N) \geqslant 1 \\ 0, & Q_{AB}/(\varphi_0 N) < 1 \end{cases} \\ Q_{AB}/(\varphi_0 N) \leqslant M_{AB} \end{cases} \quad (3\text{-}29)$$

式中，$L_{行}$——在运输组织技术条件和企业经济效益约束下列车可行开行距离；

δ——客流约束指标；

L——未考虑客流情况下的列车可行开行距离；

L_j——动车组检修约束下列车可行开行距离；

$L_{\max}$——动车组列车可行开行的最大运距。

2）高速铁路列车优势开行距离模型

从运输市场宏观角度出发，构建根据旅客出行选择行为的高速铁路客流分担率最高的列车优势开行距离模型：

$$\begin{cases} L_{优}, \ P_3(L_{优}) \geqslant P_i(L_{优}) \\ L_{优\min} \leqslant L_{优} \leqslant L_{优\max} \\ P_i = \dfrac{\exp(-W_i/\overline{W})}{\sum\limits_{i=1}^{4} \exp(-W_i/\overline{W})} \\ W_i = (\theta_1 C_i + \theta_2 T_i w(t) - \theta_3 K_i + \theta_4 B_i w(t) + \theta_5 t_{li} w(t)) \times \dfrac{1}{S_i} \end{cases} \quad (3\text{-}30)$$

式中，$L_{优}$——列车优势开行距离；

$L_{优\min}$——列车优势开行距离最小值；

$L_{优\max}$——列车优势开行距离最大值；

$P_3(L_{优})$——高速铁路列车优势运距下的客流分担率；

$P_i(L_{优})$——第 i 种运输方式在高速铁路列车优势运距下的客流分担率。

3）高速铁路列车合理开行距离模型

综合高速铁路列车可行开行距离模型和优势开行距离模型，得到高速铁路列车合理开行距离模型为

$$L_{优\min} \leqslant L_{合} \leqslant \min(L_{优\max}, L_{行}) \quad (3\text{-}31)$$

式中，$L_{合}$——列车合理开行距离。

3.3 高速铁路换乘节点选择方法

本节中设计的基于区域协同的高速铁路运输组织模式下的换乘节点选择方法主要包括两个过程：一是采取定量分析的方法，选取路网属性、社会属性、列车规模和站场规模指标对各节点进行聚类分析，得到换乘节点等级划分结果；二是根据换乘节点的等级划分结果，结合节点内部线路实际走向以及能实现的换乘方向，得到路网性换乘节点、区域性换乘节点、地方性换乘节点和一般性换乘节点的选择结果。

换乘节点选择思路及流程如图 3-10 所示。

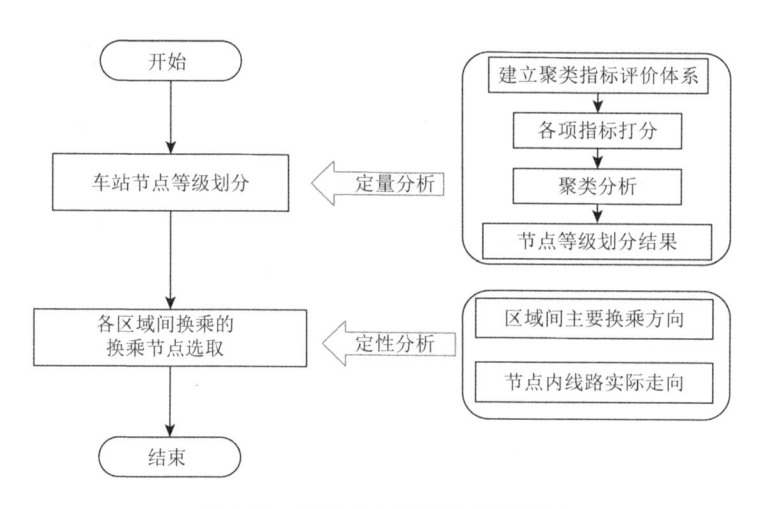

图 3-10 换乘节点选择思路及流程

3.3.1 高速铁路换乘节点等级

节点是广泛应用于网络理论或图论中的概念，表示网络拓扑中线相交或分支的点。在高速铁路网络中，换乘节点是指具有良好的客流中转能力且衔接多条线路的客运专线车站。作为路网中客流集散的重要场所，除了满足旅客中转要求，换乘节点还应具备相关的铁路技术作业条件。换乘节点的等级反映了节点在路网中承担的作用和重要程度，高速铁路换乘节点可以分为路网性换乘节点、区域性换乘节点、地方性换乘节点三种类型。

1. 路网性换乘节点

路网性换乘节点是整个高速铁路网的中枢神经，具有很强的辐射效应和带动功能，对路网的贡献十分显著，是路网中典型的客运支点。路网性换乘节点通常是在路网中与多条通道干线衔接的大型客运枢纽站，周边有动车检修基地，其旅客出行需求多、客流集散量大、中转旅客多，是路网中重要的始发终到车站，每日开行大量的直达动车组列车。此类节点衔接多个方向的直达客流和转角客流，能够满足旅客多样化的换乘需求。此外，路网性换乘节点往往是人口规模较大、经济发展较好的城市，自身具有突出的客流吸引能力。

2. 区域性换乘节点

区域性换乘节点是区域内的综合客运枢纽，分布在地理位置重要的省会、直辖市或交通枢纽所在地。区域性换乘节点衔接多条高速铁路线路，具有一定的动车检修能力，客流集散量大，具有很强的局部客流吸引能力，除开行始发终到本线动车组列车外，还经停大量的跨线动车组列车。区域性换乘节点在路网中起承上启下的作用，对增加路网的可达性以及辐射性有着非常大的作用。

3. 地方性换乘节点

地方性换乘节点是区域内的重要节点车站，主要负责路网干线与地区线路的连通，是区域内交通的必要节点，其路网功能较为单一，基本能够完成所属运输通道的输送任务，主要为上层区域性节点输送客流。这类节点客流吸引范围较小，可达性不大，主要开行本线中途、短途动车组列车。

综上所述，路网性换乘节点是高速铁路网的中枢神经，具有较强的中转换乘能力，能够吸引大量的换乘客流，是换乘组织中需要重点考虑的核心节点；区域性换乘节点能够上下联动，是干线网络与区域内网络的纽带，是高速铁路网换乘组织的关键节点；地方性换乘节点功能较为单一，客流吸引范围较为局限，换乘客流量较小，是路网中换乘组织的补充。

3.3.2 换乘节点重要度指标评价分析

1. 换乘节点重要度指标评价体系的建立

换乘节点重要度作为研究铁路网节点客运集散能力的量化指标，成为路网规划中衡量城市或枢纽车站换乘组织能力的主要依据。换乘节点重要度与换乘节点所在地区的政治、经济、人口、交通等因素密切相关。截至目前，我国高速铁路已形成规模庞大的网络，线路之间的联络关系错综复杂，路网密度和客流密度分布不均。对于换乘节点设置的研究，从旅客的角度来说，换乘节点的数量越多，分布范围越广，换乘越便捷，旅客对换乘组织模式的接受度越高；从铁路部门的角度来说，大密度设置换乘节点，会增加列车接续方案设计的难度，对于某些客运能力紧张的车站，盲目设置为换乘节点甚至会影响到正常进出站旅客的乘降需求。因此，设计合理的换乘节点选择方案，既要重视换乘节点在路网中的地位和承担的角色，又要综合考虑换乘节点的客运需求和客运能力。

1）路网属性

在网络中，孤立的节点往往难以实现自身的功能价值。因此，换乘节点在路网中的属性定位很大程度决定了其在路网中的功能价值。路网属性可以通过换乘节点的衔接线路数量、衔接线路等级、动车段所布局三个指标进行衡量。其中，换乘节点的衔接线路数量越多，其路网联络性越强，通达范围越广，可达性越大；换乘节点的衔接线路等级越高，表明在路网中与高等级线路衔接关系越紧密，其路网定位越重要；动车段所是动车组检修、养护、存放的基地，在设置动车段所的城市一般还设有乘务基地，邻近动车段所的车站其动车运用更为方便，因此动车段所的布局可以反映城市在高速铁路网中的地位。

2）社会属性

换乘节点与所在城市的政治、经济、人口等因素密切相关。城市的行政等级越高，其在区域内乃至国家层面的地位就越重要；城市的人口数量决定了节点城市的客流基数，客流基数越大，旅客的出行需求越多，铁路部门在制定开行方案时越会侧重考虑；城市的经济发展水平影响着人口的出行需求，有研究表明，经济越发达的城市其市民出行的意愿和频率越高；城市发展潜力潜在决定了城市的客流吸引力和影响力。

3）列车规模

列车规模可以从营业列车数量和始发终到列车比例两个方面衡量。营业列车数量越多，表明换乘节点的客流输送能力越强、通达范围越广、可达性越大、旅客可以选择的列车种类越多、换乘时段越灵活；在换乘组织模式中，始发列车比中转营业列车更适合完成接续工作，安排始发列车作为接续列车，可以消除中转营业列车较短停站时间的限制，降低列车接续方案设计的难度，同时避免接续列车晚点导致换乘时间增长的风险。

4）站场规模

旅客的换乘工作是在车站完成的，站场的能力直观反映了换乘节点所能承担换乘客流的多少和提供的换乘服务水平。高等级的客运站能够承担更大规模客流的到发以及提供较高标准的客运服务；站房规模直接反映了车站的最高聚集人数，较大的站房规模能够为旅客提供舒适的候车环境；较大的站台规模能够满足更多列车的到发需求。

综合以上对路网属性、社会属性、列车规模、站场规模的分析以及其所具体包含的指标，本章建立换乘节点重要度指标评价体系，如图 3-11 所示。

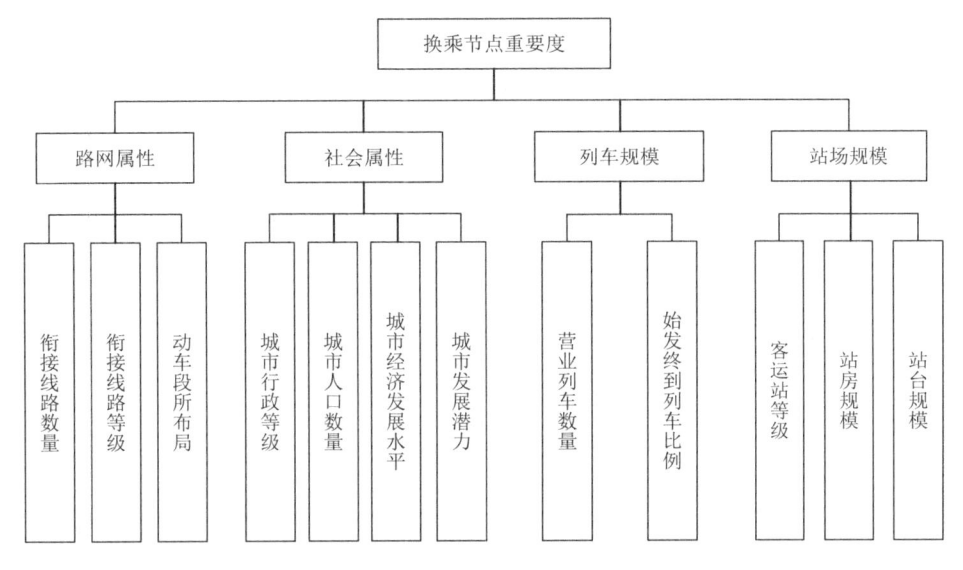

第 3 章　高速铁路区域网划分理论与方法

```
                          换乘节点重要度
        ┌──────────────┬────────────┬──────────────┐
     路网属性         社会属性       列车规模        站场规模
    ┌───┼───┐    ┌─────┼─────┐   ┌─────┴─────┐   ┌───┼───┐
  衔接 衔接 动车  城市  城市  城市  城市  营业  始发  客运 站房 站台
  线路 线路 段所  行政  人口  经济  发展  列车  终到  站等 规模 规模
  数量 等级 布局  等级  数量  发展  潜力  数量  列车  级
                             水平             比例
```

图 3-11　换乘节点重要度指标评价体系

2. 换乘节点重要度指标计算方法

节点重要度的评价属于多指标体系的综合评估，目前用于综合评估的方法主要有层次分析法、综合加权法、模糊综合评价法、灰色系统评价方法、主成分分析法等。

考虑到换乘节点重要度指标评价体系中既包含定性的指标，又包含定量的指标，每一个指标对节点的重要度都有影响，且指标之间对换乘节点重要度的贡献不同。因此，本章选取层次分析法作为计算指标的方法，将复杂的决策系统层次化，将难以全部量化处理的决策问题转化为单目标多层次的问题，通过两两比较确定同一层次指标之间的重要程度关系和同一层次指标相对于上一层次指标的权重关系，最终得到节点重要度的量化指标，从而对换乘节点进行重要度评价计算。

如图 3-11 所示，换乘节点重要度目标集为 U，目标集下分为 4 个一级指标子集：U_1 路网属性、U_2 社会属性、U_3 列车规模、U_4 站场规模。每个一级指标子集下又分为多个二级指标子集，即 $U_i = \{U_{i1}, U_{i2}, \cdots, U_{im}\}$。

对一级指标子集 U_i 下的二级指标 U_{im} 进行测评，其评价结果为

$$O_i = (o_{i1}, o_{i2}, \cdots, o_{im}) = B_i \cdot R_i = (b_{i1}, b_{i2}, \cdots, b_{im}) \cdot (r_{im})_{mm} \qquad (3-32)$$

式中，B_i——子集 U_i 中各二级指标的权重；

R_i——子集 U_i 中各二级指标的测评得分，$R_i = (r_{im})_{mm}$。

再将每个子集 U_i 当成一个指标，对目标集 U 进行测评，其评价结果为

$$O = B \cdot O_i = (B_1, B_2, \cdots, B_m) \cdot (o_{i1}, o_{i2}, \cdots, o_{im}) \quad (3\text{-}33)$$

式中，$B = \{B_1, B_2, \cdots, B_m\}$，为一级指标子集 U_i 的权重。

在确定各层级各因素之间的权重时，利用一致矩阵法，不把所有因素放在一起比较，而是采取相对尺度，将两两因素相互比较，以尽可能避免性质不同的诸多因素相互比较的困难，提高准确度。两两因素的比较结果构成判断矩阵，具有以下性质：

$$a_{ij} = \frac{1}{a_{ji}} \quad (3\text{-}34)$$

采取 1～9 比例标度进行比较，比例标度表如表 3-4 所示。

表 3-4　比例标度表

因素 i 比因素 j	同等重要	稍微重要	较为重要	非常重要	极其重要
量化值	1	3	5	7	9

注：两相邻判断的中间值取 2、4、6、8。

3.3.3　换乘节点等级划分方法

在基于区域协同的高速铁路运输组织模式下，不同等级的节点承担的换乘任务不同。为此，本节利用灰色白化权函数聚类法进行节点等级划分，明确各节点在路网中的重要程度。

灰色系统理论适用于外延明确，但由于信息匮乏而导致内涵不确定。灰色白化权函数聚类法是灰色聚类分支下的一种分类方法，是根据已知信息设计的，将对象通过不同的聚类指标白化值，根据不同的灰类或评价等级进行归纳，从而对聚类对象进行归类，以定量计算的方式刻画各数据点隶属于不同灰类的程度，描述一个灰数对取值范围内不同数值的"偏爱"程度，以此为依据，通过定量计算的方式对换乘节点进行等级划分。

灰色白化权函数数学原理可以简述如下：

设有 n 个聚类对象，m 个聚类指标，μ 个灰类，$x_{ij}(i=1,2,\cdots,n; j=1,2,\cdots,m)$ 为对象 i 关于指标 j 的样本值，$f_j^k(x)(j=1,2,\cdots,m; k=1,2,\cdots,m)$ 为指标 j 属于 k 灰类的白化权函数，指标 j 关于 k 灰类的权 $\eta_j^k(j=1,2,\cdots,m; k=1,2,\cdots,m)$ 与 k 无关，即对任意的 $k_1、k_2 \in \{j=1,2,\cdots,m\}$，有 $\eta_j^{k_1} = \eta_j^{k_2}$。$\sigma_j^k = \sum_{j=1}^{m} f_j^k(x_{ij}) \cdot \eta_j$ 为对象 i 属于 k 灰类的灰色定权聚类系数，若 $\max_{1 \leq k \leq \mu} \{\sigma_j^k\} = \sigma_i^{k^*}$，则对象 i 属于 k^* 灰类。

灰色白化权函数聚类法具体步骤如下[28]。

步骤 1：根据换乘节点等级的实际需求，将所有换乘节点归类为 μ 个灰类，

序号 $b=1,2,\cdots,m$。根据各个灰类的换乘节点对指标的设定标准确定分类阈值，并构建白化权函数 $f_b(N_i)$。

步骤 2：运算定权系数并得到灰色聚类向量系数。对象 i 被判断归入灰色聚类系数运算公式为 $\sigma_j^b = \sum_{j=1}^{m} f_j^b(x_{ij})\eta_j (i=1,2,\cdots,n, i\in I; b=1,2,\cdots,m, b\in B)$，对象 i 的灰色聚类系数向量为 $\sigma_i = \left(\sigma_i^1, \sigma_i^2, \cdots, \sigma_i^b\right)$。

步骤 3：由各元素聚类系数向量展开聚类分析。根据 $\max\limits_{1\leq k\leq m}\left\{\sigma_j^b\right\} = \sigma_j^{b*}$，判断对象 i 属于 b^* 灰类。

其中，白化权函数主要构造方式如图 3-12 所示。

(a) 典型白化权函数

(b) 适中测度白化权函数

(c) 上限测度白化权函数

(d) 下限测度白化权函数

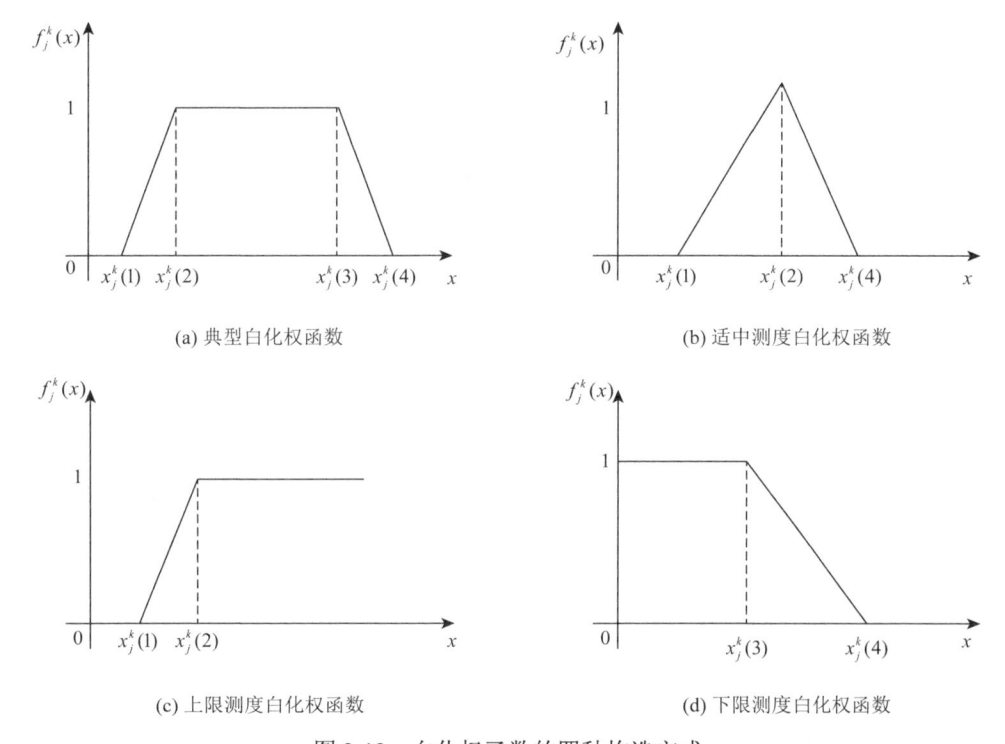

图 3-12　白化权函数的四种构造方式

典型白化权函数记为 $f_j^k\left[x_j^k(1), x_j^k(2), x_j^k(3), x_j^k(4)\right]$（图 3-13），其中 $x_j^k(1)$、$x_j^k(2)$、$x_j^k(3)$、$x_j^k(4)$ 为转折点。

灰色聚类评估中各灰类白化权函数的确定是最为关键的环节之一，是由定性分析到定量研究的关键点。确定白化权函数值的常用方法一般有以下三种：

（1）累积百分频率法。绘制出现有对象指标值的累积百分频率曲线，并将曲线上不同累积百分频率对应的数值作为灰类的白化值。

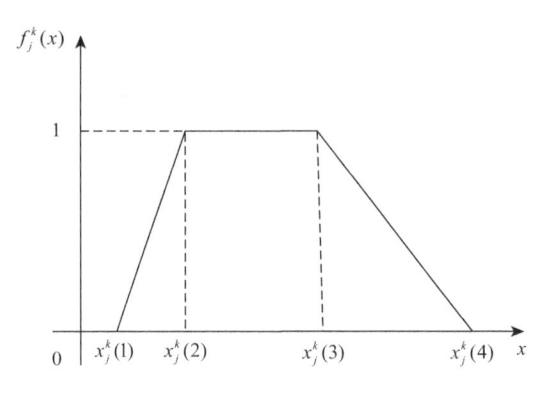

图 3-13 典型白化权函数示意图

（2）三角白化权函数法。将指标的取值范围看成一个区间，按照评估要求所需的灰类数，将各个指标相应地划分为各个区间，区间的划分由实际情况、行业规范、国家标准或定性分析得到。

（3）由定性分析或参照行业规范、国家标准得到。对于换乘节点白化权函数的构建，目前尚无相关的行业规范和国家标准，因此可以由定性分析和累积百分频率法综合考虑确定。

3.4 高速铁路区域网划分方法

3.4.1 路网区域划分目的与原则

高速铁路网区域划分是开展区域协同高速铁路运输组织模式的关键技术，通过路网划分可实现路网松耦合、缩小运输组织规模、与客流需求相契合，提高运输资源利用率，提高区域网列车运行图编制自主性，优化设计运输产品，增强运输市场竞争力，提高企业经济效益等。区域划分需遵循一定的划分原则。

1. 划分目的

1）实现路网物理结构解耦

我国高速铁路路网规模庞大、结构复杂、线路间关联性强，路网区域划分将大规模复杂路网划分成小区域局部网络，实现高速运输网络物理结构上的松解，降低路网复杂程度，简化路网。路网中各线路关系由紧耦合演化为松耦合，避免路网错综交织，减少列车间相互运行干扰的情况。

2）缩小运输组织规模

随着我国路网规模和客流规模的持续增大，运输组织难度大幅增加。路网区域划分后各区域自主开展运输组织，缩小了运输组织规模，降低了运输组织难度，也有利于根据客流需求及时调整优化运输组织,增强对动态客运市场的适应性。

3) 与客流需求相契合,提高运输资源利用率

路网区域划分后,客流规模与客流需求多样性大幅降低,各区域可针对性地开行列车,最大限度地满足旅客出行需求,提高与客流需求的契合度。此外,避免了"长线短流"的不合理现象,充分利用区域内的运输资源,提高运输效能。

4) 提高区域网列车运行图编制自主性,优化设计运输产品

路网区域划分后,各区域网相对独立,且与整体路网相比,各区域网列车运行图编制规模和编制难度大幅降低。各区域网可根据本区域网结构特性、网络连通度特性和客流时空需求特性、移动与固定设备等特点进行运输产品的优化设计,并编制相适宜的列车运行图,大大提高了区域网列车运行图的编制自主性,利于依据客流需求及时调整优化列车运行图的编制,提高对动态客运市场的适应性。

5) 增强运输市场竞争力,提高企业经济效益

路网区域划分后,各区域经营管理自主性增强,结合自身属性特点,开展相适宜的高速铁路运输组织,利于运输资源的充分利用与运输效能的充分发挥。此外,通过划分区域网,可明确区域运输企业的市场主导地位,推进运输企业的改革完善,增强区域性高速铁路公司的经营自主性,发挥运输企业的主观能动性,实现企业经济效益的提升。

2. 划分原则

1) 区域聚合效应原则

划分区域后各区域子网相对独立,自主性较强,客运组织、列车运行图编制以区域为最小单位开展,因此划分的区域应在地理位置上聚合紧密,内部高速铁路线路连通紧密。选取各区域的坐标(经纬度)反映区域间地理位置的聚合性,且统计各地区间高速铁路线路连接数量来表示高速铁路网的连通度。路网完成区域划分后,各区域内线路连通度之和应达到最大。

2) 旅客需求满足原则

所划分的区域网与我国各经济带的地理区域保持相对一致,满足区域内的生产性与消费性出行需求。充分考虑客流出行时空特性,在划分区域时尽量将大客流量出行起终点划分在同一区域内,为本线高速列车"公交化"开行创造条件,满足旅客生产性、消费性出行需求,减少旅客换乘次数,提高旅客出行效率。此外,尽量减少跨线、跨区域客流输送,为周期性列车运行图编制奠定基础,提高运输资源利用率。

3) 设施设备匹配原则

区域内的设施设备需满足运输需求与运输能力,即划分后的区域子网中动车所的线、库等主要设施设备适应区域内运输组织需求,与动车组储备与检修能力相匹配,满足各项作业要求。

4）划分均衡原则

所划分的区域网规模应适当。在满足区域聚合紧密、旅客出行需求、设施设备匹配的前提下，要合理进行区域大小的划分，区域面积过小可能存在较多跨线、跨区域客流，不利于周期性列车运行图的铺画，而区域面积过大不利于运输企业经营管理与监督检查，也加大了区域运输组织和列车运行图编制的难度。此外，各区域子网内的客运量要保持相对均衡，避免某区域运输负荷过大，而部分区域存在能力空费，导致线路能力利用不均，降低整体路网运输效能。此外，各区域客运量相对均衡也利于各运输企业经营管理，协同发展。

3.4.2 路网区域划分影响因素

我国高速铁路路网规模庞大、结构复杂，旅客出行需求多样，路网区域划分受高速铁路网结构特点、客流时空特性、高速铁路网络连接特性、高速列车合理开行距离、动车组运用等多重因素影响，分别对其进行展开分析。

1. 高速铁路网结构特点

中国高速铁路网结合客流需求依地势而建，呈现出一定的结构特点，其中东部地区地势平坦、经济发达、人口密度大、高速铁路出行需求量高，路网分布较为紧密，而西部地区地势复杂、人口稀疏、高速铁路出行需求量相对较低，因此路网结构较为稀疏，整体路网呈现出规模庞大、区域线路密度不均的特点。因此，区域划分需结合路网结构特点，为保证区域聚合紧密、设施设备与运能相匹配、区域间客运量均衡等，东部地区划分区域面积相对较小，西部地区则相对较大。

2. 客流时空特性

我国高速铁路客流规模庞大，旅客出行多样化发展，但整体上也呈现出一定的客流时空特性。部分站点间存在特定时间段大规模旅客出行需求，在进行路网划分时应充分考虑，将起终站点划分在同一区域内，降低跨区域列车开行比例，减少旅客换乘次数，提高旅客出行效率与满意度。

3. 高速铁路网络连接特性

划分后的各区域相对独立，各区域内自主开展运输组织，编制相应的列车运行图，因此各区域子网内应具有较好的网络连接特性，以满足多样化的旅客出行需求。路网区域划分时应充分考虑网络连接特性，以各区域网内网络连接度之和最大为目标完成路网区域划分。

4. 高速列车合理开行距离

高速铁路与高速公路、普速铁路、民航存在竞争关系，每种运输方式都有其经济合理的运输范围，根据列车合理优势运输距离发展运输市场，利于提高运输竞争力和企业经济效益，因此应以高速列车合理开行距离为约束条件进行高速铁路网区域划分。若划分区域过小，不足高速列车合理开行距离，则与高速公路竞争激烈，运输市场竞争力较弱，客流分担率较低；若划分区域过大，超过高速列车合理开行距离，则民航运输占据市场优势。因此，区域规模适当、保持较高的客流分担率和较强的运输市场竞争力，利于企业经济效益的提高和高速铁路运输的长远发展。

5. 动车组运用

动车组运用对区域划分的影响主要体现在动车组储备及检修能力方面和动车组运用效率方面。

1）动车组储备及检修能力

检修基地是我国高速铁路实际运营工作线网中的关键节点，是不同车次开展日常运用、检查等作业的重要地点。我国目前已经在北京、广州、上海、西安、沈阳、武汉、成都七个直辖市或省会城市成立七大检修基地以及若干个动车运用所。另外，动车组的检修工作分为五个等级，不同动车组检修条件不同。在区域划分后，各区域需具备足量的动车组储备能力及检修能力以满足区域内及区域间列车开行需求，且七大检修基地要均衡分配到划分的不同区域。

2）动车组运用效率

我国高速铁路路网规模较大，线路标准不尽相同，包含最高设计速度为 250km/h、300km/h、350km/h 的线路，而不同高速动车组的运行速度也不相同，当高等级列车下线运行时，列车能力不能充分发挥，另外高等级列车长期的欠速运行也会导致不同程度的轮轨磨损，增加动车组维护成本。

除此之外，我国国土面积广阔，南北纬度跨度大、气候条件差异大。高纬度地区冬季气候寒冷，温度可达零下几十摄氏度，为了适应线路的特殊条件，这些地区的动车组均采用高寒动车组，若高寒动车组在普通线路上长距离开行，不利于动车组运用效率的保障。

3.4.3 路网区域划分问题描述

高速铁路区域划分要充分考虑区域网服务中心点和区域网服务规模，这两个要素对高速铁路区域划分具有重要影响。

对于区域网服务中心点，不可将其简单设定为地理空间意义上区域网的几何中心位置。为了满足区域网内与区域网间动车组的开行需求，区域网服务中心点需要满足以下几个方面：

（1）区域网服务中心点应与区域网内其余各地区（节点）有较强的通达性；

（2）区域网服务中心点应与区域网内其余各地区（节点）连接距离较短；

（3）区域网服务中心点应具有较强的动车组储备与检修能力。

鉴于路网性换乘节点是整个高速铁路网的中枢神经，与其余各节点连通度较高，且周边伴随有动车检修基地，可初步选取最高等级核心换乘节点作为高速铁路区域网的服务中心点。

为保障划分后各子区域网服务规模适当，选用区域网服务半径、区域网服务容量两个指标进行约束限制。以区域网服务中心点为中心，考虑高速列车合理开行距离阈值确定区域网服务半径，将邻域的节点选择纳入构成子区域网；利用区域网内的高速铁路客运周转总量代表区域网服务容量，对其加以约束以保障各区域网服务能力相对均衡。此外，还需考虑各区域网内各节点间的通达性，使得在高速铁路区域划分完成后区域内各节点联系紧密，区域间联系相对较弱。

3.4.4　基于空间运输联系度的区域划分理论与方法

目前，对高速铁路网区域划分问题的研究成果相对匮乏，大多数研究忽视了路网区域的连接性和区域之间的均衡性，划分区域时未考虑列车的合理开行距离对区域网服务半径的影响，忽略了对提高高速铁路运输市场竞争力和企业经济效益方面的考量。因此，本节研究提出基于空间运输联系度的高速铁路区域划分方法进行定量优化决策。

1. 理论基础

1）尺度空间融合理论

目前多数学者在划分运输区域时，通常将空间单元的个体属性作为划分依据，但这样可能会忽略空间单元之间的联系。地理学第一定律的发现者 Tobler 曾提出，任何事物之间都存在相关性，而相邻事物之间的相关性往往更为紧密。因此，本节从基于相邻空间单元的相关性来设计区域划分方法。Lindebegr 曾提出尺度空间融合理论，将空间的每一空间单元视为一个小光点，在对空间图像模糊处理时，相邻光点先融合成几个光斑，然后随着模糊尺度的变化，光斑由小变大，最后融合为一个大光斑。研究者可以根据研究尺度，确定光斑大小，从而完成区域划分[23]。由此可见，该理论充分考虑了空间之间的相互关系，通过相邻空间单元的一次次融合，完成区域划分，为高速铁路网区域划分方法提供理论来源。

2）空间运输联系理论

准确判定各个空间单元之间的相互关系是进行区域划分的基础，空间运输联系理论的出现为此提供了一个良好的解决思路。空间运输联系是指在自然、社会、经济诸多要素综合作用下，区域间通过交通运输设施进行旅客和货物交流产生的相互联系与作用。空间运输联系理论的重要意义在于，能充分地认识空间内各个空间单元之间的运输联系方向和特征，且能判定出各个空间单元之间的运输联系度，为高速铁路网区域划分方法提供理论来源。

空间运输联系的定义是在地理位置、人类社会、市场需求等多种基本要素下，区域间因利用运输设备实现旅客、商品之间的交流而产生的互动。此理论强调研究各个单元之间的关联性如何体现，从而推断出各不同运输单元间的关联性大小。利用空间运输联系理论提出高速铁路区域划分思路：根据实际需求确定最小划分单元，根据换乘节点选择结果，选择最高等级核心换乘节点作为区域网服务中心；计算区域间空间运输联系度，从区域网服务中心所在单元向相邻空间单元中运输联系度最大的单元融合；融合后判断结果是否符合系列约束条件，若不符合则调整融合方向，并根据换乘节点选择结果调整融合结果，使不同等级节点均衡分布在各子区域，直到融合结果符合全部约束条件。

2. 空间运输联系度的确定

1）基础数据

以省级行政单位（或直辖市）为最小单元划分子区域，设子区域集合为 V。

（1）区域空间距离。

为了使划分到同一区域的城市在地理位置上毗邻，利用区域空间距离特征进行度量。在定量分析中，对距离的度量常用绝对距离、欧氏距离、切比雪夫距离等，本节采用欧氏距离进行计算。

将省级行政单位内主要高速铁路车站的空间坐标位置代替省级行政单位的几何中心位置（若城市有多个高速铁路车站，则利用重心法得到城市内多个高速铁路的重心位置），用其经纬度作为距离矩阵数据基础，得到距离矩阵用 $X_i = (x_i, y_i)$ 表示，i 代表省级行政单位编号。计算所有省级行政单位几何中心位置之间的欧氏距离，即

$$d_{ij} = \sqrt{(x_i - y_i)^2 + (x_j - y_j)^2} \tag{3-35}$$

将所有省级行政单位几何中心位置的欧氏距离形成距离矩阵 $\boldsymbol{S} = [d_{ij}]_{N \times N}$，其中 N 为城市个数，该距离矩阵可有效描述不同省级行政单位所在高速铁路车站的空间距离特征。

（2）客流强度。

以列车开行频率反映不同区域间的客流强度，统计不同省会城市的高速铁路车站的列车到发频率作为数据基础，形成频率矩阵 $\boldsymbol{P} = [p_{ij}]_{N \times N}$，$p_{ij}$ 为省会城市 i 高速铁路车站与省会城市 j 高速铁路车站列车到发频率，即空间单元 i、j 之间的客流强度。

$$\boldsymbol{P}=\begin{bmatrix} 0 & p_{12} & \cdots & p_{1n} \\ p_{21} & 0 & \cdots & p_{2n} \\ \vdots & \vdots & & \vdots \\ p_{n1} & p_{n2} & \cdots & 0 \end{bmatrix} \qquad (3\text{-}36)$$

$$p_{ij} = \sum n_{ij}/T \qquad (3\text{-}37)$$

式中，n_{ij}——一天内城市 i 高速铁路车站与城市 j 高速铁路车站的到发列车数；

T ——时间 24h。

（3）动车组储备与检修能力。

动车组储备与检修能力的特征是为了将区域内的设备能力量化，统筹均衡安排各区域动车组储备与检修能力，统计各城市拥有的动车组检修基地情况，形成能力矩阵 $\boldsymbol{N}_3 = [s_{ij}]_{N \times N}$。为了简化能力矩阵，$s_{ij}$ 表示城市 i 与城市 j 是否拥有动车组检修基地。

$$s_{ij} = \begin{cases} 0, & \text{城市}i\text{与城市}j\text{有动车组检修基地} \\ 1, & \text{城市}i\text{与城市}j\text{无动车组检修基地} \end{cases}, i, j \in \{1, 2, \cdots, N\}, N\text{为城市个数}$$

$$(3\text{-}38)$$

2）计算空间运输联系度

空间运输联系度由子区域空间距离、子区域间客流强度等属性计算得出。由于难以获取路网的 OD 数据，客流强度的确定用列车开行频率代替，列车开行频率可间接反映各地区的空间联系度和客流需求。衡量标准为子区域间距离越小、子区域间客流强度越大，相关度越大，空间运输联系度越大。

考虑到前面获取的区域空间距离特征与列车开行频率特征并无太多相关性，数据差值较大，因此为将各组数据作为连接紧密度分析的度量指标，需要将数据进行无量纲化预处理。为保障各组数据的均衡性，防止"大数吃小数"的现象发生，利用极差标准化对数据进行处理，公式如式（3-39）所示：

$$x'_{ij} = \frac{|x_{ij} - x_{\min}|}{x_{\max} - x_{\min}} \qquad (3\text{-}39)$$

消除数量值级别差异后得到 $\boldsymbol{S}'$、$\boldsymbol{P}'$，对获得的新矩阵进行加权和计算，形成度量空间运输联系度的初始矩阵 $\boldsymbol{N} = [u_{ij}]_{N \times N}$。加权计算是为了区分不同数据对空间运输联系度计算影响的程度，其中 λ_1、λ_2 为加权系数，加权系数的具体取值可由专家评分获得。得到的度量距离矩阵 $\boldsymbol{N}$ 为对称矩阵，其中 N_{ij} 的值表示城市 i 与城市 j 的空间运输联系度，值越大，两城市划分到同一区域的可能性越大，反之可能性越小。

$$N_{ij} = \lambda_1 \boldsymbol{S}' - \lambda_2 \boldsymbol{P}' \qquad (3\text{-}40)$$

3. 区域网服务规模约束

通过区域网服务半径与服务容量约束限制区域划分规模，即区域服务中心与区域内各单元最远中心点之间的距离满足区域网服务半径的要求,划分后区域的服务容量之和不高于区域网服务容量约束。

1）区域网服务半径

各种运输方式应根据自身合理优势运输距离发展运输市场,以保持较高的运输竞争力和企业经济效益,因此区域网服务中心点至区域内其余各节点的运输距离应在高速铁路列车合理开行距离阈值内,以此约束各区域网的服务范围。高速铁路列车合理开行距离可用 3.2 节所述方法计算得到:

$$L_{合} \in \left[L_{优\min}, \min(L_{优\max}, L_{行}) \right]$$
$$L_{优\min} \leqslant r_{m} \leqslant \min(L_{优\max}, L_{行}) \tag{3-41}$$

式中,r_{m}——区域网最大服务半径（m）;

$L_{合}$——列车合理开行距离（m）;

$L_{行}$——在运输组织技术条件和企业经济效益约束下列车可行开行距离（m）;

$L_{优\min}$、$L_{优\max}$——列车优势开行距离最小值与列车优势开行距离最大值（m）。

2）区域网服务容量

为保障划分后各区域网服务能力的均衡性,以区域网内的高速铁路客运周转总量作为服务容量指标,划分后子区域网的服务容量之和不得高于服务容量约束。

$$\max\left(\sum_{i \in n} Q_i \times a_{ik} \right) \leqslant q_{m}^{s}, \quad \forall i \in V, \ k \in K \tag{3-42}$$

$$q_{a} = \sum_{i \in V} Q_i \Big/ |K| \tag{3-43}$$

$$q_{m}^{s} = \beta \times q_{a} \tag{3-44}$$

式中,Q_i——最小划分单元的网络中心点所辖区域的高速铁路客运周转总量, $\forall i \in V$;

q_{a}——区域平均服务能力;

q_{m}^{s}——区域网的最大服务容量;

$|K|$——区域划分的个数;

β——容量系数。

由于从目前的统计数据中无法得出各个地区确切的高速铁路客运周转量,只能查询得到其占全部铁路客运周转量的比例,本书中设计了一个指标折算方法[29],以计算各个地区的高速铁路客运周转量:首先计算各地区人均可支配收入、城镇人口比重、高速铁路运营比（区域网中高速铁路开通运营地级市占比与全国高速铁路开通运营的地级市占比的比值）,由于该三项数值与高速铁路客运周转量存在正相关的关系，按式（3-45）计算得出各地区的年高速铁路客运周转量初始值 Q'_i：

$$Q'_i = \mu \times \left(\frac{x_{1i}}{\bar{x}_1} + \frac{x_{2i}}{\bar{x}_2} + \frac{x_{3i}}{\bar{x}_3} \right) \times Q_i^a \quad (3\text{-}45)$$

式中，μ——高速铁路客运周转量占全部铁路客运周转量比重（%）；

x_{1i}——i 地区的居民人均可支配收入，$\forall i \in V$；

x_{2i}——i 地区的城镇人口比重（%），$\forall i \in V$；

x_{3i}——i 地区已开通高速铁路地级市占比（%），$\forall i \in V$；

$\bar{x}_1$——全国居民人均可支配收入；

$\bar{x}_2$——全国平均城镇人口比重（%）；

$\bar{x}_3$——全国平均已开通高速铁路地级市占比（%）；

Q_i^a——i 地区年铁路客运周转总量，$\forall i \in V$。

由于按式（3-45）计算的各地区年高速铁路客运周转量初始值 Q'_i 之和与按全国铁路客运量比例计算得出的高速铁路客运量存在差异，应该按式（3-46）进行修正，最终计算得到修正后的 i 地区高速铁路客运周转量 Q_i：

$$Q_i = \frac{\mu \sum_{i \in V} Q_i^a}{\sum_{i \in V} Q'_i} \times Q'_i \quad (3\text{-}46)$$

4. 基于空间运输联系度的区域划分方法

基于空间运输联系度的高速铁路区域划分方法，即以实现划分后各区域网间空间运输联系度之和最大为目标，以最高等级核心换乘节点为区域网服务中心，向相邻空间单元中空间运输联系度最大的空间单元融合，根据高速铁路列车合理开行距离约束区域网服务半径，以区域网内高速铁路客运周转总量作为服务容量指标约束区域网服务容量，将高速铁路网合理划分为若干个相对独立的区域，该方法可较好地保障各区域网内节点间的通达度与区域网间服务能力的均衡性。

首先，以最高等级路网性换乘节点（区域网服务中心点）所在地的子区域为起点，计算选取与起点子区域空间运输联系度最大的相邻子区域进行空间融合；其次，检验融合区域是否满足区域网服务半径与服务容量约束，若满足则以最大空间运输联系度为目标继续融合相邻子区域，否则放弃该融合区域；然后，判断现有融合结果是否满足各子区域中均具备动车组检修基地且换乘节点分布是否均衡（是否具备开行跨区域始发列车的条件），若不满足，则重新选择融合方案，若满足，则输出子区域的融合结果。具体步骤如下：

步骤 1：选择待划分的区域，确定子区域集合 V 和距离矩阵。

$$S=\begin{bmatrix} 0 & d_{12} & \cdots & d_{1n} \\ d_{21} & 0 & \cdots & d_{2n} \\ \vdots & \vdots & & \vdots \\ d_{n1} & d_{n2} & \cdots & 0 \end{bmatrix} \quad (3\text{-}47)$$

为了判断各单元是否相邻，基于是否存在共用边界线来确定位置权重矩阵，即两子区域是否有相同的边界线，若有，则影响权重取 0，否则为 1[30]。

$$d_{ij} = \begin{cases} 0, & \text{bnd}(i) \cap \text{bnd}(j) \neq \varnothing \\ 1, & \text{bnd}(i) \cap \text{bnd}(j) = \varnothing \end{cases} \quad (3\text{-}48)$$

步骤 2：计算空间单元客流强度，生成频率矩阵 P。

$$P=\begin{bmatrix} 0 & p_{12} & \cdots & p_{1n} \\ p_{21} & 0 & \cdots & p_{2n} \\ \vdots & \vdots & & \vdots \\ p_{n1} & p_{n2} & \cdots & 0 \end{bmatrix} \quad (3\text{-}49)$$

步骤 3：计算子区域间的空间运输联系度，处理后得到空间运输联系度的初始矩阵 N。

$$N_{ij} = \lambda_1 S' - \lambda_2 P' \quad (3\text{-}50)$$

步骤 4：以最高等级换乘节点为初始候选区域中心点，计算待合并的各候选节点与候选区域中心点间的空间运输联系度并将计算结果进行排序，将各候选节点分配至最大空间运输联系度值对应的候选区域中心点，形成初步区域划分方案后，通过比较各区域内动车组储备与检修能力的大小，重新调整各区域内候选中心点。

步骤 5：检验区域中心点至合并的候选节点间的运输距离是否满足高速铁路列车合理开行距离阈值，保留列车合理开行距离阈值内的各节点，计算未满足约束条件的各节点与其余区域中心点的空间运输联系度并排序，重新分配至合理距离内最大空间运输联系度值对应的区域中心点所在区域。

步骤 6：检验各区域间客运周转量是否达到相对均衡，利用最大区域网服务容量进行约束，若未满足约束条件，则转至步骤 4。

步骤 7：检验合并结果是否满足每个子区域都有动车组检修基地且各区域中换乘节点分布较为均衡，若无法满足运输需求，则转至步骤 4，若满足则输出合并结果 $S = (s_1, s_2, \cdots, s_k)$。

综上所述，高速铁路区域划分流程如图 3-14 所示。

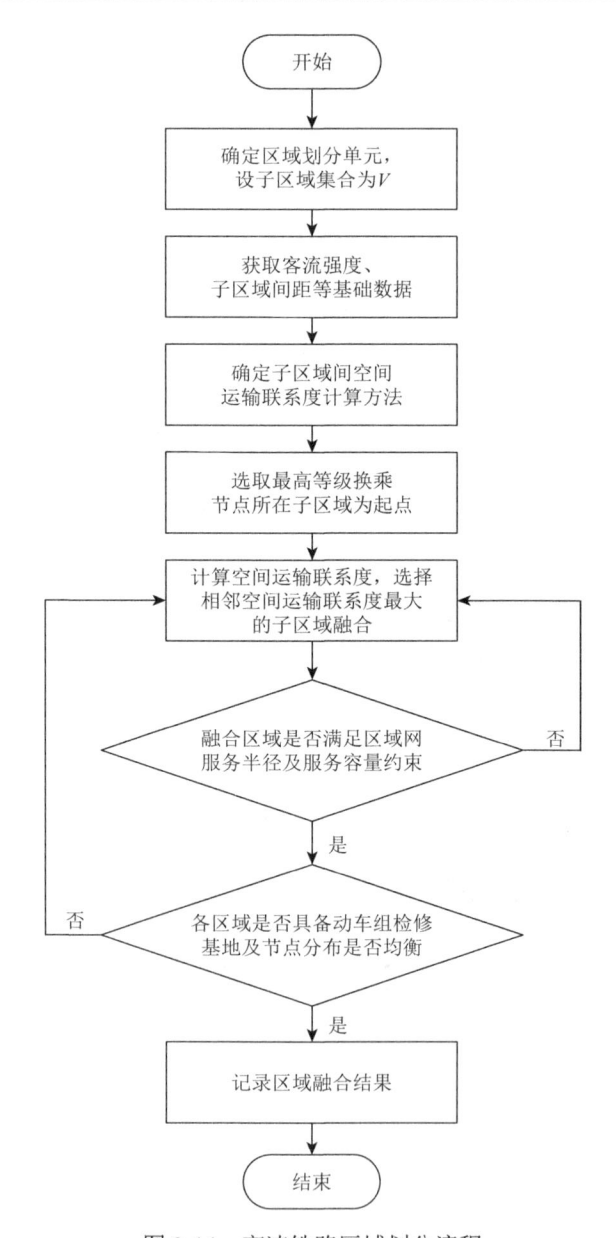

图 3-14　高速铁路区域划分流程

第 4 章　区域网干线单元周期列车运行图编制优化技术

基于区域协同的高速铁路列车运行图编制理论中，子系统的优化主要指区域网列车运行图的优化编制，是该理论的重要内容和关键环节。区域网列车运行图的编制主要包括三部分，即区域网干线列车、区域网内跨线列车和区域网内非干线列车运行图的编制。目前，我国高速铁路干线已具备实施周期性列车运行图的基本特征，鉴于周期性列车运行图的优点，可借鉴国外高速铁路周期性列车运行图编制和应用的成功经验，进行区域网干线周期性列车运行图编制。区域网干线周期性列车运行图编制后，基于区域网干线周期性列车运行图框架，确定区域网内跨线列车和非干线列车运行线，进而编制区域网内跨线列车和非干线列车运行图，实现区域网列车运行图的优化编制。

区域网干线单元周期列车运行图编制是区域网周期性列车运行图编制的关键。基于客流的时空特性，结合区域网自身路网结构、固定与移动设备等特点，建立单元周期列车运行图编制方法，满能力编制服务水平较高的单元周期列车运行图。通过对单元周期列车运行图进行复制、叠加和衔接等技术处理，形成区域网干线的日周期性列车运行图，进一步拓展可形成周、季等干线周期性列车运行图，实现区域网干线周期性列车运行图的优化编制。因此，本章重点研究区域网干线单元周期列车运行图的编制方法，提出基于深度强化学习的区域网干线单元周期列车运行图编制优化技术，实现区域网干线单元周期列车运行图的优化编制。

4.1　周期性列车运行图特性

4.1.1　相关定义

1. 周期性列车运行图

周期性列车运行图也叫模式化运行图，是指在基本列车运行图各个时间段，各种列车的开行种类、数量、运行顺序和速度相同（列车运行线铺画都具有相同模式），以此形成一个相对固定的基本列车运行图模式，简称周期运行图[3]。

2. 单元周期

可完整描述列车开行种类、列车开行序列等信息的周期性列车运行图的最小结构单元称为周期性列车运行图的单元周期，简称单元周期。单元周期列车运行图往往是依据高峰时段的客流时空特性需求特性，并兼顾全日客流情况，在保证服务质量的情况下满能力铺画的列车运行图。

3. 单元周期长度

单元周期长度反映了单元周期列车运行图中运行线占用的时间大小，即单元周期列车运行图中在始发站最早与最晚出发列车的出发时间跨度或终到站最早与最晚到达列车的到达时间跨度，一般取二者的最大者，简称周期长度。在列车数量一定的情况下，周期长度理论上可反映列车运行图的能力大小，周期长度越大其能力越小，周期长度越小其能力越大；或者是在周期长度一定的情况下，列车开行数量越多，其列车运行图能力越大，反之则越小。

4. 单车独立停站方案

既有的旅客停站方案是在列车开行方案中予以体现的，在列车径路、列车等级和数量、列车编组辆数、开行频率确定后，根据客流需求和列车的协调配合情况，确定各列车的停站次序和停站时间。该停站方案强调每列列车的具体停站次数和停站车站，本章称为单车独立停站方案。

5. 种群列车综合停站方案

种群列车综合停站方案是指对具有相似特征（如列车速度等级、列车性质、运行时间段、运行径路等）的列车群（列车类或列车族）综合考虑，按照满足客流乘降的要求，形成某一种群列车停站节点、停站次数停站方案模式。该模式不强调是哪一个列车的停站方案，而是通过某一种群列车的综合停站方案满足客流的乘降需求。该停站模式可以通过设计某种群列车的停站率予以实现，本章称为种群列车综合停站方案。

6. 列车乘降系数

对于某车站，在该站停站作业列车上下旅客的人数与列车定员的比例称为停站作业列车乘降系数，反映了列车在该站的送达和接收旅客的能力，简称乘降系数，可分为到达客乘降系数和出发客乘降系数。

7. 节点列车停站率

在某一营业站，在该站办理停站作业的列车数量与在该站办理作业（停站、通过）列车总量的比例称为节点列车停站率，简称停站率。

4.1.2 单元周期列车运行图编制关键要素

周期性列车运行图列车开行的模式化、规律化特点源于对单元周期的复制、叠加和衔接，单元周期列车运行图的编制是周期性列车运行图编制的关键。对于单元周期，列车种类、列车开行数量、周期长度和列车停站方案是单元周期列车运行图编制的关键要素，单元周期列车运行图的特性亦主要体现于此。

1. 列车种类

列车种类可以反映停站方案的丰富程度，关系到是否能满足客流的乘降和可达性需求。列车种类的划分方法较多，鉴于周期性列车运行图中列车速差较小，列车的差异主要体现在列车运行径路、列车停站次数、列车运行时段等。本节以列车停站次数作为种类（等级）划分的标准，列车的种类体现了列车的停站次数，如 1 站停、2 站停等。等级越高停站次数越少，等级越低停站次数越多。周期性列车运行图中列车的种类（等级）不能过多，较多的列车种类（等级）会使得停站次数增加、列车间的越行关系复杂化，并且这些问题在单元周期的复制和叠加过程中会进一步放大，对列车运行图整体的质量产生极大影响，周期性列车运行图的特点和优势难以保证。此外，若单元周期缺失某个种类的列车，则在单元周期的复制和叠加过程中也不会再现，造成整个列车运行图中该种类列车的缺失。因此，需具体分析。

1）高峰时段的客流情况

基于区域协同的高速铁路列车运行图编制中区域网干线列车运行图是相对独立编制的，其编制的主要依据是客流的时空特性。对高峰时段的客流进行分析，从保证服务质量、提高运输能力和提高运输组织效率等方面综合考虑，确定列车的种类或必须涵盖的列车种类。

2）全日客流情况

单元周期列车种类的确定不仅需要重点考虑高峰时段客流的空间需求特性，还需兼顾全日客流的空间需求特性。对比高峰时段确定列车种类，对其涵盖的列车种类需综合分析，合理确定该类列车是在单元周期列车运行图编制阶段予以编制，还是在后期通过插线技术予以处理，从而确定单元周期的列车种类。

2. 列车开行数量

列车开行数量反映了高峰时段客流规模，关系到能否满足客流乘降需求。高峰时段的客流规模是确定单元周期列车开行数量的主要依据。此外，运输服务质量和水平、线路能力的紧张程度、技术作业时间标准等对列车开行数量也有重要影响，需综合分析。其影响因素主要包括以下几个方面。

1）高峰时段客流的规模

列车开行数量主要取决于客流规模的大小，在能力范围内，客流规模越大列车开行数量就越多，反之则越少。鉴于周期性列车运行图的特点，单元周期是周期性列车运行图的基本结构单元，是周期性列车运行图编制的关键所在。理论上，单元周期列车运行图主要依据高峰时段客流规模确定列车开行数量，即运行线的编制数量。单元周期列车运行图往往是在保证一定的服务水平和质量情况下满能力铺画的列车运行图。

2）运输服务水平和质量

运输服务水平和质量包含多个方面，本节讨论的运输服务水平和质量主要体现在旅行时间上，旅行时间短则服务水平和质量高，反之则低。通常情况下，服务水平和质量与能力利用率存在博弈关系，服务水平和质量的提升往往会造成列车运行图能力的降低。因此，需要处理好二者之间的关系，尽可能提高运输服务水平和质量。

3）线路能力紧张程度

由于路网中各线客流规模上存在一定的差异，其能力的利用程度也不尽相同，存在能力紧张和能力松弛的情况。对于能力紧张线路，需要尽可能增加列车开行数量，满足客流的运输需求；对于能力松弛线路，更多地考虑提高运输服务水平和质量。线路能力的紧张程度即线路能力利用率对列车开行数量有一定影响。

4）技术作业时间标准

停站作业、到发间隔等作业时间标准和起停附加时分等技术时间标准对一定时间范围内列车开行数量有一定的影响，并且这些作业时间和技术时间标准与信号、动车组等固定和移动设备的先进程度相关。因此，确定列车开行数量时要充分考虑各项技术作业和技术时间标准。

3. 周期长度

周期长度是周期性列车运行图所特有的，也是周期性列车运行图的关键参数，在一定的列车种类和列车数量的情况下，周期长度反映了列车运行图的能力。周期长度要适当，周期过长会造成单元周期内列车种类多、列车数量多、停站方案多，周期性列车运行图的意义将消失；周期过短，列车种类和数量过少，将不能完全满足客流 OD 的旅行需求，在单元周期列车运行图复制、叠加和衔接过程中难以补救，势必会造成客流的损失。周期长度是列车开行种类、列车开行数量、停站方案、技术作业时间标准等综合作用的结果。此外，周期长度还与运输组织的需求有较大关系。能力紧张线路一般希望在列车开行数量、种类一定的情况下周期长度尽可能短，换言之就是在周期长度一定的情况下尽可能多开行列车，进一步提高能力利用率。周期长度的主要影响因素有以下几个方面。

1）列车开行种类

列车开行种类的增加会使列车停站数增加、列车间的越行等关系复杂化，列车间的相互影响加剧。一般情况下，列车开行种类越多单元周期的长度越大。列车的开行种类对周期长度（列车运行图能力）有较大影响。

2）列车开行数量

列车到发间隔需满足到发间隔时间标准，列车数量越多其占用的列车运行图时间就会越长。此外，随着列车数量的增多，列车间的相互影响会增大，越行关系也会越复杂，单元周期的长度也会进一步增加。列车开行数量对周期长度有较大影响。

3）作业时间标准

作业时间标准主要是指到发间隔、停站作业、起停附加时分等时间标准。不同列车之间因停站次数及停站时间不同，会产生相互间的能力扣除。列车在区段内停站一次，将引起旅行时间的增加，并影响紧随其后的后一列车，增加两列车之间的发车间隔，一般而言停站时间技术标准越小，单元周期长度会越小；到发间隔时间标准对单元周期的长度有较大影响，到发间隔大，单元周期长度会增加，反之会减小；起停附加时分也具有同样的影响。作业时间标准对单元周期长度（列车运行图能力）具有较大影响。

理论上，周期长度是由上述因素综合决定的，一直以来，我们习惯将周期长度确定为 1h 或 2h，主要是为了方便记忆和便于单元周期的衔接。

4. 列车停站方案

列车停站方案在单元周期列车运行图中具体体现为各运行线的停站节点设置方案，主要是依据客流的空间特性，即客流的乘降需求而设计的。鉴于高速铁路的实际情况，本节将高速铁路停站方案模式归纳为两类，即单车独立停站方案和种群列车综合停站方案，二者主要差异如表 4-1 所示。

表 4-1 停站方案模式的分析

项目	单车独立停站方案	种群列车综合停站方案
满足主体	列车开行方案中的各列车；各列车停靠的车站；列车开行方案	客流的乘降和可达性；不同等级车站的停站率；列车开行方案、运行图

续表

项目	单车独立停站方案	种群列车综合停站方案
设计方法	在列车开行数量、开行区段、列车种类、在站作业类型基础上,以总停站数最少或旅行时间最短等为目标,合理安排各列车的停站序列,列车运行图铺画时进行调整和优化	在列车开行数量、开行区段、列车种类、各站停站率基础上,以总停站时间最短或旅行时间最短等为目标,合理安排各种类列车的停站车站和序列,列车运行图铺画时进行调整和优化
适用性	列车开行频率低、数量少、种类多、列车差异性大的铁路线路	列车开行频率高、数量多、种类少的铁路线路
主要特点	列车与车站精准对应;个体列车独立设计;停站方案多,组合大,丰富度大;对能力影响大	列车停站率与车站等级对应;种群列车综合设计;停站方案较少,组合较小,丰富度小;客流分配难度大

高速铁路与既有线铁路存在较多差异,从列车运行图角度来看其差异主要体现在列车类型、列车数量、运行速度和列车开行频率等方面。与既有线铁路相比,高速铁路的列车类型与种类单一且较为固定,列车数量多、开行频率高。无论是高速铁路还是既有线铁路,客流的空间需求特性是一致的,即客流的乘降需求。客流的乘降需求是通过列车的停站设计来满足的,从该内涵来讲,二者本质上没有区别。但从满足客流的空间需求特性的方式来看,二者存在着较大的差异。对于既有线铁路,因旅客列车开行数量相对较少、列车开行频率低,客流空间需求特性的满足主要体现为满足客流乘降的直达化需求。对于高速铁路,旅客列车开行数量多、列车开行频率高,其客流空间需求特性由直达化的出行乘降需求演变为满足客流时间特性(与出行时间段吻合)的出行乘降需求。

由于高速铁路客流空间需求特性的变化,若采用单车独立停站方案会存在诸多问题,主要体现在:在高服务频率的情况下,列车的停站方案非常多,组合问题非常大,造成设计的停站方案超过实际能力,单车独立停站方案在实际应用中难以实现;高速铁路列车间差异性变小,乘客对车次的选择主要取决于是否满足其出行时间要求和乘降要求,对该车的除其目的站外的其他停站设置并不关心,选择余地和随机性变大,单车独立停站方案的方法难以适应;由于高速铁路极大方便了旅客出行,旅客出行的随机性增加、自由度增大,单车独立停站方案难以应对。

高速铁路具有列车开行频率高、列车间差异小、旅客出行随机性大、旅客选择余地大等实际特点,种群列车综合停站方案能较好地解决单车独立停站方案设计带来的弊端,更适应高速铁路列车开行的特点,能更好地满足高速铁路客流的需求。单元周期的运行线的停站节点设计可视为单元周期的列车停站方案设计,可借鉴种群列车综合停站方案思想予以设计,依据满足客流乘降需求合理确定营业站的停站率。

4.2 区域网干线单元周期列车运行图编制方法及流程

4.2.1 单元周期列车数量确定方法

单元周期往往依据高峰时段的客流予以确定，其列车的开行数量主要由高峰时段客流规模确定。在进行单元周期列车开行数量设计时不仅要考虑客流的需求，还要考虑为适应动检车的开行、列车运行的调整、动车组交路变化和运用的调整等而需设计的运行线，称为备用运行线。为了研究方便，假设运行线备用率为 β，则单元周期列车开行数量为

$$N_{\mathrm{u}} = \min\left\{\frac{N_{\max}}{1+\beta}, \frac{Q_{\mathrm{h}}}{A\alpha(1+\beta)}\right\} \qquad (4\text{-}1)$$

式中，N_{u}——单元周期列车开行数量（列）；

$N_{\max}$——线路最大能力，即最大行车量（列）；

Q_{h}——高峰时段客流量（人）；

A——列车定员（人）；

α——列车平均上座率。

4.2.2 单元周期时间长度确定方法

高速铁路全日规格化列车运行图实际上是单元周期图的重复叠加铺画，因此周期的设定十分重要。通常取周期长度 T 为小时的整倍，以便于列车运行图编制和旅客记忆。除去天窗和三角区时间，剩余时段可铺画列车运行线。周期长度需要充分考虑全日客流，周期过短，列车的停站设置也比较困难，不利于满足客流需求。但周期太长，又会导致单元内的运行线设置会变得复杂，不能充分体现规格化列车运行图的优势，因此需要综合考量确定周期长度。

（1）为便于编制规格化列车运行图，方便乘客记忆时刻表，周期长度一般为 1h 的整数倍，即

$$T \in N^* \qquad (4\text{-}2)$$

式中，N^* 表示 1h 的正整数倍。

（2）列车在运行线路中最小占用时间为 $T_{\min}$。始发站的最小列车发车间隔为 τ，在一周期列车运行图中列车数量为 N_{u} 列，得到 $T_{\min}$ 为

$$T_{\min} = \tau \times N_{\mathrm{u}} \qquad (4\text{-}3)$$

（3）由于技术条件和实际乘客乘降需要，各车次在不同站停留时间不同，

这就必然造成线路能力扣除。列车停站一次，不仅延长该车次的旅行时长，还制约后续列车运行。在单元周期列车运行图内控制 s 站的停站扣除时间为 $T_{扣}$，即

$$T_{扣} = \Delta t \times s \tag{4-4}$$

式中，Δt 表示列车在车站的停站时间与起停附加时间之和。

综上所述，周期长度 T 为

$$T = \text{INT}\left(\frac{T_{\min} + T_{扣}}{60}\right) \tag{4-5}$$

式中，INT 表示数据类型取整；$T_{\min}$ 和 $T_{扣}$ 通常用分钟表示，周期长度 T 通常用小时表示。

4.2.3 单元周期节点列车停站率确定方法

1. 车站客服系数

一般车站客服系数可分为到达客服系数和出发客服系数，表征如下：

$$\xi_{s,k}^{d} = \frac{q_{s,k}^{d}}{A \cdot \alpha} \tag{4-6}$$

$$\xi_{s,k}^{f} = \frac{q_{s,k}^{f}}{A \cdot \alpha} \tag{4-7}$$

$$q_{s}^{d} = \sum_{k} q_{s,k}^{d} \tag{4-8}$$

$$q_{s}^{f} = \sum_{k} q_{s,k}^{f} \tag{4-9}$$

$$q^{d} = \sum_{s}\sum_{k} q_{s,k}^{d} = q^{f} = \sum_{s}\sum_{k} q_{s,k}^{f} \tag{4-10}$$

式中，$\xi_{s,k}^{d}$——k 列车在 s 营业站的到达客服系数，$\xi_{s,k}^{d} \leq 1$；

$\xi_{s,k}^{f}$——k 列车在 s 营业站的出发客服系数，$\xi_{s,k}^{f} \leq 1$；

$q_{s,k}^{d}$、$q_{s,k}^{f}$——k 列车在 s 营业站的上、下客流量（人）；

q_{s}^{d}、q_{s}^{f}——s 营业站全部到、发客流量（人）；

q^{d}、q^{f}——所有营业站全部到、发客流量（人）。

特殊地，若该车站为始发站或终止站，其只有出发客服系数或到达客服系数，该系数与其他节点的客服系数不同，需要具有一定的上座率。因为对于任一始发站—终到站，其列车都需有停站作业，所以对该特殊节点的停站数量不进行具体研究，通过两阶段法和优化设计中予以约束予以体现。

车站客服系数的影响因素较多，主要包括停站所处时间段、列车开行频率、停站节点的等级和位置、停站节点乘降客流规模等。车站客服系数的表征公式难以直接用于计算各站的客服系数，实际应用中主要依据停站节点的等级和位置、停站设置时段等分时段、分车站分布予以确定。该系数可以依据票务数据等进行统计分析，通过仿真予以确定。

2. 站停列车

在某一营业站，为满足客流乘降等的需求而在该站停站的列车称为站停列车，在该站停站列车的数量称为站停量，s 站站停量表示为 n_s。

为了讨论简单，假设在 s 站停站的任一时段的车站客服系数相同，则存在：

$$n_{s,h} \cdot \xi_s^d \cdot A \cdot \alpha = q_{s,h}^d \tag{4-11}$$

$$n_{s,h} \cdot \xi_s^f \cdot A \cdot \alpha = q_{s,h}^f \tag{4-12}$$

s 站高峰时段停站列车数量可描述为

$$n_{s,h} = \max\left\{\frac{q_{s,h}^d}{\xi_s^d \cdot A \cdot \alpha}, \frac{q_{s,h}^f}{\xi_s^f \cdot A \cdot \alpha}\right\} \tag{4-13}$$

式中，$q_{s,h}^d$、$q_{s,h}^f$——S 营业站在高峰时段 h 的到发客流量（人）。

3. 节点列车停站率

由上述分析，可计算车站的停站率，则 s 站高峰时段停站率为

$$\tau_{s,h} = \frac{\max\left\{\dfrac{q_{s,h}^d}{\xi_s^d \cdot A \cdot \alpha}, \dfrac{q_{s,h}^f}{\xi_s^f \cdot A \cdot \alpha}\right\}}{\min\left\{\dfrac{N_{\max}}{1+\beta}, \dfrac{Q_h}{A\alpha(1+\beta)}\right\}} \tag{4-14}$$

由前述分析可知，在确定单元周期列车开行数量和停站率基础上，只需确定各列车（运行线）的停站车站（停站节点）和各列车的开行序列（运行线的铺画顺序），即可实现单元周期列车运行图的优化编制。

4.2.4 编制流程

区域网干线单元周期规格化列车运行图的优化编制主要根据现有线路条件和列车数量高效运用，即对列车运行线的排序、空间结构进行优化。具体流程如图 4-1 所示。

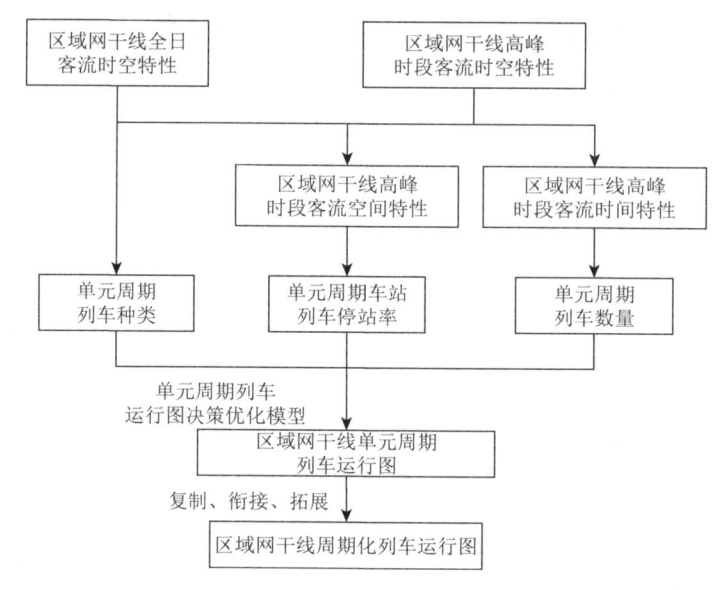

图 4-1 区域网干线周期化列车运行图编制流程

4.3 基于深度强化学习的区域网干线单元周期列车运行图编制优化技术

区域网干线单元周期列车运行图编制是在已知单元周期长度、列车种类、列车总数、各车站的基本停站率的条件下，优化确定单元周期内不同种类列车数量、各列车的停站方案、列车在各站的到达与出发时刻。同时，也必须满足车站作业时间标准、区间运行时分、可达区间、区间越行等约束条件，编制能力最大化且服务水平较高列车的列车运行图。列车运行图编制问题（train timetabling problem，TTP）中最大的困难是如何处理不同列车占用轨道资源引发的时空冲突，这种时空冲突与列车运行追踪、越行、交会耦合在一起，构成了复杂的约束条件。同时，能够体现客运需求的停站方案制约着列车运行图的编制，直接影响列车运行图的编制质量，使问题变得更加复杂。根据不同的运营环境和实践要求，构建列车运行图合理的数学模型、设计有效可靠的求解算法，是一类非常具有挑战性的科学难题。

强化学习（reinforcement learning，RL）是一种从互动中学习知识的计算方法，其目的是去学习如何行动即如何建立从特定情境到特定行动的映射来获取最大的利益，具有较强的决策能力。深度学习（deep learning，DL）是一种特殊的机器学习方法，深度分布表示是其核心思想，具有较强的感知和参数化能力。深度学习与强化学习结合的深度强化学习（deep reinforcement learning，DRL）结合了两者的优点,具备了对抗运筹学和控制论中经典的"维度灾难"问题的优势。TTP已被证实为 NP 难问题,高耦合性导致问题的求解空间和决策空间存在"维度灾难"。本章提出一种基于 DRL 的区域网干线单元周期列车运行图编制优化技术,以提高列车运行图的编制效率和编制质量,提升铁路智能化发展水平。

根据前面划分方法可知,路网高速铁路车站可以划分为路网性、区域性和地方性节点。每类节点在路网上承担的运输重要程度不同,因此在优化单元周期列车运行图时,要充分考虑不同类型节点的停站方案设置,要在最大化运用线路能力时,让重要程度更高的节点有更多的出行选择,同时要满足各车站基本停站率的约束,即优先考虑在重要程度高的节点设置停站。

为了重点解决单元周期内的运行线布局问题,对问题进行如下假设:

(1)研究的线路具有成熟的技术条件和安全可靠的设备、列车种类少、列车速度等级一致、客流充分具有较强的规律性,适于编制周期性列车运行图。

(2)单元周期的列车方案已知,即已知单元周期内列车数量和种类。其中列车种类按照停站次数划分,如一站停、二站停、三站停等。

(3)各项作业时间标准已知,主要包括停站时间标准、到发间隔时间标准、起停附加时分标准、区间运行时分等。所有节点需满足的基本停站率已知。

4.3.1 基于深度强化学习的单元周期列车运行图编制优化原理

1. 强化学习概述

1)关键概念

假设未知环境中有一个智能体,该智能体与环境互动可获得奖励。智能体以最大化累计奖励为目标采取行动/动作。强化学习的目标是基于试验和反馈,帮助智能体学习一个好策略。通过该最优策略,智能体可以主动适应环境,并得到最优的总体奖励回报,如图 4-2 所示。

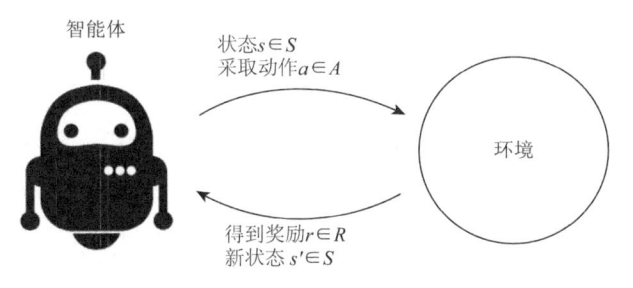

图 4-2 智能体与环境交互

智能体在环境中采取动作。环境如何对智能体行动做出响应由一个已知或未知的模型来定义。智能体可以停留在环境中的某个状态 $s \in S$,通过执行某个动作

$a \in A$，使得智能体从状态 s 转换到状态 s'。智能体会到达什么样的新状态由状态转移概率函数 P 决定。每当智能体执行一个动作后，环境会给出一定奖励 $r \in R$ 作为反馈。

模型定义了奖励函数和转移概率。模型的工作方式可以是已知的也可以是未知的，由此分为以下两种情况。

①模型已知：基于完备信息做规划，即基于模型的强化学习。当拥有环境全部信息时，可以通过动态规划找到最优策略。

②模型未知：基于部分信息做规划，即无模型的强化学习，或通过模拟模型本身而后进行模型已知的强化学习。

智能体策略 $\pi(s)$ 指导智能体采取最佳动作以获取最高总收益。每个状态都对应一个价值函数 $V(s)$，对应智能体在状态 s 采取相应策略可以获取的未来累计收益期望。换言之，价值函数衡量某个状态的好坏。在强化学习中，策略和价值函数都需要通过学习得到。

智能体和环境的交互生成一串时间序列，即 $t=1,2,\cdots,T$，序列由状态、动作、奖励交替往复组成。在策略执行过程中，智能体不断积累环境知识，学习最优策略并决定下一行为。我们将时刻 t 的状态、动作、奖励分别记为 S_t、A_t、R_t，把这一整个序列称为幕。这个序列最终停在终止状态 S_T。

$$E = \{S_1, A_1, R_2, S_2, A_2, \cdots, S_T\} \tag{4-15}$$

式中，E——一幕。

下面，将更深入地介绍一些强化学习中的核心概念。

（1）模型。

模型是对环境的描述。通过模型，我们可以学习或者推断环境如何与智能体进行交互以及如何给智能体提供反馈。模型有两个重要组成部分：转移概率函数 P 和奖励函数 R。

假设智能体在状态 s 执行动作 a 进入下一状态 s'，获得奖励 r，我们称这一个过程为一次状态转移，并使用元组 (s, a, s', r) 表示。

转移概率函数 P 记录了在状态 s 执行动作 a 进入下一状态 s'，获得奖励 r 的概率，用 P_r 表示概率。

$$P(s', r|s, a) = P_r\{S_{t+1} = s', R_{t+1} = r \mid S_t = s, A_t = a\} \tag{4-16}$$

$$P(s'|s, a) = P_r\{S_{t+1} = s'|S_t = s, A_t = a\} = \sum_{r \in R} P(s', r|s, a) \tag{4-17}$$

并用奖励函数 R 模拟执行某动作后可以获得的奖励：

$$r(s, a) = E[R_{t+1}|S_t = s, A_t = a] = \sum_{r \in R} r \sum_{s' \in S} P(s', r|s, a) \tag{4-18}$$

(2）策略。

策略 π 作为智能体的行为函数，确定智能体在状态 s 下采取何种动作 a。它是一个从状态 s 到一个动作 a 的映射，它可以是确定的，也可以是随机的。

① 确定的：$\pi(s) = a$

② 随机的：$\pi(a|s) = P_{r\pi}[A = a|S = s]$

(3）价值函数。

价值函数通过预测未来的奖励来衡量某个状态 s 或动作 a 的好坏。我们把未来的奖励称为回报，即待衰减的后续奖励之和。从时刻 t 开始的总回报 G_t 为

$$G_t = R_{t+1} + \gamma R_{t+2} + \cdots = \sum_{k=0}^{\infty} \gamma^k R_{t+k+1} \tag{4-19}$$

式中，γ——折扣系数。

某状态 s 的状态价值是时刻 t 在状态 $S_t = s$ 的未来回报期望值，即状态价值函数可表示为

$$V_\pi(s) = E_\pi[G_t | S_t = s] \tag{4-20}$$

类似地，定义一对 (s, a) 的行为价值为

$$Q_\pi(s, a) = E_\pi[G_t | S_t = s, A_t = a] \tag{4-21}$$

(4）最优策略和最优价值函数。

最优价值函数可以产生最大回报：

$$V_*(s) = \max_\pi V_\pi(s) \tag{4-22}$$

$$Q_*(s, a) = \max_\pi Q_\pi(s, a) \tag{4-23}$$

采用最优策略可以得到最优价值函数：

$$\pi_* = \arg\max_\pi V_\pi(s) \tag{4-24}$$

$$\pi_* = \arg\max_\pi Q_\pi(s, a) \tag{4-25}$$

2）马尔可夫决策过程

马尔可夫决策过程（Markov decision process，MDP）是序列决策问题的经典模型，采用 RL 方法解决问题需要把问题建模成 MDP。就像前面所提及的，MDP 会将问题划分成环境和智能体两部分，通过智能体的不断学习和与环境的持续互动来实现问题的特定目标。式（4-16）表示的是给定一个时间步的状态 s 和动作 a，环境在下一个时间步的状态和奖励分别为 s' 和 r 的概率，这就表明了在 MDP 中，时间步 $t+1$ 的状态 S_{t+1} 和奖励 R_{t+1} 出现的概率仅依赖上一时间步 t 的状态 S_t 和动作 A_t，而与时间步 t 之前的所有状态和动作无关。这是 MDP 模型最重要的性质，即马尔可夫性（又称无后效性），该性质成立的条件为任意时间步的状态必须包含

之前所有时间步的状态对未来决策能够产生影响的所有客观信息。对于任意的问题，如何构建 MDP 模型，即强化学习框架中环境的状态空间、系统动态、奖励以及智能体的行动空间，属于艺术而非科学的范畴，取决于特定领域的研究者水平。但是，构建合理的状态空间以保证模型马尔可夫性的成立是 MDP 模型的基础要求，也是强化学习算法运用的基本条件。

3）贝尔曼最优方程

若 $V_{\pi_1}(s) \geqslant V_{\pi_2}(s), s \in S$，则 $\pi_1 \geqslant \pi_2$，也就是说，若两个策略所导致的状态的价值不同，则状态价值更高者为更优的策略。我们可以使用该方法来比较两个策略的好坏。在有限的 MDP 中，总存在着最优策略 π_*，遵循最优策略的状态的价值，称为最优价值 $V_*(s)$ 或最优动作价值 $Q_*(s,a)$。由贝尔曼最优方程可知：

$$V_*(s) = \max_{a \in A} \left\{ r(s,a) + \gamma \sum_{s' \in S} p\big((s'|s,a) V_*(s')\big) \right\} \quad (4\text{-}26)$$

$$Q_*(s,a) = r(s,a) + \gamma \sum_{s' \in S} p(s'|s,a) \max_{a \in A} Q_*(s',a') \quad (4\text{-}27)$$

2. 深度学习概述

深度学习只是一个概念性的描述。深度学习一般指具有多层结构的神经网络。按照深度学习的起源进行分类，可得如图 4-3 所示的分类示意图。

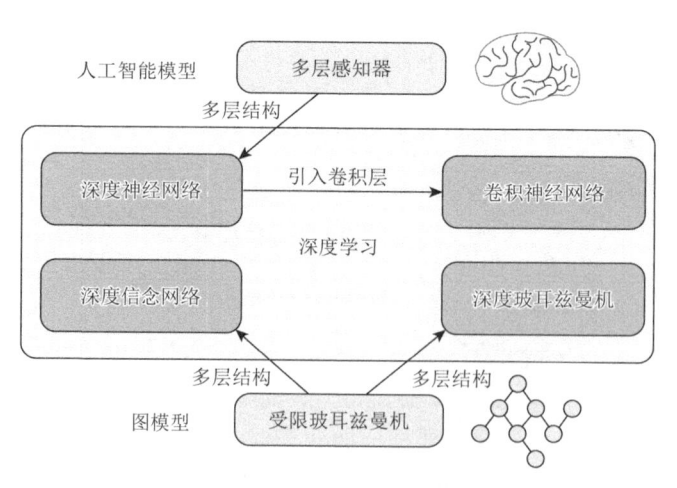

图 4-3　深度学习分类（根据起源）

由图 4-3 可知，深度学习的起源包括多层感知器和受限玻耳兹曼机。起源于多层感知器的深度学习中，最基本的结构是把多个感知器组合到一起得到的多层感知器。在多层感知器的基础上加入类似人视觉皮质的结构而得到的卷积神经网络被广泛应用于图像识别领域。起源于基于图模型的受限玻耳兹曼机的深度学习中,深度玻耳兹曼机以及深度信念网络是通过把多个受限玻耳兹曼机组合到一起而得到的。

起源于多层感知器的深度学习是一种有监督学习,根据期望输出训练网络;而起源于受限玻耳兹曼机的深度学习是一种无监督学习,只根据特定的训练数据训练网络。

1)神经网络

(1) M-P 模型。

M-P 模型是首个通过模仿神经元而形成的模型。如图 4-4 所示,在 M-P 模型中,多个输入节点 $\{x_i | i=1,\cdots,n\}$ 对应一个输出节点 y。每个输入乘以相应的连接权重 w_i,然后相加得到输出 y。若结果之和大于阈值 h,则输出 1,否则输出 0。输入和输出均为 0 或 1。

$$y = f\left(\sum_{i=1}^{n} w_i x_i - h\right) \quad (4-28)$$

M-P 模型可以表示"或""与""非"等逻辑运算。在 M-P 模型中,权重 w、h 是通过人为确定的,这限制了 M-P 模型的适用性。

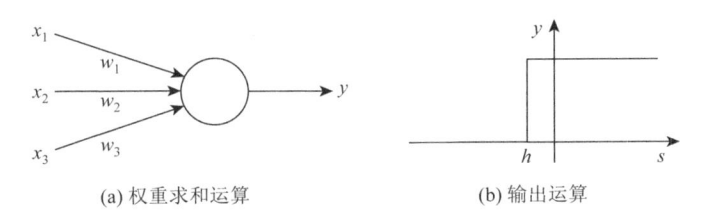

(a) 权重求和运算   (b) 输出运算

图 4-4　M-P 模型示意图

(2) 感知器。

M-P 模型的逻辑较为简单,其缺点是权重因子需要人为确定。不同的是,感知器能够通过训练自动确定参数。训练方式称为监督学习,即需要设定训练样本和期望输出,然后调整实际输出和期望输出之差的方式(误差修正学习),如式(4-29)和式(4-30)所示:

$$w_i \longleftarrow w_i + \alpha(\text{real} - y)x_i \quad (4-29)$$

$$h \longleftarrow h - \alpha(\text{real} - y) \quad (4-30)$$

式中,α——确定连接权重调整值的参数。

α 增大则误差修正速度增加,α 减小则误差修正速度降低。感知器训练算法为:准备 N 个训练样本 x_i 和期望输出 r_i、初始化参数 w_i 和 h;逐个加入训练样本,计算实际输出,若实际输出和期望输出相等则参数不变,若实际输出和期望输出不同则通过误差修正学习调整参数,迭代调整,直到误差为 0 或小于某个指定数值。

因为感知机会利用随机数来初始化各项参数,所以训练得到的参数可能并不相同。虽然使用误差修正学习,可以自动获取参数,这是感知器引发的一场巨大变革,但是感知器只能解决线性可分问题,不能解决线性不可分问题(图 4-5)。为了解决线性不可分问题,需要使用多层感知器。

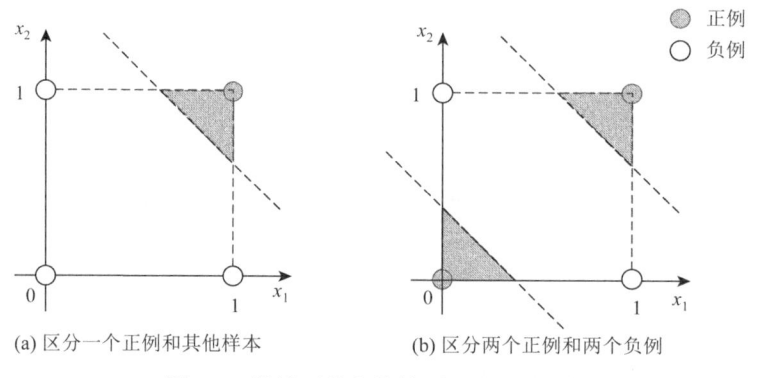

(a) 区分一个正例和其他样本　　(b) 区分两个正例和两个负例

图 4-5　线性可分和线性不可分问题示例

(3)多层感知器。

为了解决线性不可分等更复杂的问题,提出了多层感知器模型。如图 4-6 所示,多层感知器指的是由多层结构的感知器递阶组成的输入值向前传播的网络,也被称为前馈网络或正向传播网络。多层感知器通常采用三层结构,由输入层、中间层及输出层组成。与 M-P 模型相同,中间层的感知器通过权重与输入层的各单元相连接,通过阈值函数计算中间层各单元的输出值。中间层与输出层之间同样是通过权重相连接的。

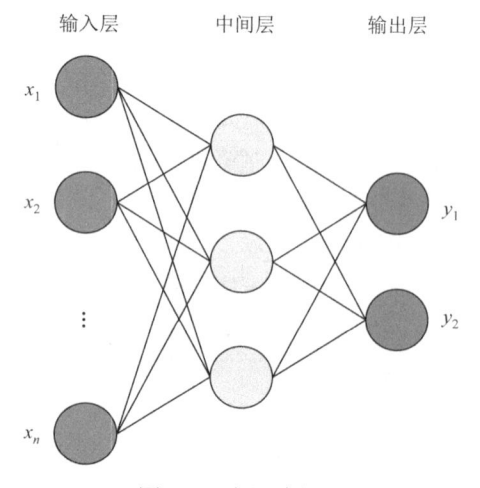

图 4-6　多层感知器

单层感知器是通过误差修正学习确定输入层与输出层之间的连接权重的。同样，多层感知器也可以通过误差修正学习确定两层之间的连接权重。误差修正学习是根据输入数据的期望输出和实际输出之间的误差来调整连接权重的，但是不能跨层调整，所以无法进行多层训练。初期的多层感知器使用随机数确定输入层与中间层之间的连接权重，只对中间层与输出层之间的连接权重进行误差修正学习。但是就会出现输入数据不同，中间层的输出值却相同，以至于无法准确分类的情况。那么，多层网络中应该如何训练连接权重呢？人们提出了误差反向传播算法。

（4）误差反向传播算法。

多层感知器中，输入数据从输入层输入，经过中间层，最终从输出层输出。因此，误差反向传播算法就是通过比较实际输出和期望输出得到误差信号，把误差信号从输出层逐层向前传播得到各层的误差信号，再通过调整各层的连接权重以减小误差的。权重的调整主要使用梯度下降法，如图 4-7 所示，通过实际输出和期望输出之间的误差 E 和梯度，确定连接权重 w^0 的调整值，得到新的连接权重 w^1。然后像这样不断地调整权重以使误差达到最小，从中学习得到最优的连接权重 w^{opt}。

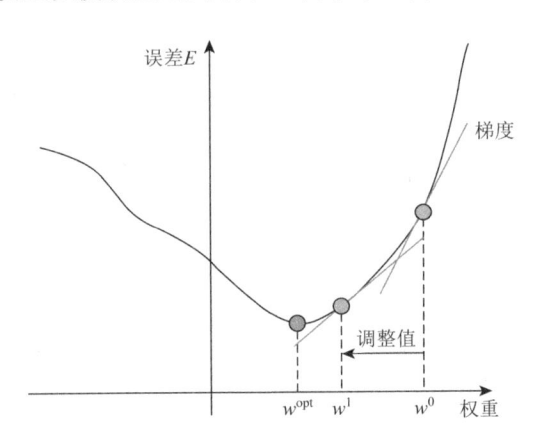

图 4-7　梯度下降法图示

根据上述说明，权重需要进行调整以使最小二乘误差函数趋近于 0。对误差函数求导就能得到梯度，即可在误差大时增大调整值，误差小时减小调整值，因此连接权重调整值 Δw 可以用式（4-31）表示：

$$\Delta w = -\eta \frac{\partial E}{\partial w} \tag{4-31}$$

式中，η——学习率，这个值用于根据误差的程度进行权重调整。

通过误差反向传播算法调整多层感知器的连接权重时，一个瓶颈问题就是激活函数。M-P 模型中使用 step 函数作为激活函数，只能输出 0 或 1，不连续所以不可导。为了使误差能够传播，鲁梅尔哈特等提出使用可导函数 sigmoid 作为激活函数 $f(u)$，sigmoid 函数有诸多优点，其函数图像如图 4-8 所示。

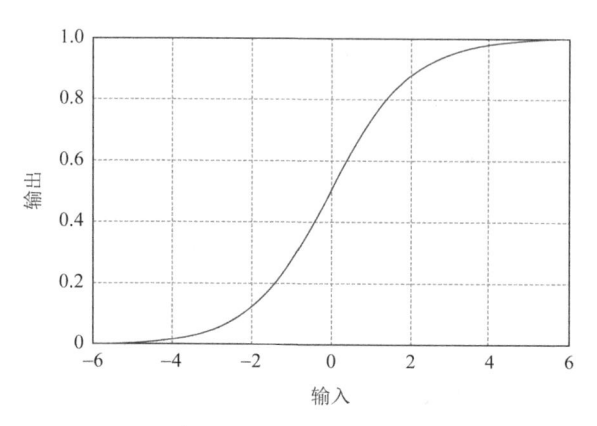

图 4-8　sigmoid 函数图像

当对 sigmoid 函数进行求导时，可以看出：
$$\sigma'(x) = \sigma(x) \times [1 - \sigma(x)] \tag{4-32}$$

即该函数的导数可以通过简单的四则运算进行，这为多层感知器中的导数传播提供了便利。当对权重参数进行误差的求导时，可以得出：
$$\frac{\partial E}{\partial w_{ij}} = -(r_j - y_j) y_j (1 - y_j) x_i \tag{4-33}$$

因此，在得到误差 E 后，可以对权重 w_{ij} 进行调整：
$$\Delta w_{ij} = \eta (r_j - y_j) y_j (1 - y_j) x_i \tag{4-34}$$

对于深层的感知器，可以使用链式求导法则进行求导。

2）随机梯度下降法

误差反向传播算法会先对误差函数求导计算梯度，然后计算连接权重调整值。反复迭代训练，直至获得最优解。根据训练样本的输入方式不同，误差反向传播算法又有不同的种类。首先是批量学习（batch learning）算法，这种算法需要在每次迭代计算时遍历全部训练样本。这里假设第 t 次迭代时各训练样本的误差为 E_n^t，然后通过公式计算全部训练样本的误差 E^t。我们常用交叉熵代价函数或最小二乘误差函数求训练样本的误差 E_n^t。

$$E^t = \sum_{n=1}^{n} E_n^t \tag{4-35}$$

$$w^{(t+1)} = w^t - \eta \frac{\partial E^t}{\partial w^t} \tag{4-36}$$

式中，w^t——整个神经网络的连接权重。

基于全部训练样本得到权重调整值并修正网络连接权重，然后使用调整后的连接权重测试全部训练样本，如此反复迭代计算权重调整值并修正网络。批量学习由于每次迭代都计算全部训练样本，能够有效抑制训练集内带噪声样本所导致的输入模式剧烈变动；但同时也难免顾此失彼，由于每次调整连接权重所有样本都要参与训练，训练用时较长。

其次是在线学习（online learning）算法，这种算法会逐个输入训练样本。假设两个训练样本的误差为 E_n^t，那么在线学习会通过 $E^t = E_n^t$ 反复调整连接权重，即每输入一个训练样本，就进行一次迭代，然后使用调整后的连接权重测试下一个训练样本，并根据该样本得到权重调整值修正网络。由于在线学习每次迭代计算一个训练样本，训练样本的差异会导致迭代结果出现大幅变动，迭代结果的变动可能导致训练无法收敛。为了解决这个问题，迭代计算时可以逐渐降低学习率 η，但仍然会存在收敛速度缓慢甚至无法收敛的情况。介于在线学习和批量学习之间的小批量梯度下降法则将训练集分成几个子集 D，每次迭代使用一个子集。

$$E^t = \sum_{n \in D} E_n^t \tag{4-37}$$

全部子集迭代完成后，再次从第一个子集开始迭代调整连接权重。由于每次迭代只使用少量样本，和批量学习相比，小批量梯度下降法能够缩短单次训练时间。另外，由于每次迭代使用多个训练样本，和在线学习相比，小批量梯度下降法能够减少迭代结果变动。由此可见，小批量梯度下降法能够同时弥补在线学习和批量学习的缺点。

小批量梯度下降法和在线学习都是使用部分训练样本进行迭代计算，这种方法也叫随机梯度下降法（stochastic gradient descent，SGD）。由于随机梯度下降法只使用部分训练样本，每次迭代后样本集的趋势都会发生变化，减少了迭代结果陷入局部最优解的情况。应用小批量梯度下降法的随机梯度下降法已经成为当前深度学习的主流算法。小批量梯度下降法对训练样本数没有明确规定，通常使用的样本数为 10~100，理想的情况是从每个类别中选取一个或多个训练样本，允许不涵盖所有类别。

3. 基于深度强化学习的单元周期列车运行图编制总体思路

本节研究单元周期列车微观运行图编制问题，周期意味着单元周期长度、列车种类、列车总数、各车站的基本停站率都已确定，微观意味着考虑基础设施的微观细节，如车站轨道数量。目前，列车运行图的编制工作仍然由人工完成，而最近人工智能技术在优化领域的成功让列车运行图智能编制成为可能。

本节基于深度强化学习进行单元周期列车运行图编制,将列车运行图编制问题建模成 MDP,构建深度强化学习环境,在环境中依据问题的序列决策特性建立状态转移过程,依据问题的资源约束和需求约束,建立约束检测模块,依据问题的目标建立奖励信号模块。考虑到问题的"竞争-合作"特性,采用多智能体的深度强化学习算法进行优化,将每一列车视为一个智能体,列车以"逐区间推图"的思想铺画运行线,并在推图过程中不断观测列车运行图的时间空间分布特征,直至各车完成运输任务。

4.3.2 单元周期列车运行图编制环境

本节构建单元周期列车运行图编制环境,将列车运行图编制问题建模成 MDP,使问题的目标和约束能够嵌入 MDP 中。单元周期列车运行图编制的实质就是在已知列车数量和种类、车站数量下,每列车 $n(n = 1, 2, \cdots, N)$ 占据车站 $i(i = 1, 2, \cdots, I)$ 和区间 $k(k = 1, 2, \cdots, K)$ 的资源,使得整体能够避免违反运行约束和需求约束,并且优化目标最优。环境假设列车总是以最高速在区间运行,忽略列车的加速减速过程,因此列车 n 在区间 k 的总旅行时间 $l_{n,k}$ 一般包括三个部分:列车 n 在区间 k 的纯运行时间 $t_{n,k}$、列车起车附加时分 t_q 和列车停车附加时分 t_p。根据单元周期列车运行图的特性,在周期 T 内每隔一段合理的时间发出一趟车,这样每趟车的初始始发时刻可定。

1. 状态

在时间步 t,列车 n 的状态 S_n^t 用一个包含五个元素的一维元组表示。d_n^t 为列车 n 在时间步 t 发车时间;o_n 为 0-1 变量,代表列车 n 的运行方向,0 代表列车上行,1 代表列车下行;q_n^t 为 0-1 变量,表示列车 n 在时间步 t 时所在车站 i_n^t 的停站情况,0 代表未停站,1 代表停站;c_n 为列车 n 的等级,1、2、3 分别代表低、中、高等级列车;f_n^t 为 0-1 变量,表示列车 n 是否已抵达终点站,0 代表未抵达终点站,1 代表已抵达终点站。因此,列车 n 在时间步 t 时的状态表示为

$$s_n^t = \left(d_n^t, o_n, q_n^t, c_n, f_n^t \right), \quad n \in N \tag{4-38}$$

所有列车的状态 S^t 表示为

$$S^t = \left\{ s_n^t \mid n = 1, 2, 3, \cdots, N \right\} \tag{4-39}$$

2. 行动

在时间步 t,列车 n 需要决定在车站 i_n^{t+1} 的停站情况及停站时长,用 a_n^t 表示。每列车都可选择是否停站和决定停站的时长,停站的最小时长和最大时长分别为 $\sigma_{\min}$ 和 $\sigma_{\max}$,故列车 n 在时间步 t 采取的动作范围可表示为

$$a_n^t \in U = \{0, \sigma_{\min} \sim \sigma_{\max}\}, \quad a_n^t \text{取整数}, \quad n \in N \tag{4-40}$$

所有列车的动作合集 A_n^t 表示为

$$A_n^t = \left\{ a_n^t \mid n = 1, 2, 3, \cdots, N \right\} \tag{4-41}$$

3. 动态转移过程

在时间步 t，列车的动作集合 A^t 确定后，通过列车的状态转移过程 $S^{t+1} \sim P(S^t, A^t)$ 可计算出时间步 $t+1$ 的状态 S^{t+1}。对列车 n 来说，状态元组中除了列车运行方向 o_n 和列车等级 c_n 这两个不会随时间步的改变而改变的元素，其余三个元素 d_n^t、q_n^t、f_n^t 都需要通过计算得到。下面详细介绍列车状态的动态转移过程。

在时间步 t，列车 n 的编图区间为 k_n^t，当列车决定前方车站 i_n^{t+1} 停站时长为 a_n^t 后，故列车 n 在时间步 $t+1$ 的到达时间 p_n^{t+1} 为

$$p_n^{t+1} = d_n^t + t_q q_n^t + t_{n,k_n^t} + t_p q_n^{t+1} \tag{4-42}$$

式中，

$$q_n^{t+1} = \begin{cases} 0, & a_n^t = 0 \\ 1, & \text{其他} \end{cases} \tag{4-43}$$

列车 n 在时间步 $t+1$ 的出发时间 d_n^{t+1} 为

$$d_n^{t+1} = p_n^{t+1} + a_n^t \tag{4-44}$$

然后，通过判断在时间步 $t+1$，列车所在车站 i_n^{t+1} 是否为该列车的终到站 i_n^z，得到 f_n^{t+1}：

$$f_n^{t+1} = \begin{cases} 0, & i_n^{t+1} \neq i_n^z \\ 1, & i_n^{t+1} = i_n^z \end{cases} \tag{4-45}$$

4. 约束检测

为了计算每个智能体的奖励和避免违反约束，在状态转移过后进行约束检测，检测范围是在时间步 t 所铺画的区间。根据单元周期列车运行图编制问题的特性，约束检测主要分为两大类：一是列车运行安全约束，铁路资源是有限的，为了保障运营安全，在运行方面会有列车安全约束，包括列车追踪间隔时间约束、列车占用自动闭塞区段约束、车站股道能力约束、单元周期范围约束。二是服务约束，单元周期列车运行图要保证各站的停站率。

1）列车追踪间隔时间约束

高速铁路为双线铁路，采用自动闭塞，当同方向列车在区间追踪运行时（图4-9），应满足如下的列车追踪间隔时间约束：

$$d_{n'}^i - d_n^i \geqslant \tau_1, \quad \forall n, n' \in N, n \neq n', \quad \forall i \in I \qquad (4\text{-}46)$$

$$p_{n'}^{i+1} - p_n^{i+1} \geqslant \tau_2, \quad \forall n, n' \in N, n \neq n', \quad \forall i \in I \qquad (4\text{-}47)$$

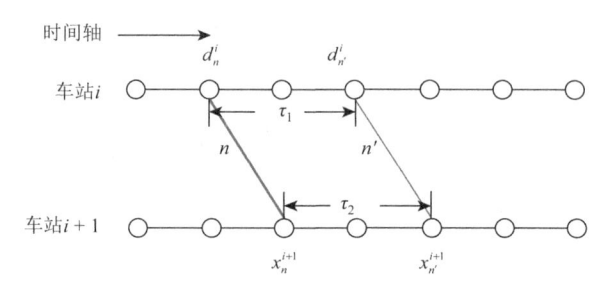

图 4-9 列车追踪间隔时间示意图

2）列车占用自动闭塞区段约束

一定时间范围内只允许一列列车占用同一自动闭塞区段，同向列车禁止后方列车在区间越行（图 4-10），因此应满足如下约束：

$$\left(p_n^{i+1} - p_{n'}^{i+1}\right)\left(d_n^i - d_{n'}^i\right) > 0, \quad \forall n, n' \in N, n \neq n', \quad \forall i \in I \qquad (4\text{-}48)$$

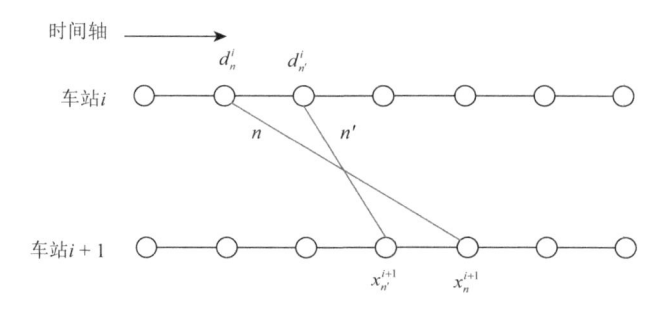

图 4-10 列车占用自动闭塞区段示意图

3）车站股道能力约束

车站股道能力约束是十分重要的。在编制列车运行图时，在单元周期内的每一分钟，列车所占用的股道数不得超过车站的股道总数。

$$y_i^n(h) = \begin{cases} 1, & d_n^i - a_n^i \geqslant t_d, a_n^i \leqslant h \leqslant d_n^i \\ 0, & \text{其他} \end{cases}, n \in N \qquad (4\text{-}49)$$

$$z_i(h) = V_i - \sum_n y_i^n(h) \geqslant 0, \quad i \in I, h \in H \qquad (4\text{-}50)$$

式中，$y_i^n(h)$——列车 n 在 h 分钟是否占用车站 i 的股道；

$\sum_n y_i^n(h)$——车站 i 在 h 分钟被占用的股道总数；

V_i——车站 i 的股道数；

$z_i(h)$——车站 i 在 h 分钟剩余的股道数；

H——单元周期长度。

4）单元周期范围约束

如图 4-11 所示，编制列车运行图的范围不能超过单元周期范围。

$$x_n^{i+1} + \sigma \leqslant T_w, \quad \forall n \in N, \forall i \in I \tag{4-51}$$

式中，T_w——单元周期的结束时间。

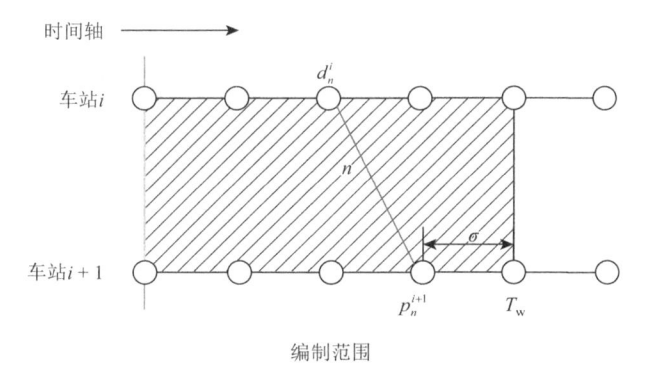

图 4-11 单元周期范围示意图

5）列车停站率约束

列车停站率一般是指在一个车站有营业停时的列车数与经由该车站的列车总数的比例。列车停站率是衡量客运服务水平的重要指标，也是制定停站方案的重要参数。

$$\sum_{n=1}^{N} q_n^i \geqslant N\tau_i \tag{4-52}$$

式中，τ_i——车站 i 的停站率。

值得注意的是，该约束并不是每推一个区间检测一次，而是完整完成一次推图过程后检测。

5. 奖励信号

每列车 n 在时间步 t 时，被施加了一个动作 a_n^t，状态由 s_n^t 转变至 s_n^{t+1}，同时得到一个奖励。奖励的设置是为了保障施加的动作朝着目标函数最小的方向前进并且能够不违反列车约束。一旦施加的动作有悖于目标函数或者违反了相关约束，奖励则是用来惩罚这样的动作。

关于单元周期列车运行图编制的目标分为两类，一是希望列车的总旅行时间最少，二是希望单元周期内的列车停站最均衡。奖励信号的设计需要遵从问题的目标，式（4-53）是单列车在完成一次状态转移后的奖励信号结算公式。

$$r_n^{t+1} = \begin{cases} \left[-\left(p_n^{t+1} - d_n^t\right) - a_n^t \right] c_n - \mu_t - \alpha_n^{t+1} - \sigma_n^{t+1}, & b_n = 0 \\ -R_v, & b_n = 1 \end{cases} \quad (4\text{-}53)$$

式中，μ_t——一个波动因子；

α_n^{t+1}——在时间步 $t+1$ 停站不符惩罚；

σ_n^{t+1}——在时间步 $t+1$ 所在车站均衡性的评估因子；

R_v——一较大的常数，其大于任意一列车的旅行时间，$-R_v$ 表示对列车违反约束的惩罚。

$$\sigma_n^{t+1} = \begin{cases} \sqrt{\dfrac{1}{\sum\limits_{n \in N_s} q_n^{t+1}} \left(p_n^{t+1} - p_{n+1}^{t+1}\right)^2 q_n^{t+1} q_{n+1}^{t+1}}, & o_n = 1 \\ \sqrt{\dfrac{1}{\sum\limits_{n \in N_x} q_n^{t+1}} \left(p_n^{t+1} - p_{n+1}^{t+1}\right)^2 q_n^{t+1} q_{n+1}^{t+1}}, & o_n = 0 \end{cases} \quad (4\text{-}54)$$

所有列车的奖励合集 R_n^{t+1} 表示为

$$R_n^{t+1} = \left\{ r_n^{t+1} \mid n = 1, 2, 3, \cdots, N \right\} \quad (4\text{-}55)$$

6. 终结

在状态 S^{t+1} 确定并检测完约束后，要判断此时推图过程是否终结。用 b_n^{t+1} 表示列车 n 是否违反了约束，为 0-1 变量，0 代表列车未违反约束，1 代表列车违反约束。编图环境需要重置，已铺画的运行线需要清空，从而进行下一次的迭代。终结状态指标 β^{t+1} 表示一次迭代终止的条件，为 1 时这次迭代终止，编图环境需要重置，已铺画的运行线需要清空，从而进行下一次的迭代。其取值为

$$\beta^{t+1} = \begin{cases} 1, & \exists n \in N, b_n^{t+1} = 1 \text{ 或者 } \forall n \in N, f_n^{t+1} = 1 \\ 0, & \text{其他} \end{cases} \quad (4\text{-}56)$$

4.3.3 多智能体强化学习优化算法

1. A2C 人工神经网络框架

我们将每列车 n 视为一个单独的智能体，采用一种多智能体的深度强化学习框架，每个智能体单独从动作空间中选择动作，然后每个智能体获取的经验集中训练。根据 A2C 结构，每个智能体 n 拥有两个人工神经网络（artificial neural network，ANN）：演员网络（actor network）π_n 和评判家网络（critic network）φ_n。

actor network π_n 是一个分散型的策略网络，其输入为环境列车 n 的状态 s_n^t，输出为列车 n 在时间步 t 时可选动作集 U 中各动作的选择概率，每个智能体 n 的 π_n 都根据输出的概率单独（分散）地选择动作。

$$a_n^t \sim \delta_n^t = \pi_n(s_n^t) \quad (4\text{-}57)$$

π_n 的结构共包括四层，第一层是输入层，为线性全连接层，输入维度为 s_n^t 的维度；第二层和第三层是隐藏层，以非线性整流器（ReLU）作为激励函数；第四层是输出层，输出维度为 a_n^t 的维度，为线性全连接层。

critic network φ_n 是一个集中型的价值网络，它从全局的角度评估所有列车 n 的状态-动作对的价值，输入为状态 S^t 和 $A^t = \{a_n^t \sim \delta_n^t = \pi_n(s_n^t), n \in N\}$，输出为时间步 t 的价值评估值。

$$q_n^t = \varphi_n(S^t, A^t) \quad (4\text{-}58)$$

φ_n 的结构也是四层，第一层是输入层，为线性全连接层，输入维度为 S^t 维度和 A^t 的维度之和；第二层和第三层是隐藏层，结构与 actor network π_n 的结构相同；第四层是输出层，输出维度为 1。π_n 和 φ_n 的结构示意图如图 4-12 所示。

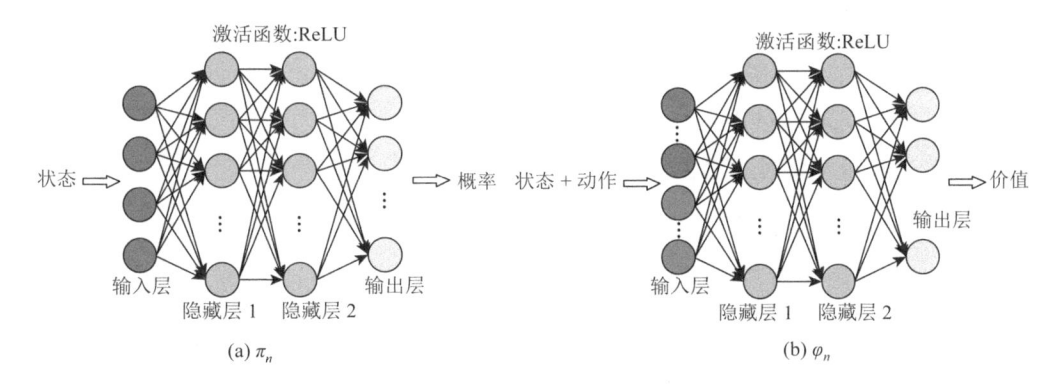

(a) π_n

(b) φ_n

图 4-12　π_n 和 φ_n 的结构示意图

2. MAA2C 算法

我们采用 MAA2C 算法训练神经网络，MAA2C 是一种无模型的强化学习的训练方法，它从已实现的转化过程训练智能体，而不需要底层转换模型的任何先验知识。并且 MAA2C 是一种基于值和基于策略结合的方法，每个 actor network π_n 根据输出的策略单独选择动作，每个 critic network φ_n 整体评价选择动作的值。

MAA2C 的训练过程如算法 1（本章节末尾附）所示。在训练开始之前，我们设置一个大小为 M 的回放储存器，每次模拟过程会产生经验（S^t，A^t，S^{t+1}，R^{t+1}），它以先进先出的方式储存已产生的经验。为了保证训练的稳定性和加速训练过程，每个智能体都引入了两个目标网络 π'_n 和 φ'_n,它们的结构与 π_n 及 φ_n 相同,网络的参数 θ' 和 ρ' 初始化为 θ 和 ρ。

在每一训练幕 e 的开始,环境都会重置为 S_0。在时间步 t,智能体 n 的 actor network π_n 接收到列车 n 此时的状态 s^t_n,通过 π_n 的输出 δ^t_n 选择动作 a^t_n,动作的 ε-greedy 方法选择过程如下:

首先,π_n 的输出 δ^t_n 经过 softmax 算子计算,得到动作选择策略 μ^t_n,$\mu^t_n = \mathrm{softmax}\left(\delta^t_n\right) = \dfrac{\exp\left(\delta^t_n\right)}{\sum\limits_n^N \delta^t_n}$。在选择动作时,首先会根据均匀分布随机选择一个 0~1 之间的数,该随机数需要和探索参数 ε 进行比较,如果 ε 小于该随机数,则动作根据 softmax 结果中最大的选择,$a^t_n = \arg\max\limits_{a \in U}\left(\mu^t_n\right)$;相反地,动作从 U 中随机选择。ε 的引入是为了在训练早期鼓励更多的随机探索从而避免过拟合特定的已实现的需求设置,但是在后期为更小的探索来保证稳定性和收敛。

$$\varepsilon = \varepsilon_{\min} + \left(\varepsilon_{\max} - \varepsilon_{\min}\right) \cdot \exp\left(-\dfrac{t_g}{\varepsilon_{\mathrm{decay}}}\right) \quad (4\text{-}59)$$

式中,$\varepsilon_{\max}$、$\varepsilon_{\min}$ —— ε 的上下界;

$\varepsilon_{\mathrm{decay}}$ ——一常量,代表着 ε 的衰减程度;

t_g ——全局时间步。

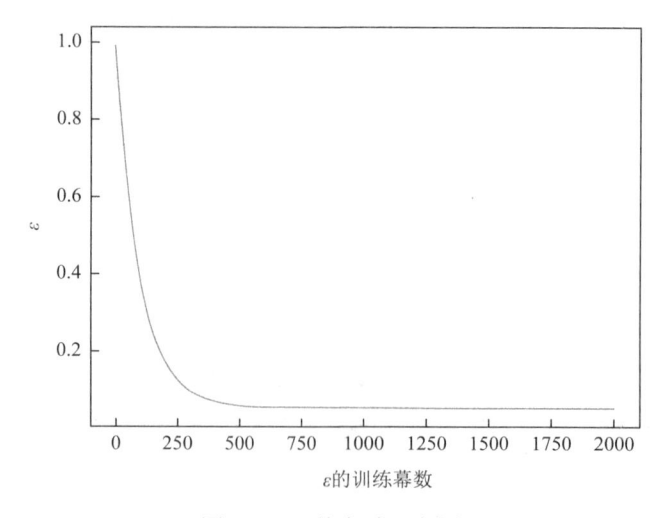

ε 的衰减示意图如图 4-13 所示。

图 4-13 ε 的衰减示意图

每个智能体 n 的动作都经过该过程进行选择,从而获得在时间步 t 完整的动作 A^t。完整的动作 A^t 作用于环境,完成一次状态转移 $S^{t+1} \sim P(S^t, A^t)$,生成一条经验 $(S^t, A^t, S^{t+1}, R^{t+1})$ 并存放进回放储存器。

actor network π_n 和 critic network φ_n 的训练都通过随机梯度下降法进行,更新参数 θ 和 ρ 使得每次迭代时二者的损失函数最小。训练过程是通过随机采样小批量经验进行的,从更新后的重放缓冲器中随机采样一批大小为 B 的样本,利用该采样计算每个采样转移的目标值 y^b:

$$y^b = r_n^{k'} + \gamma \varphi_n'(S^{b'}, A^{b'}), \ b = 1, 2, \cdots, B \tag{4-60}$$

式中,γ——折扣系数。

actor network π_n 是分散型网络,其目标是针对智能体 n 找到一个最好的策略以保证未来的回报均值最大,其损失函数 $L(\theta_n)$ 可表示为

$$L(\theta_n) = -\frac{1}{B} \sum_b^B \left(g^b \left(\log \left(\delta_n^b \right) \right) \right), \ \delta_n^b = \pi_n \left(s_n^b \right), \ b = 1, 2, \cdots, B \tag{4-61}$$

其中,g^b——基线优势:

$$g^b = y^b - \varphi_n(S^b, A^b), \ b = 1, 2, \cdots, B \tag{4-62}$$

式中,S^b、A^b——批量 B 的所有状态的集合和所有动作的集合。

critic network φ_n 是一个集中型的网络,其目标是使目标值和相应的 Q 值均方差最小,其损失函数 $L(\rho_n)$ 可表示为

$$L(\rho_n) = \frac{1}{B} \sum_b^B \left(\varphi_n \left(S^b, A^b \right) - y^b \right)^2, \ b = 1, 2, \cdots, B \tag{4-63}$$

目标网络的参数更新采用移动平均法更新:

$$\theta' \longleftarrow \xi \theta + (1 - \xi) \theta' \tag{4-64}$$

$$\rho' \longleftarrow \xi \rho + (1 - \xi) \rho' \tag{4-65}$$

式中,ξ——一个足够小的平滑因子。

算法 1

初始化:每个智能体 n 的 Actor Network π_n 和 Critic Network φ_n,Initialize the target ANN parameters:$\theta_n' \leftarrow \theta, \rho_n' \leftarrow \rho$;Initialize the replay buffer with M transitions generated by a random policy;Initialize global time stage $t_g \leftarrow 0$。

1:**for** $e \leftarrow 1$ to E **do**

2:Initial time stage:$t \leftarrow 0$

3:Reset the environment:$S_t \leftarrow S_0$

4:**while** $\beta^t = 0$ **do**:(未终止)

5: Calculate actor network output action probability $\delta^t = \{\delta_n^t = \pi_n(s_n^t), n \in N\}$.

6: Make the actual action A^t accroding to the δ^t.

7: Execute A^t for S^{t+1} and R^{t+1} via dynamic transition $S^{t+1} \sim P(S^t, A^t)$.

8: Insert the experience(S^t, A^t, S^{t+1}, R^{t+1}) into replay buffer.

9: Sample a batch of B transitions(S^b, A^b, $R^{b'}$, $S^{b'}$) $b = 1, 2, \cdots, B$ from replay buffer.

10: Calculate the target value $y^b = r_n^{k'} + \gamma \varphi_n'(S^{b'}, A^{b'})$. $A^{b'} = \{a_n^{b'} \sim \delta_n^{b'} = \pi_n'(s_n^{b'})\}$ $b = 2, \cdots, B$

11: Calculate the advantages $g^b = y^b - \varphi_n(S^b, A^b)$ $b = 1, 2, \cdots, B$.

12: Calculate the average actor loss of batch transition experiences: $L(\theta_n) = -\frac{1}{B} \sum_b^B (g^b(\log(\delta_n^b)))$ $\delta_n^b = \pi_n(s_n^b)$

13: Calculate the average critic loss of batch transition experiences: $L(\rho_n) = \frac{1}{B} \sum_b^B (\varphi_n(S^b, A^b) - y^b)^2$

14: Determine new θ and new ρ via gradients $\nabla_{\theta_n} L(\theta_n)$ and $\nabla_{\rho_n} L(\rho_n)$

15: Update the target parameters of the ANNS: $\theta' \leftarrow \xi\theta + (1-\xi)\theta'$ $\rho' \leftarrow \xi\rho + (1-\xi)\rho'$

16: Update time stage $t \leftarrow t+1$

17: Update the state $S^t \leftarrow S^{t+1}$

18: **end while**:

19: Update the global time stage $t_g \leftarrow t_g + 1$

20: Update the explorative parameter: $\varepsilon = \partial_{\min} + (\varepsilon_{\max} - \varepsilon_{\min})\exp\left(-\frac{t_g}{\varepsilon_{\text{decay}}}\right)$

21: **end for**

第 5 章　区域间直通列车运行线接续优化技术

为实现高速铁路各区域网列车运行图的协调编制，基于区域协同的高速铁路列车运行图编制理论建立了子系统间的协调机制，即区域间直通列车运行线接续优化机制，其中区域间直通列车包含跨区域本线直通列车和跨区域跨线直通列车（路网跨线列车）。区域间直通列车运行线接续优化技术是基于区域协同的高速铁路列车运行图编制理论的重要环节和关键技术，它主要通过路网跨线列车运行线在各区域网的协同接续与衔接技术予以实现。基于列车与运行线的时空协调关系和运行线间的时空接续、衔接关系，优化确定区域间直通列车运行线方案，形成列车运行图方案，实现区域间直通列车运行图（线）的区域协同编制。

由于区域间直通列车中跨区域本线直通列车运行线编制较为简单，本章基于列车与运行线的时空协调关系、运行线间的时空接续关系，重点通过对路网跨线列车运行线区域协同接续决策优化模型的研究，优化确定路网跨线列车的运行线，编制路网跨线列车运行图方案，实现路网跨线列车运行图的区域协同编制。

5.1　跨线列车运行线布局方式研究

5.1.1　跨线列车运行线布局影响因素

影响跨线列车运行线布局的因素较多，主要包括高速铁路网状结构、跨线客流分布规律、动车组运用方式、线路区间天窗布置方案等。

1. 高速铁路网状结构

在确定跨线列车运行线布局方案时，需考虑高速铁路网复杂程度的影响。高速铁路建设初期，其线路相对封闭，跨线列车所占比重不大，故行车组织以及运行线布局方式相对简单。然而，随着高速铁路网复杂程度的上升，跨线列车所占比重急剧增加，其始发终到站分布越发复杂，占用高速线区段亦呈现多样化。此外，高速铁路成网后某一高速线上的衔接站可能面临多方向的跨线列车，对其车站组织能力提出了更高的要求。因此，在确定跨线列车运行线布局方案时需考虑更多的影响因素，其布局优化难度相对较大。

2. 跨线客流结构

旅客是铁路运输市场的最大消费群体，因此在跨线列车运行线布局过程中，应尽量保持跨线客流的出行结构。旅客出行时首要考虑的因素即为出行时段在一个舒适的时段内，故跨线列车的始发、终到时刻以及其在沿途的任意一站的到达时刻都应在旅客出行舒适的时段（7:00~24:00）内，以此实现吸引跨线客流、提高运输企业的服务水平、保证较高的上座率等目的。

此外，结合目前换乘模式的普及、多式联运方式的兴起等现状，部分跨线客流可能选择在大型客运节点换乘其他列车、市域交通乃至航空运输等其他交通方式，因此在高速铁路跨线列车运行线的布局过程中，也应考虑其到达沿途重要客运节点的时刻能否与其他列车或是其他交通工具进行良好衔接，以缩短旅客换乘等待时间，提高旅客满意度，提升企业服务质量。

3. 综合维修天窗的设置

综合维修天窗一般指为了维护线路安全或是预留线路施工时间，运输企业在生产过程中专门预留给工务、电务等部门的线路维修时间。为了保证行车安全，高速铁路列车应禁止运行于天窗时段内，而跨线列车运行线以其"长距离、长时间"的特点，极易受到天窗的影响。若其运行时间落入天窗时段内，需待避4~6h，对跨线列车旅行速度造成极大影响。因此，在高速铁路跨线列车运行线布局过程中，应对天窗时间的限制进行深入研究与探讨。

4. 跨线列车合理到发时间域

为了匹配跨线客流的需求、适应高速铁路运输组织要求，跨线列车在运行过程中应具备合理的到发时间域，使其在全程运行过程中避开天窗，并能够保证其在衔接站或沿途大站进行技术作业时具备一定量的富余接续时间。

5. 跨线列车的开行方案

跨线列车的开行方案是影响列车运行线布局方案的重要因素之一，一份完整的开行方案应包括跨线列车开行的始发终到点、列车开行径路、列车等级与数量及列车停站方案等基本要素。各线路区段内的跨线列车等级种类、开行数量、开行距离、跨线及跨局（或公司）次数对跨线列车运行线的布局难度具有重要的影响。

6. 客运节点能力及区间线路能力

高速铁路的运能无法储存，因而在跨线列车运行线布局的过程中应注意各个客运节点，以及节点间区间线路的能力堆积不得超过节点能力或是区间线路能力的上限，即布局方案受运行区段内"点""线"能力的制约。

客运节点能力指单位时间内经节点接发的各方向列车的数量，其值的大小与节点内到发线数量及长度、站场咽喉区结构等因素相关。其中，到发线数量对节点能力的影响最大，故求高速铁路客运节点的通过能力可转化为求客运节点内到发线的通过能力。

7. 动车组运用数量

动车组运用计划是高速铁路跨线列车运行线布局方案的重要评价指标之一，提高动车组的运用效率、降低动车组的运用数量是动车组运用计划最主要的优化目标。一方面，购置一套动车组车底价格不菲，因而降低动车组的运用数量可以在一定程度上减少企业成本、提升运输企业经济效益；另一方面，提高动车组的运用效率相较于长时间等待接续更能够强化动车组的运输能力，进而满足更多的旅客运输需求。

5.1.2 跨线列车运行线布局关键问题

在跨线列车运行线布局的过程中，值得探讨研究的关键问题主要包括跨线衔接节点选取方案、跨线列车合理到发时间域等。

1. 跨线衔接节点选取方式

一般地，高等级的车站多位于省会级大城市，且其路网通达性一般较好，节点内或区间的基础设施比较完备，因此适合选作高速列车的跨线衔接节点；而中等级车站若能位于路网的枢纽地段，且其所在城市具有一定的吸引客流的能力，则也可能将其作为衔接节点的备选。

2. 跨线列车合理到发时间域

在高速铁路运输组织模式中，跨线列车运行方式主要分为列车由其他运行线上高速铁路运行（以下简称上线运行）、列车由高速铁路下至其他运行线运行（以下简称下线运行）以及列车先由其他运行线上高速铁路运行再下至另一条运行线运行（以下简称先上线后下线运行）。针对不同的跨线方式，需采取不同的合理到发时间域确定方法。

图 5-1 表现了高速铁路列车的具体跨线方式，其中包括如下。

（1）列车上线运行：列车由 S_{f1} 站始发，经 S_{c1} 站上运行线 K_1，并终到 S_{e1} 站；

（2）列车下线运行：列车由 S_{f2} 站始发，经 S_{c2} 站下运行线 K_1，并终到 S_{e2} 站；

（3）列车先上线后下线运行：列车由 S_{f1} 站始发，经 S_{c1} 站上运行线 K_1，再由 S_{c2} 站下线，并终到 S_{e2} 站。

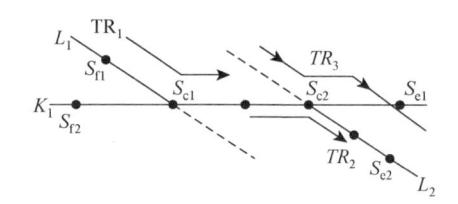

图 5-1 跨单条高速铁路的跨线列车开行径路示意图

取一跨线列车运行线，令其始发时刻为 t_f，由始发站 S_f 开行至终到站 S_e 所需总旅行时分为 T，在其他运行线 L_i 上的运行时间为 T_i（对于任意 T_i，均有 $T_i > 0$），在高速铁路 K_1 上的旅行时分为 T_k。

其中，若跨线列车运行速度较慢，则可能存在 $T = \sum T_i + T_k > 24$ 的情形，即跨线列车总旅行时分超过 24 h，故在此引入同余理论，定义如下：

对于两个整数 a 和 b，若存在一个固定的正整数 m，使得 $m|(a-b)$（即 m 能够整除 $a-b$），则称 a、b 对模 m 同余，记作 $a \equiv b(\bmod m)$。

令

$$T \equiv a \equiv -b(\bmod 24)$$

其中，$0 < a \leqslant 24$，$0 < b \leqslant 24$，$a + b = 24$。

由于

$$t_f \equiv t_f(\bmod 24)$$

有

$$t_f + T \equiv t_f + a \equiv t_f - b(\bmod 24) \tag{5-1}$$

式（5-1）的物理意义如下：$t_f + T$ 可以用 $t_f + a$ 代替，同时也可以用 $t_f - b$ 代替。当 $t_f \leqslant b$ 时使用 $t_f + a$，当 $t_f > b$ 时使用 $t_f - b$。

结合列车的始发、终到时刻约束，可以给出最基本情形下的跨线列车合理到发时间域：

$$\begin{cases} 7 \leqslant t_f \leqslant 24 \\ 7 \leqslant t_f + a \leqslant 23 \end{cases}, \quad \begin{cases} 7 \leqslant t_f \leqslant 24 \\ 7 \leqslant t_f - b \leqslant 23 \end{cases} \tag{5-2}$$

基于以上条件，本节将继续针对上线运行、下线运行、先上后下线运行三种跨线方式，分别讨论考虑跨线衔接站约束时，跨线列车合适的到发时间范围表示方法。

1）上线运行方式

由图 5-1 知，跨线列车 TR_1 始发时刻为 t_f，终到时刻为 t_e，在运行线 L_1 上旅行时分为 T_1，经跨线衔接站 S_{c1} 的时刻为 t_{c1}，在高速铁路 K_1 上的旅行时分为 T_k。其中，跨线列车上线运行方式应遵循以下条件：

（1）始发时刻 $t_f \in [7:00, 24:00]$；

（2）终到时刻 $t_e \in [7:00, 23:00]$；

（3）在高速铁路上运行的任意时刻均不落入天窗内。记天窗开始时刻为 t_{sf}，结束时刻为 t_{se}，列车在高速铁路上行驶的任一时刻为 t_r，则有 $t_r \notin [t_{sf}, t_{se}]$。

在条件（3）中，根据一般高速铁路的天窗设置情形，令 $t_{\mathrm{sf}}=0, t_{\mathrm{se}}=4$；除此之外，引入参数 λ 表示列车在高速铁路线上已运行的时分与其在高速铁路上的总旅行时分的比值，即

$$\lambda = \frac{t_{\mathrm{r}} - t_{\mathrm{c1}}}{T_k} \tag{5-3}$$

根据定义可知，$0 \leqslant \lambda \leqslant 1$。

根据条件（3），确定 t_{r} 的约束条件如下：

$$\begin{cases} 4 \leqslant t_{\mathrm{r}} - \lambda T_k \leqslant 24 \\ 4 \leqslant t_{\mathrm{r}} + (1-\lambda) T_k \leqslant 24 \end{cases} \tag{5-4}$$

解式（5-4）得

$$4 \leqslant t_{\mathrm{r}} \leqslant 24 - T_k \tag{5-5}$$

当 $t_{\mathrm{r}} = t_{\mathrm{c1}}$ 时，有 $4 \leqslant t_{\mathrm{c1}} \leqslant 24 - T_k$。

再根据 $t_{\mathrm{c1}} = t_{\mathrm{f}} + T_1$ 以及同余的定义，令 $t_{\mathrm{f}} + T_1 \equiv t_{\mathrm{f}} + c \equiv t_{\mathrm{f}} - d \pmod{24}$

其中，$0 < c \leqslant 24$，$0 < d \leqslant 24$，$c + d = 24$。

结合式（5-2），给出在跨线列车上线运行方式下，考虑跨线衔接站约束后的合理发车域如下：

$$\begin{cases} 7 \leqslant t_{\mathrm{f}} \leqslant 24 \\ 7 \leqslant t_{\mathrm{f}} + a \leqslant 23 \\ 4 \leqslant t_{\mathrm{f}} + c \leqslant 24 - T_k \end{cases}, \begin{cases} 7 \leqslant t_{\mathrm{f}} \leqslant 24 \\ 7 \leqslant t_{\mathrm{f}} + a \leqslant 23 \\ 4 \leqslant t_{\mathrm{f}} - d \leqslant 24 - T_k \end{cases}$$

$$\begin{cases} 7 \leqslant t_{\mathrm{f}} \leqslant 24 \\ 7 \leqslant t_{\mathrm{f}} - b \leqslant 23 \\ 4 \leqslant t_{\mathrm{f}} + c \leqslant 24 - T_k \end{cases}, \begin{cases} 7 \leqslant t_{\mathrm{f}} \leqslant 24 \\ 7 \leqslant t_{\mathrm{f}} - b \leqslant 23 \\ 4 \leqslant t_{\mathrm{f}} - d \leqslant 24 - T_k \end{cases} \tag{5-6}$$

2）下线运行方式

由图 5-1 可知，跨线列车 TR_2 始发时刻为 t_{f}，终到时刻为 t_{e}，在高速铁路 K_1 上的旅行时分为 T_k，经跨线衔接站 S_{c2} 的时刻为 t_{c2}，在运行线 L_2 上旅行时分为 T_2。

对于此类跨线列车，其仍需遵循上述基本条件，联合式（5-2），则有

$$\begin{cases} 7 \leqslant t_{\mathrm{f}} \leqslant 24 \\ 7 \leqslant t_{\mathrm{f}} + a \leqslant 23 \\ 4 \leqslant t_{\mathrm{f}} \leqslant 24 - T_k \end{cases}, \begin{cases} 7 \leqslant t_{\mathrm{f}} \leqslant 24 \\ 7 \leqslant t_{\mathrm{f}} - b \leqslant 23 \\ 4 \leqslant t_{\mathrm{f}} \leqslant 24 - T_k \end{cases} \tag{5-7}$$

已知 $T_k > 0$，继而简化不等式组（5-7）得

$$\begin{cases} 7 \leqslant t_{\mathrm{f}} \leqslant 24 - T_k \\ 7 \leqslant t_{\mathrm{f}} + a \leqslant 23 \end{cases}, \begin{cases} 7 \leqslant t_{\mathrm{f}} \leqslant 24 - T_k \\ 7 \leqslant t_{\mathrm{f}} - b \leqslant 23 \end{cases} \tag{5-8}$$

3）先上后下线运行方式

由图 5-1 可知，跨线列车 TR_3 始发时刻为 t_{f}，终到时刻为 t_{e}，在运行线 L_1 上

旅行时分为 T_1，经跨线衔接站 S_{c1} 的时刻为 t_{c1}，在高速铁路 K_1 上的旅行时分为 T_k，经跨线衔接站 S_{c2} 的时刻为 t_{c2}，在运行线 L_2 上旅行时分为 T_2。

对于此类跨线列车，仍需满足上述基本条件，尤其在高速铁路上开行时分应避开天窗，联合式（5-2），令 $T_1 \equiv c \equiv -d (\bmod 24)$，获得列车发车时刻的约束：

$$\begin{cases} 7 \leqslant t_f \leqslant 24 \\ 7 \leqslant t_f + a \leqslant 23 \\ 4 \leqslant t_f + c \leqslant 24 - T_k \end{cases}, \begin{cases} 7 \leqslant t_f \leqslant 24 \\ 7 \leqslant t_f + a \leqslant 23 \\ 4 \leqslant t_f - d \leqslant 24 - T_k \end{cases}$$
$$\begin{cases} 7 \leqslant t_f \leqslant 24 \\ 7 \leqslant t_f - b \leqslant 23 \\ 4 \leqslant t_f + c \leqslant 24 - T_k \end{cases}, \begin{cases} 7 \leqslant t_f \leqslant 24 \\ 7 \leqslant t_f - b \leqslant 23 \\ 4 \leqslant t_f - d \leqslant 24 - T_k \end{cases} \quad (5\text{-}9)$$

5.1.3 区域协同高速铁路列车运行图路网跨线列车运行线布局思路

针对基于区域协同的高速铁路列车运行图编制方法的特性，在区域干线单元周期列车运行图相对独立编制完成后，由于存在跨线客流需求，各区域间必定开行部分跨线列车，而跨线列车的开行使得各区域间列车运行图的编制存在关联。在各区域干线均已独立编制完成规格化列车运行图的基础上，优先确定最高等级跨区域干线本线列车运行线，保证干线"标杆车"运行线的铺画不受影响。将其余运行线作为考察对象，优化确定选取哪些运行线相衔接形成既定开行方案中跨线列车的运行线，并最大限度地减少路网跨线列车运行线编制造成的区域干线本线客流损失。根据线路能力利用情况、线路技术等级等因素进行级别划分，对路网中线路级别最高的线路跨线列车赋予优先选择权，如果级别相同则依据时间先后选择，再逐步推进和扩展，主要步骤如下。

1. 优先确定高等级跨区域干线本线列车运行线

进行跨区域列车运行线选取优化前，为保证高等级跨区域干线本线列车的运行效益，应首先确定其列车运行线，即选出具有客流需求大、时间节点容易记忆、速度快、停站少的高等级跨区域干线本线列车运行线，构成列车运行线骨架结构。以京沪高速铁路的规格化运行图下行方向选线为例，选取各个整点时刻北京南—上海虹桥、一站停或两站停的高等级全程本线列车作为"整点标杆车"。

2. 跨区域跨线列车（路网跨线列车）运行线接续优化

跨区域干线本线列车运行线骨架结构确定后，针对路网跨线列车途经的各区域网内的其余运行线，依据列车合理到发时间域、区段站接续能力等约束条件，制定以跨线列车在所经区域网运行线的接续时间最短为优化目标的列车运行线选取方案。

鉴于路网结构的复杂性和跨线列车方向别的冲突性，需要对路网中的相关线路确定优先级，按照一定的顺序，采用逐步递进、分层次实现的方法求解问题。一般而言，跨线列车运行线选择遵循能力松弛就能力紧张、支线就干线的基本原则，即跨线列车优先在能力紧张线路选择运行线，而后在能力松弛线路选择运行线；优先在路网中的干线线路选择运行线，而后在路网中的支线线路选择运行线。先以最高等级线路的某一方向为研究对象，优化确定该线路该方向的跨线列车与运行线方案，编制该方向跨线列车运行图方案；而后，以另一方向作为研究对象，编制该方向跨线列车运行图方案。

5.2 路网跨线列车运行线接续优化问题分析

5.2.1 问题描述

路网跨线列车运行线区域协同接续是以路网跨线列车开行方案、各区域网相对独立编制的列车运行图（铺画的运行线）为考查对象，以跨线列车在所经区域网运行线的接续时间最短为优化目标，以路网跨线列车在所经区域网运行线的时空接续关系和列车运行结构（主要指停站方案与运行时间域等）与运行线结构（主要指节点停站设置、出发、到达与通过时刻等）时空协调关系等为约束，建立路网跨线列车运行线区域协同接续决策优化模型。通过该模型，为跨线列车在所经区域网选择运行线，优化确定路网跨线列车运行线方案，编制路网跨线列车运行图方案，实现路网跨线列车运行图的区域协同编制。

不可避免地，路网跨线列车特别是长距离跨线列车会存在跨多条线路的情况，其所跨的线路彼此间会存在方向别差异等问题，使问题的分析、描述和求解难度增大。为了降低问题的复杂度和处理难度，可考虑对路网中相互衔接的线路进行等级划分。线路等级划分的影响因素有多种，其主要影响因素是线路能力的利用情况，即线路能力的紧张程度。此外，线路结构特性、线路技术等级、线路速度等级标准、线路长度等对线路等级划分也有较大影响，在进行线路等级划分时需综合考虑，合理确定线路的等级。鉴于本章的研究重点，线路等级划分问题不进行具体讨论。线路等级划分后，按照线路的优先级顺序，先对高等级线路进行路网跨线列车运行线的优化选择，而后逐步扩展和推进，实现路网跨线列车在所经区域网运行线的协同接续，优化确定路网跨线列车运行线，编制路网跨线列车运行图方案。

5.2.2 边界界定

对路网跨线列车运行线区域协同接续研究之前，需对其影响因素和优化条件进行界定，明晰研究边界。具体如下。

1. 不同方向列车运行相互独立性界定

由于高速铁路都是双线运行区段，列车单向运行，不同方向（上下行）运行的列车相互间不会发生影响和干扰，彼此相对独立。

2. 跨线列车开行方案不变性界定

假定高速铁路上的各站间客流 OD 的大小、方向等时空特性不随着列车运行线选择方案的变化而发生变化，即路网跨线列车运行线优化方案不会造成客流大小、方向等时空特性的变化，不会造成跨线列车开行方案的调整和变化。

3. 车站与区间能力界定

一般而言，高速铁路线路上点（车站）的能力是小于线（区间）的能力的。实际上，车站的能力会受到除开行方案（列车到达、出发）外的多种因素的影响，如到发线数量、车站内作业过程、列车进路、作业时间标准等。因此，需要根据行车量的大小来对车站能力进行确定或验算。鉴于研究的重点和简化问题的复杂度，假定车站能力不大于区段（区间）能力，即满足车站能力时一定满足区间能力。且各车站能力不会发生变化，车站能力主要考虑列车的接发能力，即到发线的数量，忽略其他因素对车站能力的影响。

4. 区域网列车运行图不变性界定

区域网中已经铺画的运行线不随着跨线列车运行线方案的决策而发生变化或调整，即区域网中各运行线在各区段站、区间站的到发时刻等信息是固定不变的。

5. 系统封闭性界定

假设研究的问题所形成的系统是封闭的，系统状态的变化只取决于内部影响因素的变化。对于一个完整的参数集，一个确定的参数状态对应于一个确定的系统状态。系统的外部环境在一定时空范围内不会对系统状态的变化产生影响。

5.2.3 相关定义

在建立路网跨线列车运行线区域协同接续决策优化模型之前，为方便描述和便于区别既有概念，做如下定义。

1. 跨线列车

站在不同的角度对跨线列车的理解存在差异。立足某具体线路，在该线路运行且始发或终到站非本线路车站的列车都可认为是跨线列车；立足于路网，运行径路中包含了两个或两个以上线路的列车都可以认为是跨线列车。两种理解对跨线列车运行线方案的优化确定无本质差别，只是在具体处理手段上有所差异。鉴于本研究和具体细节的处理需要，需对跨线列车进一步界定。本章立足于路网，跨线列车是指运行径路包含两个或两个以上线路的列车。因此，对于某线路，在进行路网跨线列车运行线区域协同接续研究时，既包括其他线路跨入该线（到达或途经）的列车，也包括本线产生且跨出该线的列车。鉴于本章研究需要，将跨线列车进一步明晰，可分为路网跨线列车和区域网跨线列车两种类型。路网跨线列车是指其运行径路包含两个或两个以上区域网的跨线列车，若无特殊说明，本章跨线列车均指路网跨线列车。区域网跨线列车是指运行径路仅在某个区域网内，且跨越本区域内两个或两个以上线路的列车。

2. 区段站与区段

为了方便描述和区分，本章将某线路上的起始站、终止站和该线路与其他线路的衔接站称为线路区段站，简称为区段站。线路的区段站将线路划分为若干段落，每一段落称为线路区段，简称为区段。若非特殊说明本章后续所涉及的区段站与区段均指该概念，不同于既有的区段站与区段的概念。区段站与区段如图5-2所示。

3. 区间站与区间

为区别于区段站，本章称线路中任一区段内非区段站的车站为线路区间站，简称区间站。线路的任一区段中，区段站与区间站及区间站间构成的线路段落称为线路区间，简称为区间。若非特殊说明本章后续所涉及的区间站与区间均指该概念，不同于既有的区间站与区间的概念。区间站与区间如图5-2所示。

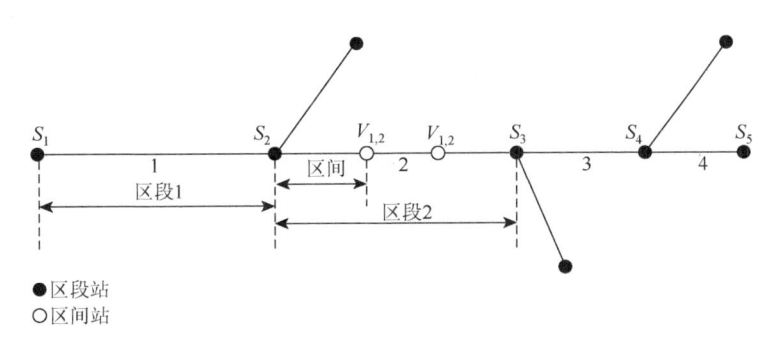

图 5-2　高速铁路区段（站）与区间（站）示意图

4. 跨线列车运行接续

跨线列车运行接续是指跨线列车在区段站停站、通过和停留等运行过程的描述。该过程是通过跨线列车在该区段站的两个相邻区段所选择的运行线接续时间来体现的。列车接续时间是指跨线列车所选择的运行线在区段站的出发与到达的时间间隔。按照跨线列车在区段站的作业类型，跨线列车运行接续可分为两类，即跨线列车停站接续和跨线列车停留接续。

1）跨线列车停站接续

由于停站作业需要，跨线列车在区段站停站作业时的运行接续称为跨线列车停站接续，具体表现为跨线列车所选运行线在该区段站的接续时间，该接续时间称为停站接续时间。停站接续时间应在一定的时间范围内，满足停站作业标准要求。

2）跨线列车停留接续

对于在某区段站通过的跨线列车，为增加跨线列车运行线选择的概率和降低运行选择难度，该列车可以在该区段站进行非停站作业的短暂停留，该情况下的跨线列车非停站作业的运行接续称为跨线列车停留接续，具体表现为跨线列车所选运行线在该区段站的接续时间，该接续时间称为停留接续时间。停留接续时间应限制在一定的范围内，停留时间不能过长。

5. 车-线空间结构协调

车-线空间结构协调是对跨线列车在区间站停站方案与运行线在区间站停站节点设置方案是否一致的描述，若二者一致则称为跨线列车和运行线空间结构协调，简称车-线空间结构协调，否则为车-线空间结构矛盾。

6. 车-线时间特征协调

车-线时间特征协调是对跨线列车在区段站上线和下线的时间域与相应区段运行线出发时间与到达时间是否吻合的描述，若吻合则称为跨线列车与运行线时间特征协调，简称车-线时间特征协调，否则为车-线时间特征矛盾。

5.3 路网跨线列车运行线接续决策优化模型构建

5.3.1 条件假设

1. 路网结构假设

为了便于描述和不失一般性，本节以树状路网结构中最高等级线路的某一方向为研究对象，建立路网跨线列车运行线区域协同接续模型。

2. 单向性假设

为研究方便，本节以树状路网结构中最高等级线路的某一确定方向（下行方向）进行路网跨线列车运行线接续优化。在该研究方向上，将高速铁路沿线所有线路衔接车站（区段站）进行顺序排序，形成一个顺序车站（区段站）集合，且所有区段站都唯一，即线路区段站集合是按照线路研究方向的全序集。

3. 运行线已知性假设

所研究高速铁路线路的列车运行图已经编制（运行线已经铺画），其各运行线的信息（各区段站的发到时刻、停站节点、停站时间等）已知，且不再发生变化。

4. 跨线列车开行方案已知性假设

路网跨线列车开行方案已经确定，即各跨线列车运行径路（跨入、跨出和到达区段站）、停站方案（运行径路中各区段站、区间站停站方案）等具体信息已知，且不再发生变化。

5. 运行线可按区段拆分假设

对于区域网干线编制的周期性列车运行图，无论是采用分区段编制方式，还是采用自起始站至终止站全程编制方式，假设其运行线均可以按照区段予以拆分，拆分后形成各区段相对独立的运行线。跨线列车运行线接续就是在跨线列车的运行径路中选择所经区段的运行线，构成跨线列车在所经线路的完整运行线，形成跨线列车运行图方案。该接续方法不仅适用于运行线全程铺画的列车运行图编制方式，也适用于按大区段或客流区段进行运行线铺画的列车运行图编制方式。

6. 线路区段中的运行线完整性假设

对于高速铁路线路任一区段中的运行线，为了降低问题的复杂性和处理难度，假设其不能进行拆分，各区段的运行线具有完整性和不可拆分性。

7. 跨线列车与运行线速度等级一致性假设

对于各区域网独立铺画的运行线可能存在速度等级的要求，假设某高速铁路线路的跨线列车均可满足列车运行图速度等级的要求。

8. 跨线列车产生与消失车站确定性假设

假设高速铁路跨线列车产生（生成和跨入）与消失（到达和跨出）车站均为线路的区段站，且只能是区段站，区间站不会出现跨线列车产生与消失的现象。

5.3.2 符号说明

1. 集合

K：某高速铁路线路某方向上的线路区段集合，k 为区段的顺序编号，$k \in K$。

S：某高速铁路线路某方向上的区段站的顺序集合。因线路区段为相邻区段站间的线路段落，故对于任一区段 k，其线路衔接车站为 s_k 和 s_{k+1}，k 为区段顺序编号，也可以认为是区段站的顺序编号，$s_k \in S$。

V_k：区段 k 的区间站集合，$v_{u,k} \in V_k$，u 为该区段的区间站顺序编号，如图 5-2 所示。

N_{ij}：由线路区段 i 跨入、到达或从线路区段 j 跨出的跨线列车集合，即从区段站 s_i 跨入、到达或从 s_{j+1} 跨出的跨线列车集合，i、j 反映了跨线列车在线路的运行径路，i、$j \in K$ 且 $i<j$。

L_k：区段 k 的运行线集合，即区段站 s_k 与 s_{k+1} 之间的运行线顺序集合，p 为运行线顺序编号，$p_k \in L_k$。

2. 参数

$t_{p_k}^{\mathrm{f}}$、$t_{p_k}^{\mathrm{d}}$：区段 k 第 p 条运行线的出发、到达时刻，即区段 k 第 p 条运行线在区段站 s_k 出发和在区段站 s_{k+1} 到达时刻，单位为 min。

$t_{p_k}^{q_{k+1}}$：区段 k 第 p 条运行线与区段 $k+1$ 第 q 条运行线的接续时间，即 k 区段第 p 条运行线与区段 $k+1$ 的第 q 条运行线在区段站 s_{k+1} 到达时刻与出发时刻的时间间隔，单位为 min。

M_{s_k}：线路区段站 s_k 接发列车最大能力，单位为列。

$[\mathrm{EF}_{n_{ij}}^i, \mathrm{LF}_{n_{ij}}^i]$：跨线列车 n_{ij} 跨入 i 区段的时间范围，即跨线列车 n_{ij} 在区段站 s_i 的上线时间域，以在 i 区段（s_i 站）出发的时间记，单位为 min。

$[\mathrm{ED}_{n_{ij}}^j, \mathrm{LD}_{n_{ij}}^j]$：跨线列车 n_{ij} 自 j 区段跨出的时间范围，即跨线列车 n_{ij} 在区段站 s_{j+1} 的下线时间域，以到达 j 区段（s_{j+1} 站）的时间记，单位为 min。

$\omega_{n_{ij}}$：跨线列车 n_{ij} 的权重系数，根据其在线路上运行距离或运行区段数量确定，运行的距离越长或所跨区段越多其权重系数越大。

$t_{\mathrm{stop}}^{\min}$、$t_{\mathrm{stop}}^{\max}$：停站接续时间的最小值和最大值，单位为 min。

$t_{\mathrm{contact}}^{\max}$：运行接续时间的最大值，单位为 min。

$t_{\mathrm{peak}}^{\min}$、$t_{\mathrm{peak}}^{\max}$：高峰时段的起止时间，单位为 min。

η_k：区段 k 跨线列车选择的高峰时段运行线占该全区段高峰时段运行线的最大比例，以出发时刻是否在高峰时段确定运行线是否属于高峰运行线。

$\beta_{n_{ij}}^{p_k}$：车-线空间结构协调参变量，即跨线列车在所经区段中的区间停站方案与所选运行线在该区间站停站节点设置方案是否一致的参变量。

$\gamma_{n_{ij}}^{a_i,b_j}$：车-线时间特征协调参变量，即跨线列车在跨入区段和到达或跨出区段的上、下线时间域与在该区段所选运行线的出发、到达时刻是否吻合的参变量。

M：极大数。

3. 决策变量

$$x_{n_{ij}}^{p_k} = \begin{cases} 1, & \text{跨线列车 } n_{ij} \text{ 选择区段 } k \text{ 的第 } p \text{ 条运行线} \\ 0, & \text{其他} \end{cases}, i \leqslant k \leqslant j \quad (5-10)$$

5.3.3 模型建立

1. 目标函数

由 5.3.1 节的假设可知，各区域网的运行线已经铺画，线路中各区段运行线相互独立，且任一区段中的运行线具有完整性。因此，在该情况下，压缩跨线列车所经区段站的运行接续时间可进一步提高跨线列车运行图的质量和服务水平。优化目标可描述为跨线列车在所经区段所选择运行线的接续时间最短。目标函数为

$$\min Z = \sum_{i,j \in K} \sum_{k,k+1 \in K} \sum_{n_{ij} \in N_{ij}} \sum_{q_{k+1} \in L_{k+1}} \sum_{p_k \in L_k} \omega_{n_{ij}} \beta_{n_{ij}}^{p_k} \beta_{n_{ij}}^{q_{k+1}} \gamma_{n_{ij}}^{a_i,b_j} x_{n_{ij}}^{p_k} x_{n_{ij}}^{q_{k+1}} t_{p_k}^{q_{k+1}}, \quad i \leqslant k, k+1 \leqslant j$$

(5-11)

2. 约束条件

1) 跨线列车运行线选择的唯一性约束

路网跨线列车在所经区段选择运行线时，需满足：跨线列车只能在所经区段中选择运行线；任一跨线车在所经的任一区段中能且只能选择一条运行线；任一区段中的任一运行线能且只能被一列跨线列车选择。其约束为

$$\begin{cases} \sum_{p_k \in L_k} x_{n_{ij}}^{p_k} \leqslant 1 \\ \sum_{n_{ij} \in N_{ij}} x_{n_{ij}}^{p_k} = 1 \end{cases} \begin{cases} \sum_{q_{k+1} \in L_{k+1}} x_{n_{ij}}^{q_{k+1}} \leqslant 1 \\ \sum_{n_{ij} \in N_{ij}} x_{n_{ij}}^{q_{k+1}} = 1 \end{cases}, k, i, j \in K, 且 i \leqslant k, k+1 \leqslant j \quad (5-12)$$

2) 跨线列车运行接续时间约束

由 5.2.3 节分析可知，路网跨线列车运行接续可分为两种情况，其一是跨线列车停站接续，停站接续时间应满足旅客乘降需求，必须满足停站时间标准；其二

是跨线列车停留接续，停留接续时间应在一定的时间范围内，列车在站停留时间不能过长。

定义 $\alpha_{n_{ij}}^{s_k}$ 为跨线列车 n_{ij} 在区段站 s_k 是否停站的参变量，则有

$$\alpha_{n_{ij}}^{s_k} = \begin{cases} 1, & \text{跨线列车} n_{ij} \text{在区段站} s_k \text{停站} \\ 0, & \text{跨线列车} n_{ij} \text{在区段站} s_k \text{非停站} \end{cases}, \quad s_k \in S, n_{ij} \in N_{ij} \quad (5\text{-}13)$$

根据以上分析，若 $x_{n_{ij}}^{p_k} y_{n_{ij}}^{q_{k+1}} = 1$，则跨线列车运行接续时间约束为

$$t_{p_k}^{q_{k+1}} = \begin{cases} t_{q_{k+1}}^{\mathrm{f}} - t_{p_k}^{\mathrm{d}}, & t_{\mathrm{stop}}^{\min} \cdot \alpha_{n_{ij}}^{s_{k+1}} \leq t_{q_{k+1}}^{\mathrm{f}} - t_{p_k}^{\mathrm{d}} \leq t_{\mathrm{contact}}^{\max} \cdot (1-\alpha_{n_{ij}}^{s_{k+1}}) + t_{\mathrm{stop}}^{\max} \cdot \alpha_{n_{ij}}^{s_{k+1}} \\ M, & \text{其他} \end{cases} \quad (5\text{-}14)$$

$$n_{ij} \in N_{ij}, p_k \in L_k, q_{k+1} \in L_{k+1}, i、j、k、k+1 \in K, s_{k+1} \in S$$

式（5-14）描述了跨线列车停站和停留两种不同场景下的运行接续时间约束。若列车开行方案中的某一跨线列车需在某一区段站进行停站作业，则跨线列车在该站停留时间应满足停站接续时间标准，即在相邻两个区段所选运行线在相应区段站的接续时间应满足停站接续时间标准，需介于 $t_{\mathrm{stop}}^{\min}$ 和 $t_{\mathrm{stop}}^{\max}$ 之间。若列车开行方案中的某跨线列车在该区段站为通过作业，允许其短暂停留，但其停留时间需满足一定的时间标准，即满足停留接续时间标准，需介于 0 和 $t_{\mathrm{contact}}^{\max}$ 之间。此外，式（5-14）还刻画了跨线列车在相互衔接的线路区段选择运行线的基本条件，即某一研究方向上，跨线列车在某一区段所选运行线的到达时刻应不大于在该区段前续区段所选运行线的出发时刻，或者可以理解为跨线列车在相邻区段所选的运行线在相应区段站的到达时刻不大于出发时刻。需要说明的是，该约束中的参变量并不是决策变量，为已知参变量，列车的开行方案确定后该参变量就随之确定。

3）车-线空间结构协调约束

跨线列车停站方案与所选的运行线停站节点设置方案应协调一致，在式（5-14）中已经对跨线列车在所经区段站的停站接续和停留接续时间问题进行了刻画，柔性满足了停站和通过作业两种情况下的运行接续。但对于跨线列车所经的任一区段，其运行线要保持其完整性，不可进行拆分。因此，对于跨线列车在所经区段中的区间站所选运行线的接续问题不能按照式（5-14）的方法柔性处理。跨线列车所选择的运行线在该区间站的停站节点设置方案应与开行方案中确定的该跨线列车在该区间站的停站方案完全一致，需刚性满足。若二者完全一致，称为车-线空间结构协调；若二者不完全一致，则称为车-线空间结构矛盾。

设 $\mu_{n_{ij}}^{v_{u,k}}$ 为跨线列车 n_{ij} 在区段 k 的 $v_{u,k}$ 区间站是否停站的参变量；$\varpi_{p_k}^{v_{u,k}}$ 为区段 k 的 p_k 运行线是否将 $v_{u,k}$ 区间站设为停站节点的参变量。则有

$$\mu_{n_{ij}}^{v_{u,k}} = \begin{cases} 1, & \text{跨线列车 } n_{ij} \text{ 在区段 } k \text{ 的 } v_{u,k} \text{ 区间站停站} \\ 0, & \text{其他} \end{cases} \quad (5\text{-}15)$$

$$\varpi_{p_k}^{v_{u,k}} = \begin{cases} 1, & \text{区段 } k \text{ 的 } p_k \text{ 运行线将该区段 } v_{u,k} \text{ 区间站设为停站节点} \\ 0, & \text{其他} \end{cases} \quad (5\text{-}16)$$

$\mu_{n_{ij}}^{v_{u,k}}$ 是描述跨线列车在区间站停站方案的参变量，$\varpi_{p_k}^{v_{u,k}}$ 是描述列车运行线在区间站停站节点设置的参变量，均为已知 0-1 参变量。$\mu_{n_{ij}}^{v_{u,k}}$ 和 $\varpi_{p_k}^{v_{u,k}}$ 由列车的开行方案和已编制的列车运行图可以确定。

定义 $\beta_{n_{ij}}^{p_k}$ 为车-线空间结构协调的参变量，则车-线空间结构协调约束可表示为

$$\beta_{n_{ij}}^{p_k} = \begin{cases} 1, & \sum_{v_{u,k} \in V_k} \left| \mu_{n_{ij}}^{v_{u,k}} - \varpi_{p_k}^{v_{u,k}} \right| = 0 \\ M, & \text{其他} \end{cases}, \ n_{ij} \in N_{ij}, k \in K \quad (5\text{-}17)$$

$\beta_{n_{ij}}^{p_k}$ 为车-线空间结构协调参数，即在跨线列车与运行线在相应区间站停站结构是否完全一致的参变量，可通过已知的 $\mu_{n_{ij}}^{v_{u,k}}$ 和 $\varpi_{p_k}^{v_{u,k}}$ 来确定。

4）车-线时间特征协调约束

因天窗作业原因，跨线列车自始发站出发至终点站到达需要限制在一定的时间范围内。因此，跨线列车跨入、跨出或终到某区段站的时间应在一定的时间范围内，即跨线列车上、下线要满足时间域要求。借鉴相关研究成果予以确定，其约束为

$$\gamma_{n_{ij}}^{a_i,b_j} = \begin{cases} 1, & t_{a_i}^{\text{f}} \in [EF_{n_{ij}}^i, LF_{n_{ij}}^i] \text{ 且 } t_{b_j}^{\text{d}} \in [ED_{n_{ij}}^j, LD_{n_{ij}}^j] \\ M, & t_{a_i}^{\text{f}} \notin [EF_{n_{ij}}^i, LF_{n_{ij}}^i] \text{ 或 } t_{b_j}^{\text{d}} \notin [ED_{n_{ij}}^j, LD_{n_{ij}}^j] \end{cases} \quad (5\text{-}18)$$

$$n_{ij} \in N_{ij}, a_i \in L_i, a_j \in L_j, i, j \in K, \text{ 且 } i \leq j$$

5）区段站接续能力的约束

区段站接续能力的约束是指任一区段站在任一时刻列车占用到发线的数量不能超过该车站的到发线数量。本研究中跨线列车运行方案的形成基于其在所经区段站的运行线衔接，区段站会产生列车停站、停留、通过、始发、终到等相关作业。该情况下会造成某个时间段内区段站停站列车数量较多，存在超过区段站接发能力的可能。因此，在跨线列车运行线方案优化确定时，所涉及的区段站到发线运用应在其接发能力范围内。

设二元函数为

$$\varphi(t',t) = \begin{cases} 1, & t'-t \leq 0 \\ 0, & t'-t > 0 \end{cases} \quad (5\text{-}19)$$

对于区段 k 与 $k+1$ 的衔接区段站 s_{k+1}，跨线列车选择运行线时应满足：

$$\sum_{i,j\in K}\sum_{n_{ij}\in N_{ij}}\left[\varphi\left(t_{p_k}^{\mathrm{d}}x_{n_{ij}}^{p_k},t\right)-\varphi\left(t_{q_{k+1}}^{\mathrm{f}}y_{n_{ij}}^{q_{k+1}},t\right)\right]\leqslant M_{s_{k+1}} \quad (5\text{-}20)$$

$$\forall k,k+1\in K$$

6）高峰时段跨线列车运行线选择比约束

对于线路的高峰时段，客流规模大、列车满座率高、经济效益好，本、跨线列车都希望选择此时段开行。在实际运营中存在本、跨线列车争抢高峰"黄金时段"的现象。因此，需要协调本、跨线列车在高峰时段的开行。对高峰时段跨线列车开行数量进行限制是实现本、跨线列车在高峰时段协调开行的简单且有效的手段。本节以各区段中运行线出发时刻是否落在高峰时段范围为依据，落在该时段范围为高峰时段运行线，否则为非高峰时段运行线。设 ψ_{p_k} 为区段 k 第 p 条运行线是否为高峰时段运行线的 0-1 参变量，该参变量可通过已经铺画的运行线予以确定，则有

$$\psi_{p_k}=\begin{cases}1, & t_{p_k}^{\mathrm{f}}\in\left[t_{\mathrm{peak}}^{\min},t_{\mathrm{peak}}^{\max}\right]\\ 0, & t_{p_k}^{\mathrm{f}}\notin\left[t_{\mathrm{peak}}^{\min},t_{\mathrm{peak}}^{\max}\right]\end{cases} \quad (5\text{-}21)$$

高峰时段 k 区段跨线列车运行线选择比约束为

$$\frac{\sum_{i,j\in K}\sum_{n_{ij}\in N_{ij}}\left[\psi\left(t_{p_k}^{\mathrm{f}}\right)\cdot x_{n_{ij}}^{p_k}\right]}{\sum_{p_k\in L_k}\left[\psi\left(t_{p_k}^{\mathrm{f}}\right)\right]}\leqslant\eta_k \quad (5\text{-}22)$$

$$i、j、k\in K,i\leqslant k<j$$

5.4 模 型 求 解

5.4.1 模型特点

对于本模型，虽借鉴了直通货物列车运行线选择的思想，但与直通货物列车运行线选择有巨大的差别，其难度和复杂程度远大于直通货物列车运行线的选择，本模型的基本特点如下。

1. 环境设置复杂

本模型环境设置较为复杂，既有跨线列车运行径路不同的环境，也有某一线路衔接多条线路的环境，更加符合运输组织和路网实际，但使问题的描述、求解、模型建立难度增加和影响因素增多。

2. 单目标函数复杂

优化目标与既有直通货物列车运行线选择较为相似,但该目标涉及车-线空间结构协调、车-线时间特性协调、接续时间、0-1 决策、列车权重等数量众多的参变量、变量和决策变量,目标函数较为复杂。

3. 约束条件复杂

除具有既有直通货物列车运行线优化选择的基本约束外,本模型结合实际运行组织中跨线列车上、下线时间域的实际要求给出了车-线时间特征协调约束;结合跨线列车在区段间运行线接续实质的不同,给出了跨线列车停站接续和运行接续时间约束;结合实际运输组织中跨线列车停站方案与运行线停站节点设置的匹配要求给出了车-线空间结构协调约束;结合各车站节点的能力限制,给出了区段站接续能力约束等。虽然约束的增加会进一步增加求解难度,但这些约束更能体现运输组织的实际需求,更能贴近实际,解决实际问题。

5.4.2 遗传优化算法设计

遗传算法是用于求解最优化问题的一种搜索启发式算法,其特点是同时处理群体中的多个个体,即运用适应度函数值来评估个体,在此基础上进行遗传操作,包括复制、交叉、变异操作进行全局的概率搜索算法。此方法难以找到最优解,但通常通过算法设计可以得到足够好的近似解。跨线列车运行线优化选择模型属于非线性混合整数规划模型,传统的求解软件,如 LINGO、CPLEX 较难高效地求出其最优解。因此,本节根据模型特点,设计了一种改进的遗传优化算法进行求解。

1. 编码

列车运行线接续问题是一个组合优化的问题,需要将各区段运行线按照一定约束组合为一条完整的列车运行线,使各跨线列车所选择的运行线在所涉及的区段站总接续时间最短。根据该模型的特点,本遗传算法设计中的编码采用了 MATLAB 中特有的元胞数组形式。其中,元胞矩阵的每一列代表路网中的某个区段,每一行代表需要在区段内选择运行线的某个跨线列车,而元胞矩阵中各元胞内的 0-1 数组表示各跨线列车在各区段的运行线选择方案,即数组内的 0 元素表示跨线列车在该区段不选某条运行线,1 元素表示列车在该区段选择某条运行线。因该编码为实数性编码,通过读取所计算出的个体信息,即可转化为决策优化方案,省去了编码解码过程。

编码后产生的个体如图 5-3 所示,其中 t_n 表示第 n 个列车,Q_m 表示第 m 个区段,$\{l_m^1, l_m^2, K, l_m^{q_m}\}$ 表示各跨线列车在每个区段的选线方案。

$$\begin{array}{c} \begin{array}{cccc} Q_1 & Q_2 & \cdots & Q_m \end{array} \\ \begin{array}{c} t_1 \\ t_2 \\ \vdots \\ t_n \end{array}\left[\begin{array}{cccc} \{l_1^1 l_1^2 \cdots l_1^{q_1}\} & \{l_2^1 l_2^2 \cdots l_2^{q_2}\} & \cdots & \{l_m^1 l_m^m \cdots l_m^{q_m}\} \\ \{l_1^1 l_1^2 \cdots l_1^{q_1}\} & \{l_2^1 l_2^2 \cdots l_2^{q_2}\} & \cdots & \{l_m^1 l_m^m \cdots l_m^{q_m}\} \\ \vdots & \vdots & \vdots & \vdots \\ \{l_1^1 l_1^2 \cdots l_1^{q_1}\} & \{l_2^1 l_2^2 \cdots l_2^{q_2}\} & \cdots & \{l_m^1 l_m^m \cdots l_m^{q_m}\} \end{array}\right] \end{array}$$

图 5-3 编码个体示意图

其可行解生成过程如下。

数据预处理：在产生个体之前，首先需要对实际的数据进行预处理。将跨线列车的停站方案和跨入、跨出时间域与区段内所有运行线的停站节点设置方案和到发时间进行对比，筛选出可供跨线列车选择的运行线，从而减少算法中需要判定的约束条件的个数，降低计算难度。

个体产生：在产生个体时，为保证一列跨线列车在一个区段内能且只能选择一条运行线，元胞矩阵中各元胞内的 0-1 数组最多只能出现一个 1 元素，代表该区段内某一跨线列车的运行线选择方案。而对于从衔接线路跨入本线路的跨线列车，则该列车只需要从其跨入的区段开始选择运行线，直至跨出或终到。对于本线路中非该跨线列车运行径路的区段，该跨线列车不进行运行线选择，该跨线列车为未进行运行线选择的区段所对应的 0-1 数组全部用 0 元素来表示。

约束处理：为保证产生的个体具备可行性，需在个体产生时对相关的约束条件进行判定，对不满足约束条件的个体则需要进行删除或修正，具体处理如下。

（1）跨线列车运行线选择的唯一性约束处理：对于某一区段，若路网跨线列车在该区段选择了运行线，则记录其所选运行线的编号。当后续列车在该区段选择运行线时，将其所选运行线的编号与前续列车所选运行线的编号进行对比与检查，若该车所选运行线编号与前续列车所选运行线编号相同，则取消该车所选运行线的方案，直至生成与前续列车所选运行线编号不同的方案，从而满足约束要求。

（2）跨线列车运行接续时间约束处理：因本模型的决策优化目标跨线列车运行线接续时间最短，与该约束相契合。因此，本算法将该约束松弛化，即对于在某车站通过或停站的跨线列车，不需要设置接续时间上限，列车的接续时间可无限延长，从而降低个体在产生时的不合格率。但是，对于跨线列车在站停站时间的下限，仍需进行判定，若停站时间过短则无法满足相关技术标准，本算法采用将该列车在该站所选择出发运行线顺延一条的方法处理，从而满足约束要求。

（3）车-线空间结构协调约束处理：该约束在本节前面数据预处理中已经进行了处理，故不再赘述。

（4）车-线时间特征协调约束处理：本算法在对个体编码时，采用对每一列跨线列车在跨入区段和跨出区段所选运行线的发、到时刻时间范围进行限制的方法予以处理,即元胞矩阵第一列与最后一列中的 1 元素只能在指定时间范围内生成,若某一元胞内的 1 元素生成在指定时间范围之外,则验证不予通过,取消本次运行线选择方案,并重新在该元胞其他位置生成 1 元素,直至验证通过,从而满足约束要求。

（5）区段站接续能力约束处理：本算法采用在个体产生后对各车站的最大到发线使用数量进行计算与验证的方法予以处理。若计算结果满足车站的接续能力,则保留相关个体；若计算结果无法全部满足车站的实际接续能力,则将该个体视为不合格,并予以删除。

（6）高峰时段跨线列车运行线选择比约束处理：本算法在对个体进行编码时,采用对各站高峰时段运行线的可选数量予以限制的方法进行处理,即对元胞矩阵各个元胞内高峰时段 1 元素的生成数量进行限制,若高峰时段 1 元素的数量已达上限,则在后续的运行线选择中该时段将无法再生成 1 元素。

2. 求解过程

算法求解示意图如图 5-4 所示,在计算适应度函数之前,会进行个体约束检查,并对不符合约束的个体进行调整或惩罚,使得所有的初始个体都具备可行性。求解过程简述如下。

步骤 1：设置最大进化代数 MAX。根据约束,以元胞矩阵的形式产生 pop 个初始种群。

步骤 2：根据产生的初始种群,读取初始个体中元素 1 的位置对应的该条运行线的到达时刻,以及相邻下一个区段该列车选择的运行线的出发时刻。出发时刻与到达时刻的差值即为该列车在这两个相邻区段的接续时间。若其中某列车在线路中的某个区段跨入,则该跨线列车在本区段与前续区段（以研究方向或者列车运行方向为参照,前续区段是指该区段的上一区段,后续区段是指该区段的下一区段）运行线接续时间为 0。

步骤 3：计算每个个体的适应度函数值,对于不满足约束的个体,在其算出的适应度函数值中增加惩罚值。

步骤 4：使用随机竞争选择策略选择个体,并对选择的个体进行交叉、变异操作,按交叉率 P_c 进行多点交叉,按变异率 P_m 进行基本位变异,对于交叉过后不满足约束的个体,则在该个体原有适应度函数中增加惩罚值,增大其在后续操作中被淘汰的概率。

步骤 5：采用精英保留策略,从当前种群中选择部分优良的个体,不需要通过交叉变异环节直接放入下一代的种群中。

步骤 6：若种群的最大进化代数未达到 MAX,转至步骤 2；否则,以进化过程中求得的具有最大适应度个体所对应的跨线列车运行线选择方案为最优方案。

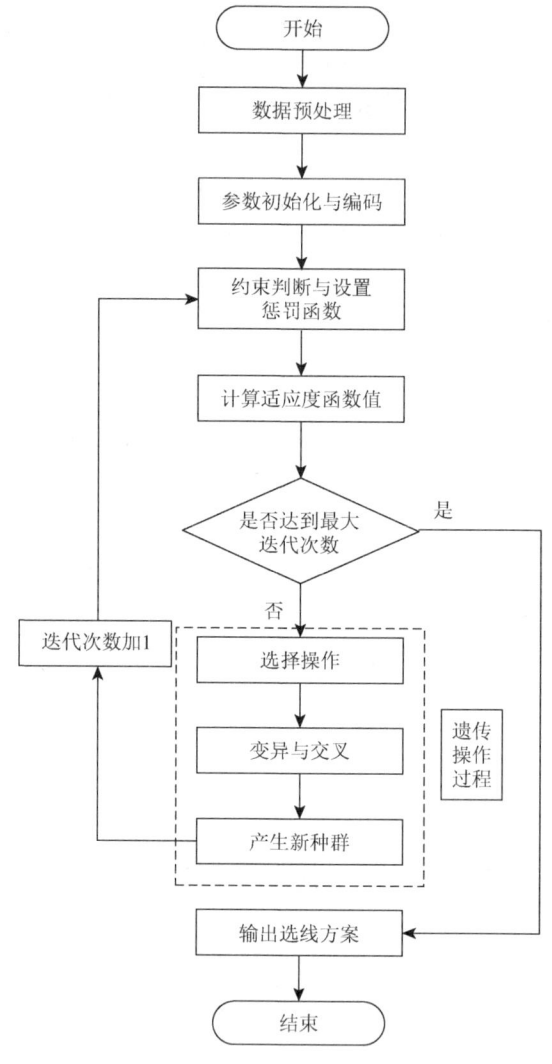

图 5-4 优化算法流程图

3. 算子设计

遗传算法通过选择算子、交叉算子和变异算子等 3 个算子对种群个体进行遗传操作。

1）选择算子

遗传算法以"优胜劣汰，适者生存"为原则，根据每个个体的适应度值进行选择，适应度值较大的个体被保留下来的概率大，适应度值较小的个体被保留下来的概率小。本节运用了随机竞争选择策略，即每次按轮盘赌选择一对个体，然后让这两个个体进行竞争，适应度值大的被选中，如此反复，直到选满为止。

2）交叉算子

通过交叉操作，可以增加种群多样性。为防止所得解陷入局部最优，本节将两个个体中某一列或几列车在所经区段的选线方案进行交换，实现交叉操作。为确保个体的可行性，交叉后若个体不满足唯一性约束，则取消此次交叉，重新选择两个个体进行交叉操作，直至交叉出满足该约束的个体。产生的个体再对其他的约束进行判定，对不满足约束的个体设置惩罚值进行惩罚。交叉操作原理如图 5-5 所示。

图 5-5 交叉操作示意图

图 5-5 中左侧部分表示种群中被任意选择的两个个体，代表两种跨线列车选线方案，$n_1, n_2, n_3, \cdots, n_m$ 表示个体染色体上有 m 个等位基因，代表该个体中 m 个跨线列车在各区段的选线方案。在两个个体的染色体中随机选择多个等位基因进行交换得到两个新的子代个体，从而实现个体染色体间的交叉操作，新个体如图 5-5 右侧部分所示。

3）变异算子

变异算子是为防止算法的过早收敛，通过对个体少数基因位进行变异，避免算法中的早熟现象。针对本章的列车运行线接续问题，变异算子即为个体内部列车选择运行线发生改变，在本次算法设计中，将一个个体内任意一列跨线列车在任意一个区段内的选线位置进行随机的改变，从而实现算法设计中的变异操作。

5.5 模型路网性推广

5.5.1 直线型路网结构

由 5.2.2 节知，高速铁路线路不同方向的列车相互不会产生干扰。因此，对直线型高速铁路路网结构（即若干条线路直线连接）研究时，只需要针对某一个方向进行描述即可，反方向可用同样的方法实现。直线型路网结构如图 5-6 所示。

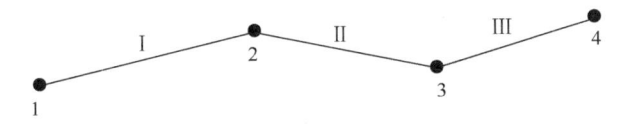

图 5-6 直线型路网结构示意图

因直线型网络中各线的方向具有一致性，对直线型路网结构处理方法相对简单。在确定直线型网络某方向作为研究对象后，可有以下三种处理方法：

（1）将直线型路网作为一条线路进行研究，路网中相互衔接的各线是该线路的组成部分，每一条线路可以看成该线路的一个线路区段，区段的定义见5.2.3节。需要说明的是，该情况下除首线路的起点站和尾线路的终点站外，其他线路的起点站和终点站都看成线路的区段站。若将该直线型路网看成一条线路，实际中的跨线列车跨入和跨出节点都在该线路内，理论上已经不存在跨线列车的问题。这些列车可以在研究方向上，按照本章建立的模型，为跨线列车在各区段优化选择运行线即可，从而形成跨线列车运行图方案。该方向跨线列车运行图方案编制后，再对另外一个方向进行研究，方法相同。通过该处理，运用路网跨线列车运行线区域协同接续模型，优化确定直线型路网跨线列车运行线方案，形成直线型路网跨线列车运行图方案。

（2）将直线型路网看成若干条线路进行研究，只是这些线路首尾相连，且方向相同。先以一个方向进行研究，按照本章所建模型沿此方向依次进行跨线列车的运行线选择，优化确定该方向跨线列车与运行线方案，编制该方向的跨线列车运行图方案。而后，同理对另一个方向进行研究，确定该方向的跨线列车运行图方案，进而形成直线型路网跨线列车运行图方案。

（3）将直线型路网看成若干条先后衔接的线路进行研究，且对线路进行等级划分，确定跨线列车运行线选择的线路优先级顺序。一般而言，跨线列车运行线选择遵循能力松弛就能力紧张、支线就干线的基本原则，即跨线列车优先在能力紧张线路选择运行线，而后在能力松弛线路选择运行线；优先在路网中的干线线路选择运行线，而后在路网中的支线线路选择运行线。先以最高等级线路的某一方向为研究对象，运用路网跨线列车运行线区域协同接续模型，优化确定该线路该方向的跨线列车与运行线方案，编制该方向跨线列车运行图方案；而后以另一方向作为研究对象，按照同样方法编制另一方向的跨线列车运行图方案，从而形成该线路的跨线列车运行图方案。同理，按照线路的优先级顺序依次进行跨线列车的运行线优化选择，形成直线型路网的跨线列车运行图方案。需要注意的是，在进行低等级线路的跨线列车运行线优化选择研究时，要考虑高等级线路对其的影响和约束。

线路等级划分的影响因素有多种，主要有线路能力情况、线路结构特性、线路技术等级、线路速度等级标准、线路长度等，线路等级划分时要综合考虑相关影响因素，合理确定线路的等级。鉴于本章的研究重点，线路等级划分问题不进行具体讨论。

由于路网中各线路的能力紧张程度等有差异，对能力紧张线路跨线列车运行线选择和接续难度相对较大，可调整余地相对较小。因此，本章对直线型路网跨线列车运行线优化选择推荐采用方法（3）。

5.5.2 树状路网结构

对于树状带分歧方向的高速铁路路网结构，可在线路分歧段的衔接车站处将整个路网划分为若干个直线型的线路。如图 5-7 所示，可在分歧段的衔接节点区段站 B 和 C 处将线路划分为 AB、BD、BE 三部分，或者 AC、CD、BE 三部分，还可以分割为 AB、BC、CD 和 BE 四部分。可见，树状结构的路网可以分割为简单的直线型路网。不同的是，直线型路网结构中，不需要考察或处理两个不同方向的跨线列车，但在树状路网结构中存在此情况，且必须进行处理。此外，鉴于树状路网结构的复杂性和跨线列车方向别的冲突性，需要对路网中的相关线路确定优先级，按照一定的顺序，采用逐步递进、分层次实现的方法求解。因此，需要解决以下两个问题。

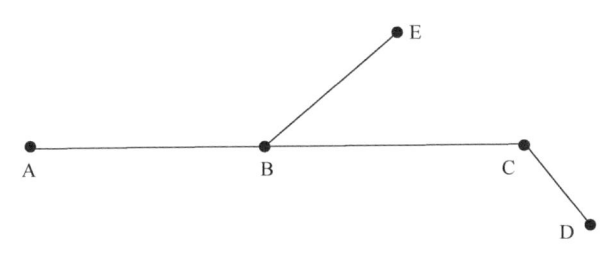

图 5-7 树状路网结构示意图

1. 跨线列车运行线选择时线路顺序的处理

不同于直线型路网结构，树状路网结构相对复杂。该路网结构下，跨线列车运行线的选择需要按照一定规则和顺序进行，否则会造成混乱和冲突。因此，需要对路网中的线路确定优先级顺序。与直线型路网结构（3）的分析类似，总体按能力松弛就能力紧张、支线就干线的原则确定线路优先级，一般按先"树干"后"树枝"、先粗壮"树枝"后羸弱"树枝"的顺序进行。在确定线路等级后，依次对路网中的各线路进行跨线列车的运行线优化选择，优化确定路网跨线列车运行线方案，形成路网跨线列车运行图方案。需要说明的是，因受到高等级线路跨线列车运行线优化选择的影响，等级越低的线路跨线列车运行线优化选择时受到的影响和约束越大，跨线列车运行线优化选择的空间越小。但等级越低的线路其能力越松弛，其调整的空间越大，等级高的线路对其影响和约束会变小，跨线列车在等级低的线路选择运行线的难度未必大。

2. 跨线列车运行线选择时不同方向别的跨线列车处理

无论是对一条线路还是路网，在方向别上，只能以上、下行两个方向加以刻画，往往需要对两个方向进行统一考虑。如图 5-7 所示，对于 AC 线路，需要考虑由区段站 B 跨入的上、下行列车，同时要考虑由区段站 C 跨入的某一方向列车，这样就使问题复杂化，且难以描述，甚至无法求解。为便于描述和实现问题的求解，对于树状路网中的某一线路，与直线型路网相同，先对线路的某一方向进行研究。如图 5-7 中的 AC 线路，首先以 A→C 方向作为研究对象。对于 AC 线路，由区段站 B 跨入的跨线列车包含两个方向，即 B→C 和 B→A 方向，因为 B→A 方向与研究方向不一致，所以本阶段不予考虑，只对由区段站 B 跨入的且沿 B→C 方向运行的跨线列车进行研究。类似地，由区段站 C 跨入的列车也不在该阶段进行研究。因高速铁路不同方向的列车间相互没有干扰，对某一线路分方向别进行研究可使问题简单化，问题的描述和求解变得可行。按照直线型路网结构中（3）的方法，运用路网跨线列车运行线区域协同接续模型优化确定路网跨线列车运行线方案，编制该线路该方向的路网跨线列车运行图方案。而后，依次递进，编制下一线路的跨线列车运行图方案。待树状路网中各线路的某一方向的跨线列车运行线方案形成后，再按照优先级顺序对另一方向进行研究，研究方法相同。通过路网的分解、按照优先级分方向别研究的方法可以实现树状路网跨线列车运行线方案的优化确定，形成整个树状路网不同方向的跨线列车运行图方案。

由上述分析可知，通过对树状路网的分解和分方向别研究的技术处理，可以解决路网中跨线列车由于运行方向的差异所产生的难以描述和求解的问题。该处理虽存在某一线路的某一方向的跨线列车未被同时处理的情况，但并没有遗漏。例如，图 5-7 中自 EB 线路跨入 AC 线路的跨线列车，在对 A→C 线路 A→C 方向进行研究时，只将来自 EB 线路中 B→C 方向的跨线列车进行了研究，忽略了来自 EB 线路中 B→A 方向的跨线列车。但在对 AC 线路 C→A 方向进行研究时，不仅包括了来自 DC 线路 C→A 方向的跨线列车，还包括了来自 EB 线路中 B→A 方向的跨线列车。因此，对线路分方向别研究能包括路网中的所有跨线列车和所有线路，且使问题变得简单。路网中线路等级划分和分方向别的处理方法可以实现路网跨线列车运行线区域协同接续模型在树状路网结构中的应用，从而优化确定路网跨线列车运行线的方案，编制路网跨线列车运行图方案。此外，对于路网中的任一线路，可将该线路按照线路衔接节点划分为若干区段，跨线列车通过在各区段选择运行线而形成该线的跨线列车运行图方案。

5.5.3 网状路网结构

对于网状的高速铁路路网结构，如图 5-8 所示，与树状路网结构相似，也可以从分歧处将其拆分为 DAB、BD、DCB 三个直线型结构段，或者拆分为 AB、BC、CD、DA、BD 五个直线型结构段，均可以分别实现区段站的顺序编号，而后采用与树状路网结构类似的处理方法，即可优化确定路网跨线列车运行线方案，形成网状路网结构的跨线列车运行图方案。

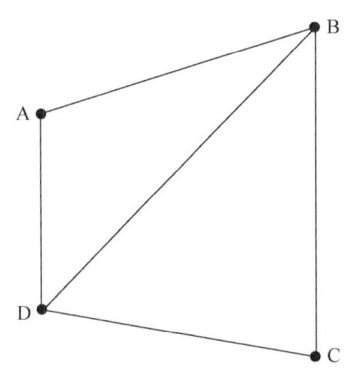

图 5-8　网状路网结构示意图

由以上分析可知，直线型路网结构相对简单，运用路网跨线列车运行线区域协同接续模型可以实现问题的求解，形成路网跨线列车运行图。树状路网结构和网状路网结构相对复杂，但通过路网的分割可以转化为相对简单的直线型路网结构予以处理。树状路网和网状路网分割为直线型路网后需对各线进行等级划分，确定跨线列车运行线选择时的线路优先级；确定线路等级后，对每一线路按照某一方向进行研究，跨线列车按照线路等级顺序依次在相关线路进行运行线选择，遍历路网中的所有线路；而后对另一方向按照此方法进行研究，优化确定路网跨线列车运行线方案，形成路网跨线列车运行图方案。

通过以上方法，可以将相对复杂的路网结构转化为相对简单的直线型路网结构，在对各线分方向别研究时，跨线列车运行线区域协同接续模型同样适用。只是对于等级低的线路，除模型中既有的约束条件外，还要受上一等级线路跨线列车运行线选择的影响，约束进一步增强。可以看出，跨线列车运行线优化选择模型适用于不同的路网结构，只是在运用时需结合路网结构进一步完善。

第6章 区域内跨线列车运行线选择优化技术

在实现路网跨线列车运行线区域协调接续后,需进一步进行区域内跨线列车运行线选择优化,编制区域内跨线列车运行图。对于区域内跨线列车,若其只运行于区域网干线,则仅涉及区域网干线运行线的优化选择问题;若其既运行于干线又运行于支线,则会同时涉及区域网干线运行线的优化选择和区域网支线运行线的合理铺画问题。本章重点研究区域内跨干线运行的跨线列车运行图优化编制技术。

区域内跨线列车运行线选择优化,即在区域网干线周期性列车运行图上为跨线列车在区域内部运行部分选取合适的运行线。以区域网干线周期性列车运行图为基本框架,以跨线列车区域内运行段和已完成路网跨线列车运行线接续优化的周期性列车运行图为研究对象,优化确定区域内跨线列车运行线,编制区域内跨线列车运行图,实现区域网列车运行图的优化编制。

6.1 区域内跨线列车运行线选择优化问题分析

针对基于区域协同的高速铁路列车运行图编制模式,基于编制完成的路网跨线列车运行线接续优化的区域内干线满能力周期性列车运行图,研究区域内跨线列车运行线布局优化问题,就其核心技术——运行线选择问题建立模型、设计算法展开深入研究。

区域内跨线列车运行线的选取优化方法可以看成一个网络流问题,其具备三个核心要素:动车组、运行线、车次,研究的核心内容在于选取若干条运行线形成一个跨线列车车次,并选取一列动车组分担该车次[31]。

6.2 区域内跨线列车运行线选择优化技术模型构建

6.2.1 问题描述及参数定义

1. 问题假设

将高速铁路跨线列车布局问题抽象化为一个网络流模型,首先对模型进行如下假设:

(1)本次研究仅探讨跨线方式发生于区段首尾两侧的情况,若区段中仍包含少量跨线衔接节点,宜考虑是否可以将该区段划分为更小的两个区段,以保证区段内部不存在跨线衔接节点,从而简化模型复杂程度。

（2）假设各跨线衔接站均配备有动车所，亦即忽略动车组的回送时间；且其均配有动车组检修基地，能够完成日检修工作。同时，规定由某一动车所发出的动车组必须回到该动车所进行检修，不考虑其异地检修的情形。

（3）由于在列车运行图编制过程中已考虑点、线能力的匹配问题，在选线过程中假设车站能力等能力因素最大化，不考虑能力对运行线选择的制约。

（4）假设各区段编制的基本列车运行图均为成对列车运行图。

（5）假设本节研究过程中动车组运行处于理想状态，即在动车组运行过程中不会发生故障，则在选线过程中可以不考虑热备动车组数目。

（6）规定本节研究中仅采用同种型号的动车组，即一列动车组可以担当周期内的任一车次，车次对动车组编组没有特别要求。同时，假设动车组担当车次的过程中不进行重联、分界等技术作业，简化模型的变量范围。

2. 问题描述

本问题首先建立在各个高速铁路区段均能够独立编制规格化列车运行图的背景下，选取若干区段内的运行线使之能够结合成为一列车次，满足列车开行径路、对数、始发终到时间范围等要求；同时，组合若干车次使之形成动车组交路，在满足上述要求的条件下尽可能地优化动车组的运用。该问题不同于一般的选线问题，由于运行线具有上、下行两个方向，且不同方向的运行线无法组成一列车次，在讨论问题时应将运行线集合进行分类讨论，这将在一定程度上增加模型构建的复杂程度。

基于以上假设，建立由 n_S 个客运节点及 n_S-1 条高速铁路组成的列车运行线选取模型，如图 6-1～图 6-3 所示。

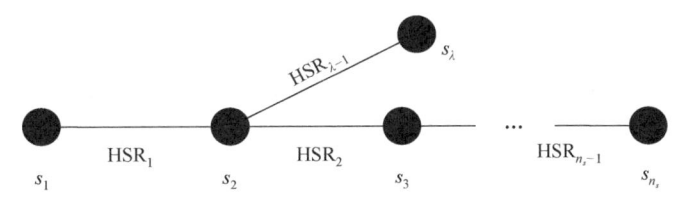

图 6-1　高速铁路衔接方案示意图

图 6-1 显示了一种简单的高速铁路跨线衔接：n_S-1 条高速铁路线路自 s_2 站被分为两支，一支终到 s_{n_S} 站，将各高速铁路区段编制的列车运行图进行拼接得到图 6-2；另一支终到 s_λ 站，将各高速铁路区段编制的列车运行图进行拼接得到图 6-3。由于 HSR$_1$ 线同时衔接 HSR$_2$ 线与 HSR$_{\lambda-1}$ 线，当在图 6-2 中 HSR$_1$ 区段内选取一条列车运行线时，图 6-3 中 HSR$_1$ 区段内的相同运行线同样会被选取。实际的高速铁路复杂路网结构可以将其视为由若干个带一条衔接线路的结构相互拼接而

成,其运行线之间的联系更为紧密,模型的复杂度也将大幅提升。故在本节的讨论中,仅针对带一条衔接线路的情形进行分析。

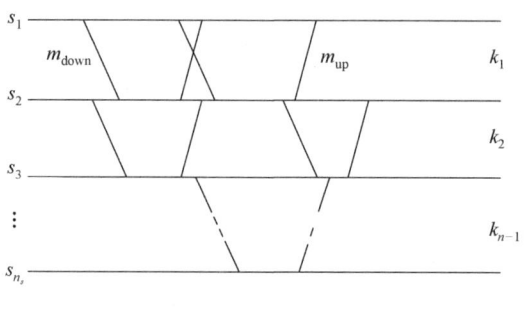

图 6-2　高速铁路运行线选取示意图(1)

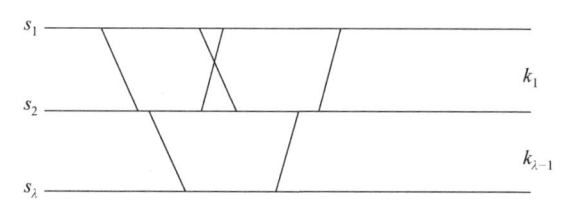

图 6-3　高速铁路运行线选取示意图(2)

3. 参数定义

对于本节建立的抽象网络流模型,定义以下若干参数:

(1) 客运节点集合 $S = \{s_1, s_2, \cdots, s_i, \cdots, s_{n_S}\}$,其中 n_S 代表客运节点的数量,设 s 为客运节点的索引。

(2) 高速铁路线路区段集合 $K = \{k_1, k_2, \cdots, k_{i-1}, \cdots, k_{n_S-1}\}$,一般情况下,$k_{i-1}$ 对应相邻客运节点 s_{i-1} 与 s_i 之间所包含的区段;也可能存在类似 $k_{\lambda-1}$ 对应相邻客运节点 s_2 与 s_λ 的特殊情形。设 k 为区段的索引。

(3) 运行线集合 $M = \{m_1, m_2, \cdots, m_{n_M}\}$,其中 n_M 代表所有区段共包含的运行线总数,设 m 为运行线的索引。此处为使后面表述更为简洁明了,将运行线集合沿上、下行不同方向分为两个子集:$M = \{M_{up}, M_{down}\}$,已知 $M_{up} = \{m_{up1}, m_{up2}, \cdots, m_{n_{M_{up}}}\}$、$M_{down} = \{m_{down1}, m_{down2}, \cdots, m_{n_{M_{down}}}\}$,其中 $n_{M_{up}}$、$n_{M_{down}}$ 分别代表所有区段共包含的上、下行运行线总数,设置 m_{up}、m_{down} 分别为上、下行运行线的索引。

(4) 动车组集合 $E = \{e_1, e_2, \cdots, e_{n_E}\}$,其中 n_E 代表动车组的数量,设 e 为动车组的索引。

(5) 列车车次集合 $N = \{n_1, n_2, \cdots, n_{n_N}\}$,其中 n_N 代表列车车次的数量。车次集

合按列车开行方案的不同又可划分为若干子集 $N = \{N_{s_1s_n}, \cdots, N_{s_is_j}, \cdots, N_{s_1s_\lambda}\}$。设 n 为列车车次的索引。

（6）对于任一运行线，其具有固定属性：区段发车时刻 t_m^d、区段到达时刻 t_m^a、区段起始站 s_m^d、区段终到站 s_m^a、运行里程 L_m(km) 及运行时间 T_m(min)。

（7）相同地，对于任一列车车次，其具有固定属性：列车始发时刻 t_n^d、列车终到时刻 t_n^a、列车始发站 s_n^d、列车终到站 s_n^a。显然地，s_m^d、s_m^a、s_n^d、$s_n^a \in S$。

（8）为了明确列车车次与运行区段的对应关系，将运行区段集合 K 根据列车车次开行方案的差异划分为不同子集的并集：$K_{n1} \cup K_{n2} \cup \cdots \cup K_{ni} \subseteq K$，其中 i 代表不同列车开行方案的种类。如图 6-1 所示，假设其中两列跨线列车（可理解为跨线列车车次）n_1、n_2，其中 n_1 自 s_1 站始发终到 s_3 站，n_2 自 s_1 站始发终到 s_λ 站，则可得列车 n_1 运行经过的区间集合 $K_{n1} = \{k_1, k_2\}$，列车 n_2 运行经过的区间集合 $K_{n2} = \{k_1, k_{\lambda-1}\}$。

明确车次运行径路与区段间的对应关系有助于简化模型表达，并使得运行线选取模型与列车开行方案之间的联系得以直观展现。

（9）不同区段同向运行线的接续时间矩阵集合：

$CA_N = \{CA_N^{k_1k_2}, CA_N^{k_1k_3}, \cdots, CA_N^{k_ik_j}, \cdots, CA_N^{k_{n(S)-1}k_{n(S)}}\}$，对于其中的每一个子集 $CA_N^{k_ik_j}$ 代表区段 k_i 与区段 k_j 同向运行线的接续矩阵集合。将该接续时间矩阵集合以上、下行再度划分为两个子集 $CA_N^{k_ik_j} = \{CA_{Nup}^{k_ik_j}, CA_{Ndown}^{k_ik_j}\}$。

以上行方向为例，令区段 k_i 内的上行运行线集合为 $M_{up}^{k(i)} = \{m_{up1}^{k(i)}, m_{up2}^{k(i)}, \cdots, m_{up,m'}^{k(i)}\}$，其中 m' 代表该区段共有上行运行线的条数；

区段 k_j 内的上行运行线集合为 $M_{up}^{k(j)} = \{m_{up1}^{k(j)}, m_{up2}^{up}, \cdots, m_{up,m''}^{up}\}$，其中有 m'' 代表该区段共有上行运行线的条数，则可得到区段 k_i、k_j 间上行方向列车接续时间矩阵：

$$CA_{Nup}^{k_ik_j} = \begin{pmatrix} t_{up11}^{k(i),k(j),N} & t_{up12}^{k(i),k(j),N} & \cdots & t_{up1m''}^{k(i),k(j),N} \\ t_{up21}^{k(i),k(j),N} & t_{up22}^{k(i),k(j),N} & \cdots & t_{up2m''}^{k(i),k(j),N} \\ \cdots & \cdots & t_{upi'j'}^{k(i),k(j),N} & \cdots \\ t_{upm'1}^{k(i),k(j),N} & t_{upm'2}^{k(i),k(j),N} & \cdots & t_{upm'm''}^{k(i),k(j),N} \end{pmatrix} \quad (6-1)$$

其中，若区段 k_i、k_j 相邻，此处假定其衔接站为 s_{cross} ($s_{cross} \in S$)，则 $t_{upi'j'}^{k(i),k(j),N}$ 代表区段 k_i 内的第 i' 条运行线与区段 k_j 内的第 j' 条运行线在衔接站 s_{cross} 处的接续时间；若区段 k_i、k_j 不相邻，则令接续矩阵中 $CA_{Nup}^{k_ik_j}$ 中的所有元素 $t_{upi'j'}^{k(i),k(j),N}$ 的值赋 $+\infty$。

同理可得下行方向列车接续时间矩阵。

设 $t_{i'j'}^{N,kk'}$ 为列车车次接续时间的索引（字母 N 主要为了与下面动车组顺向接续时间矩阵进行区分）。

（10）动车组的接续时间矩阵集合 $CA_E = \{CA_E^{k_1k_2}, CA_E^{k_1k_3}, \cdots, CA_E^{k_ik_j}, \cdots, CA_E^{k_{n(S)-1}k_{n(S)}}\}$，对于其中的每一个子集 $CA_E^{k_ik_j}$ 代表区段 k_i 与区段 k_j 间运行线的接续时间矩阵集合。由于动车组接续分为顺向接续和逆向接续，可将 $CA_E^{k_ik_j}$ 划分为两个子集 $CA_E^{k_ik_j} = \{CA_{Efor}^{k_ik_j}, CA_{Eback}^{k_ik_j}\}$。

其中，动车组顺向接续时间矩阵 $CA_{Efor}^{k_ik_j}$ 等价于车次接续矩阵 $CA_N^{k_ik_j}$，区别在于矩阵内部的时间变量为 $t_{\text{up}i'j'}^{k(i),k(j),Efor}$ 及 $t_{\text{down}i'j'}^{k(i),k(j),Efor}$，其虽然也代表区段 k_i 内的第 i' 条运行线与区段 k_j 内的第 j' 条运行线在节点 s_{cross} 处的接续时间，但前后两条运行线已不再属于同一车次，只是由同一列动车组继续担当。

而对于动车组逆向接续时间矩阵 $CA_{Eback}^{k_ik_j}$，由于动车组逆向接续必定发生在同一区间，即有 $k_i = k_j$，则其可简化为 $CA_{Eback}^{k_i}$。逆向接续亦可分为两种情形，即先上行后下行的接续及先下行后上行的接续，则其可分为两个子集 $CA_{Eback}^{k_i} = \{CA_{Ebackud}^{k_i}, CA_{Ebackdu}^{k_i}\}$，结合第（9）条的研究结论，给出接续时间矩阵 $CA_{Ebackud}^{k_i}$，如式（6-2）所示：

$$CA_{Ebackud}^{k_i} = \begin{pmatrix} t_{11}^{k(i),Ebackud} & t_{12}^{k(i),Ebackud} & \cdots & t_{1m''}^{k(i),Ebackud} \\ t_{21}^{k(i),Ebackud} & t_{22}^{k(i),Ebackud} & \cdots & t_{2m''}^{k(i),Ebackud} \\ \cdots & \cdots & t_{i'j'}^{k(i),Ebackud} & \cdots \\ t_{m'1}^{k(i),Ebackud} & t_{m'2}^{k(i),Ebackud} & \cdots & t_{m'm''}^{k(i),Ebackud} \end{pmatrix} \quad (6-2)$$

式中，$t_{i'j'}^{k(i),Ebackud}$——区段 k_i 内的第 i' 条上行运行线与第 j' 条下行运行线在节点 $s_{i'}$ 处的接续时间。

同理，可得 $CA_{Ebackdu}^{k_i}$ 中时间变量 $t_{i'j'}^{k(i),Ebackdu}$ 代表区段 k_{i-1} 内的第 i' 条下行运行线与第 j' 条上行运行线在节点 $s_{i''}$ 处的接续时间。

设 $t_{i'j'}^{Efor,kk'}$ 为动车组顺向接续时间的索引。

设 $t_{i'j'}^{Eback,kk'}$ 为动车组逆向接续时间的索引。

（11）对于一个复杂的路网，在实际编程过程中，宜采用数据库记录节点 s_i 与其前、后置区段 k_i、k_j 间的对应关系，并以此作为两个区段是否相邻的判断条件，以便于计算区段间的接续时间矩阵。

6.2.2 模型建立

1. 优化目标

从旅客出行的角度出发，在运行线选取优化的过程中应保证跨线列车的总旅行时间最小。由于基本列车运行图已经编制完成，所有运行线的速度、停站方案等因素已经落实，要求跨线列车总旅行时间最小，应转化为求列车在衔接站的接续时间最短。

从运输企业的角度出发，在运行线选取优化的过程中应保证动车组车底运用最节省。前面分析了动车组车底需求数的公式，同样地，由于基本列车运行图已编制完成，列车旅行时间、出入段时间基本固定，要求动车组车底运用数最小，应将其转化为求动车组的接续时间最短。

2. 约束条件

约束条件如下：

（1）列车车次应满足本、跨线列车的开行方案；
（2）列车的始发、终到时间应满足列车合理到发时间域；
（3）一个编制周期内动车组的运营里程及运营时间应不大于检修规程规定的里程数与时间上限；
（4）同一车次在衔接站的接续时间应满足高速铁路安全行车标准；
（5）动车组的接续时间应满足最小接续作业时间标准。

3. 综合表达

在模型优化目标及约束条件分析的基础上，构造运行线选取综合优化模型。首先定义决策变量 x_e^m，其是一个 0-1 变量，代表了动车组与运行线的选择关系。若动车组 e 选择运行线 m，则令 x_e^m 的值为 1，否则令 x_e^m 的值为 0。决策变量 x_e^m 的公式为

$$x_e^m = \begin{cases} 1, & \text{动车组}e\text{选择运行线}m \\ 0, & \text{其他} \end{cases}, \quad e \in E, m \in M \tag{6-3}$$

同时，为了明确表述运行线与车次的关系，引入决策变量 y_m^n，其是一个 0-1 变量，代表了运行线与列车车次的从属关系。若运行线 m 属于车次 n，则令 y_m^n 的值为 1，否则令 y_m^n 的值为 0。决策变量 y_m^n 的公式为

$$y_m^n = \begin{cases} 1, & \text{运行线}m\text{属于车次}n \\ 0, & \text{其他} \end{cases}, \quad m \in M, n \in N \tag{6-4}$$

最后，为了明确运行线与线路区段的关系，引入决策变量 z_m^k，其也是一个 0-1 变量，代表了运行线与高速铁路线路区段的从属关系。若运行线 m 属于区段 k，则令 z_m^k 的值为 1，否则令 z_m^k 的值为 0。决策变量 z_m^k 的公式为

$$z_m^k = \begin{cases} 1, & \text{运行线}m\text{属于区段}k \\ 0, & \text{其他} \end{cases}, \quad m \in M, k \in K \tag{6-5}$$

若 $x_e^m y_m^n z_m^k = 1$，则表示运行线 m 在区段 k 内，属于车次 n，且由动车组 e 担当。

基于上述三个决策变量，列车在衔接站的接续时间最小化的目标函数如下：

$$\min Z_1 = \sum_{e \in E} \sum_{n \in N} \sum_{k' \in K} \sum_{k \in K} \sum_{m \in M} \sum_{m' \in M} x_e^m y_m^n z_m^k x_e^{m'} y_{m'}^n z_{m'}^{k'} t_{mm'}^{N,kk'} \tag{6-6}$$

动车组接续时间最小化的目标函数表示如下：

$$\min Z_2 = \sum_{e \in E} \sum_{n' \in N}^{n' \neq n} \sum_{n \in N} \sum_{k' \in K} \sum_{k \in K} \sum_{m \in M} \sum_{m' \in M} x_e^m y_m^n z_m^k x_e^{m'} y_{m'}^{n'} z_{m'}^{k'} t_{mm'}^{\text{Efor},kk'}$$
$$+ \sum_{e \in E} \sum_{n' \in N}^{n' \neq n} \sum_{n \in N} \sum_{k \in K} \sum_{m \in M} \sum_{m' \in M} x_e^m y_m^n z_m^k x_e^{m'} y_{m'}^{n'} z_m^k t_{mm'}^{\text{Eback},k} \tag{6-7}$$

为列车在衔接站的接续时间与动车组接续时间分别赋予权重 ω_1、ω_2，将多目标规划问题转化为单目标规划，见式（6-8）。ω_1 与 ω_2 的值应结合实际应用情况合理分配。

$$\min Z = \omega_1 \left(\sum_{e \in E} \sum_{n \in N} \sum_{k' \in K} \sum_{k \in K} \sum_{m \in M} \sum_{m' \in M} x_e^m y_m^n z_m^k x_e^{m'} y_{m'}^n z_{m'}^{k'} t_{mm'}^{N,kk'} \right)$$
$$+ \omega_2 \left(\sum_{e \in E} \sum_{n' \in N}^{n' \neq n} \sum_{n \in N} \sum_{k' \in K} \sum_{k \in K} \sum_{m \in M} \sum_{m' \in M} x_e^m y_m^n z_m^k x_e^{m'} y_{m'}^{n'} z_{m'}^{k'} t_{mm'}^{\text{Efor},kk'} \right. \tag{6-8}$$
$$\left. + \sum_{e \in E} \sum_{n' \in N}^{n' \neq n} \sum_{n \in N} \sum_{k \in K} \sum_{m \in M} \sum_{m' \in M} x_e^m y_m^n z_m^k x_e^{m'} y_{m'}^{n'} z_m^k t_{mm'}^{\text{Eback},k} \right)$$

约束条件的数学表达如下：

（1）一条运行线仅能由唯一一列动车组担当，即

$$\sum_{e \in E} x_e^m = 1, \quad m \in M$$

（2）一条运行线仅能属于一个列车车次，即

$$\sum_{n \in N} y_m^n = 1, \quad m \in M$$

（3）一条运行线仅能属于一个区段，即

$$\sum_{k \in K} z_m^k = 1, \quad m \in M$$

（4）跨线列车开行方案约束。

对于任意一列跨线列车 $n' \in N_{s_i s_j}$，依据 6.2.1 节参数定义（8）均有一条对应的运行线路区段集合 $K_{n'}$，则跨线列车 n' 具有以下约束：

$$\prod_{k\in K_{n'}}\left(\sum_{m\in M}x_e^m y_m^{n'} z_m^k\right)=1, \quad e\in E, n'\in N \tag{6-9}$$

则可利用式（6-9）建立列车开行方案约束，考虑将列车开行列数转化为区段利用次数进行约束：

$$\begin{cases}\sum_{n\in N}\left(\prod_{k\in K_{s_is_n}}\left(\sum_{m\in M}x_e^m y_m^n z_m^k\right)\right)=n_{K_{s_is_n}}\\ \quad\cdots\\ \sum_{n\in N}\left(\prod_{k\in K_{s_is_j}}\left(\sum_{m\in M}x_e^m y_m^n z_m^k\right)\right)=n_{K_{s_is_j}}\\ \quad\cdots\\ \sum_{n\in N}\left(\prod_{k\in K_{s_is_2}}\left(\sum_{m\in M}x_e^m y_m^n z_m^k\right)\right)=n_{K_{s_is_2}}\end{cases} \tag{6-10}$$

式中，$K_{s_is_j}$ ——由起始节点 s_i 至终到节点 s_j 构成的列车运行区间集合；

$n_{K_{s_is_j}}$ ——该集合内区段被同一车次连续利用的次数，其值由 $n_{N_{s_is_j}}$ 推算而得。

举一个简单实例，由 s_1、s_2、s_3、s_4 四个节点组成的三条相互衔接的高速铁路线路，其列车下行方向开行方案如图 6-4 所示。

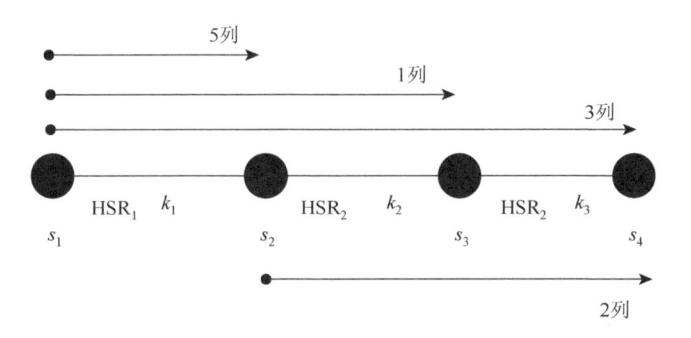

图 6-4 列车开行方案示意图

由图 6-4 得到列车开行方案，即

$s_1 \longrightarrow s_4$：3列；$s_1 \longrightarrow s_3$：1列；$s_2 \longrightarrow s_4$：2列；$s_1 \longrightarrow s_2$：5列。

由开行列车数倒退区段连续使用次数，可得：k_1、k_2、k_3 区段被连续使用的次数即为开行起讫点为 $s_1 \longrightarrow s_4$ 的 3 列，即 $n_{K_{s_1s_4}}=3$；k_1、k_2 区段被连续使用的次数除了起讫点为 $s_1 \longrightarrow s_3$ 的 1 列，还包括起讫点为 $s_1 \longrightarrow s_4$ 的 3 列，即 $n_{K_{s_1s_3}}=4$；以此类推，可得到基于跨线列车开行方案的约束为

$$\begin{cases} \sum_{n \in N} \left(\prod_{k \in K_{s_1 s_4}} \left(\sum_{m \in M} x_e^m y_m^n z_m^k \right) \right) = 3 \\ \sum_{n \in N} \left(\prod_{k \in K_{s_1 s_3}} \left(\sum_{m \in M} x_e^m y_m^n z_m^k \right) \right) = 4 \\ \sum_{n \in N} \left(\prod_{k \in K_{s_2 s_4}} \left(\sum_{m \in M} x_e^m y_m^n z_m^k \right) \right) = 5 \\ \sum_{n \in N} \left(\prod_{k \in K_{s_1 s_2}} \left(\sum_{m \in M} x_e^m y_m^n z_m^k \right) \right) = 9 \end{cases} \quad (6\text{-}11)$$

（5）列车合理到发时间域的约束：

$$x_e^m y_m^n t_n^{\text{d}} \geqslant 7, \quad n \in N \quad (6\text{-}12)$$

$$x_e^m y_m^n t_n^{\text{a}} \leqslant 24, \quad n \in N \quad (6\text{-}13)$$

（6）一检修周期内动车组运行时间、里程约束：

$$\sum_{k \in K} \sum_{m \in M} x_e^m z_m^k L_m \leqslant L_{\text{daily}}, \quad e \in E \quad (6\text{-}14)$$

$$\sum_{k \in K} \sum_{m \in M} x_e^m z_m^k T_m \leqslant T_{\text{daily}}, \quad e \in E \quad (6\text{-}15)$$

（7）同一车次列车在衔接站的接续时间约束：

$$x_e^m y_m^n z_m^k x_e^{m'} y_{m'}^n z_{m'}^{k'} t_{mm'}^{N,kk'} \begin{cases} 0, & \text{通过} \\ \geqslant t_{\text{stop}}, & \text{接续时间大于规定停站时间} \end{cases} \quad (6\text{-}16)$$

$$e \in E, m、m' \in M, n \in N, k、k' \in K$$

（8）动车组的接续时间约束：

$$x_e^m y_m^n z_m^k x_e^{m'} y_{m'}^{n'} z_{m'}^{k'} t_{mm'}^{\text{Efor},kk'} \geqslant T_{\text{onw,min}}, \quad e \in E, m、m' \in M, n、n' \in N, k、k' \in K \quad (6\text{-}17)$$

$$x_e^m y_m^n z_m^k x_e^{m'} y_{m'}^{n'} z_{m'}^k t_{mm'}^{\text{Eback},k} \geqslant T_{\text{onw,min}}, \quad e \in E, m、m' \in M, n、n' \in N, k \in K \quad (6\text{-}18)$$

（9）决策变量约束：

$$x_e^m, y_m^n, z_m^k \in \{0,1\}, \quad e \in E, m \in M, n \in N, k \in K \quad (6\text{-}19)$$

基于以上表述，给出优化模型的具体表示：

$$\min Z = \omega_1 \left(\sum_{e \in E} \sum_{n \in N} \sum_{k \in K} \sum_{k \in K} \sum_{m \in M} \sum_{m' \in M} x_e^m y_m^n z_m^k x_e^{m'} y_{m'}^n z_{m'}^{k'} t_{mm'}^{N,kk'} \right)$$

$$+ \omega_2 \left(\sum_{e \in E} \sum_{n' \in N}^{n' \neq n} \sum_{n \in N} \sum_{k' \in K} \sum_{k \in K} \sum_{m \in M} \sum_{m' \in M} x_e^m y_m^n z_m^k x_e^{m'} y_{m'}^{n'} z_{m'}^{k'} t_{mm'}^{\text{Efor},kk'} \right.$$

$$\left. + \sum_{e \in E} \sum_{n' \in N}^{n' \neq n} \sum_{n \in N} \sum_{k \in K} \sum_{m \in M} \sum_{m' \in M} x_e^m y_m^n z_m^k x_e^{m'} y_{m'}^{n'} z_m^k t_{mm'}^{\text{Eback},k} \right)$$

第6章 区域内跨线列车运行线选择优化技术

$$\text{s.t.} \begin{cases} \sum_{e \in E} x_e^m = 1, \quad m \in M \\ \sum_{n \in N} y_m^n = 1, \quad m \in M \\ \sum_{k \in K} z_m^k = 1, \quad m \in M \\ \sum_{n \in N} \left(\prod_{k \in K_{s_i s_j}} \left(\sum_{m \in M} x_e^m y_m^n z_m^k \right) \right) = n_{K_{s_i s_j}} \\ x_e^m y_m^n t_n^d \geq 7, \quad n \in N \\ x_e^m y_m^n t_n^a \leq 24, \quad n \in N \\ \sum_{k \in K} \sum_{m \in M} x_e^m z_m^k L_m \leq L_{\text{daily}}, \quad e \in E \\ \sum_{k \in K} \sum_{m \in M} x_e^m z_m^k T_m \leq T_{\text{daily}}, \quad e \in E \\ x_e^m y_m^n z_m^k x_e^{m'} y_m^{n'} z_{m'}^{k'} t_{mm'}^{N,kk'} \begin{cases} = 0, & \text{通过} \\ \geq t_{\text{stop}}, & \text{接续时间大于规定停站时间} \end{cases} \\ \qquad\qquad\qquad\qquad\qquad e \in E, m、m' \in M, n \in N, k、k' \in K \\ x_e^m y_m^n z_m^k x_e^{m'} y_m^{n'} z_{m'}^{k'} t_{mm'}^{\text{Efor},kk'} \geq T_{\text{onw,min}}, \quad e \in E, m、m' \in M, n、n' \in N, k、k' \in K \\ x_e^m y_m^n z_m^k x_e^{m'} y_m^{n'} z_{m'}^{k'} t_{mm'}^{\text{Eback},k} \geq T_{\text{onw,min}}, \quad e \in E, m、m' \in M, n、n' \in N, k \in K \\ x_e^m, y_m^n, z_m^k \in \{0,1\}, \quad e \in E, m \in M, n \in N, k \in K \end{cases}$$

该优化模型是一个非线性优化模型，具有三个决策变量 x_e^m、y_m^n、z_m^k，较好地表示了动车组、运行线、车次、区间的对应关系。在约束条件方面，列车开行方案、合理到发时间域及动车组运行时间、里程约束的作用主要是摒弃无效的初始解，形成初始解后其在模型优化迭代的过程中影响甚微。而动车组接续、车次接续时间等约束条件能够缩小解集的规模。但该模型本身包含了三个0-1决策变量，使得模型求解难度大幅增加，因此该模型仅适用于小规模问题的求解，面对大规模问题应用现有的算法很难寻求全局最优解。因此，在下面算法设计的过程中，将设计一个启发式算法辅助模型的求解。

6.3 模型求解

1. 初始解的生成策略

令动车组 e 在列车运行图上所能选取的由多条运行线组成的径路所构成的径路集合为 $R_e = \{R_1, R_2, \cdots, R_{n_E}\}$，其中 $R_i = \{m_i, m_{i''}, \cdots, m_j\}$。进行运行线选取之前令 $R_e = \varnothing$。在生成初始解之前，首先输入动车组及运行线的基本数据，包括动车组的初始位置、累计运行里程、累计运行时间以及运行线的起讫时刻、线路里程、全程时间等。进行运行线选取时，首先需要根据动车组所在的位置为其挑选一条运行线，生成初始径路集合。随后，为每一列动车组的初始径路寻求满足约束条件的接续运行线 m，并将其添加至当前径路 r 的列尾，形成一条拓宽的新径路集合 R_e，同时在运行线集合中删除对应的运行线 m。如果对于一个径路 r，当前所有可能的运行线 m 均被选取完毕，则说明径路 r 无法接续，应将径路 r 删除。如果在径路 R_e 的拓展过程中发生动车组日行里程或时间达到日检标准，则应立即停止搜寻下一条运行线，并将径路 R_e 作为动车组 e 最终选择的径路。所有动车组均选择完毕后，检查所生成的动车组径路集合能否满足列车开行条件的需求，若能，则输出动车组径路集合，否则重新分配动车组的当前状态，再次进行运行线的选取过程。初始解的生成策略如图 6-5 所示。

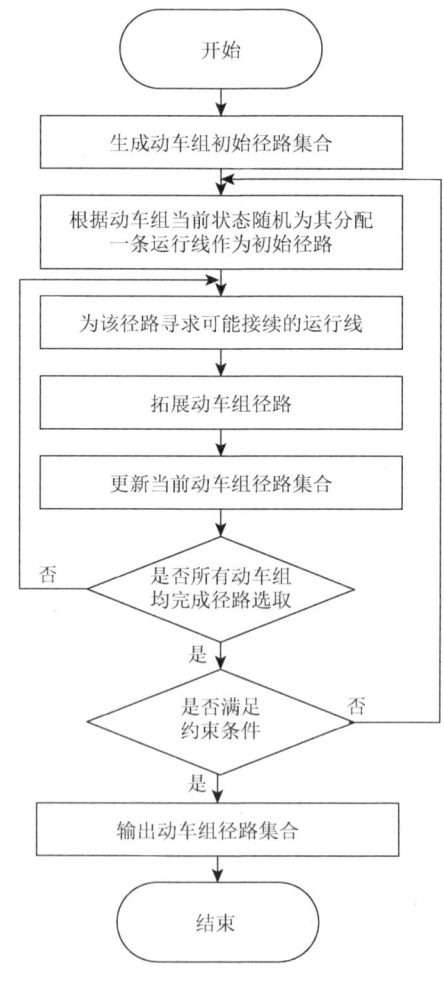

图 6-5 初始解的生成策略

通过初始解的生成策略，动车组与列车的运行径路产生了一一对应的关系，不再像动车组与运行线那样呈现出一对多的状态。该策略将模型的求解分成了两步，首先确定符合条件的初始解，继而通过粒子群算法寻求模型的最优解。

2. 粒子群算法的应用编码

粒子群算法中的每一个粒子代表了原问题的一个可行解，问题的解的编码则通过粒子的带方向矢量进行表示。一个由 N_p 个粒子组成的种群，在进行优化迭代的过程中，每一个粒子个体都会朝自己的历史最优位置与整个种群的历史最优位置前进，直至寻找到该问题的局部最优解或是全局最优解。

对于一个粒子 q，将其位置矢量 $z_q = \{z_{q1}, z_{q2}, \cdots, z_{qJ}\}$ 转化为 $z_q = \{r_{q1}, r_{q2}, \cdots, r_{qn_E}\}$，其中 z_{qJ} 代表第 q 个粒子所携带的位置矢量在纬度 J 的值，与之对应的 r_{qn_E} 代表第 q 个粒子所反映的解中第 e 列动车组所选择的运行径路编号，则根据两者的对应关系，应有 $J = n_E$。

假设一个种群具有全局历史最优解 $b_{\text{gen}} = \{b_{\text{gen}1}, b_{\text{gen}2}, \cdots, b_{\text{gen}J}\}$，其中的每个粒子具有个体历史最优解 $b_q = \{b_{q1}, b_{q2}, \cdots, b_{qJ}\}$，在每一步的优化迭代过程中，粒子沿 $v_q = \{v_{q1}, v_{q2}, \cdots, v_{qJ}\}$ 的速度进行位置更新，亦即解集的更新，之后即可根据该解集对应的粒子适应度函数 $F(x)$ 更新 b_q 和 b_{gen}。式（6-20）描述了粒子位置矢量更新的基本原理，由于运行线径路的编号均为整数，需对粒子速度矢量的更新结果进行取整处理，定义运算符 "$\langle\ \rangle$" 代表对一个非整数进行四舍五入取整。同时，由于每一列车在维度 J 可能选取的运行线径路数量具有上限，需为迭代后的粒子位置 $z_{qJ}^{(k+1)}$ 设置一个选取区间 $[1, n_{R_e}]$，其中 n_{R_e} 代表在维度 J 时动车组 e 能够选取的运行线径路总数，如果 $z_{qJ}^{(k+1)}$ 的值落入区间外，则取该区间的边界值。

$$z_{qJ}^{(k+1)} = \left\langle z_{qJ}^{(k)} + v_{qJ}^{(k+1)} \right\rangle \tag{6-20}$$

式中，k、$k+1$——优化过程中接连的两次迭代过程。

结合粒子群算法的基本原理，对其中的粒子速度 $v_{qJ}^{(k+1)}$ 根据带权重系数的更新公式进行更新。

$$v_{qJ}^{(k+1)} = w^{(k)} v_{qJ}^{(k)} + c_1 r_1 \left(b_{qJ} - z_{qJ}^{(k)} \right) + c_2 r_2 \left(b_{gJ} - z_{gJ}^{(k)} \right) \tag{6-21}$$

与粒子的位置值类似，其速度取值也受到在该维度时运行线径路总数的影响。故其同样需要设置一个选取区间 $[1 - n_{R_e}, n_{R_e} - 1]$，若 $v_{qJ}^{(k+1)}$ 的值落入区间外，则取该区间的边界值。r_1、r_2 为 $[0,1]$ 的随机数，其主要目的在于保持粒子种群的多样性，随着迭代的进行实时生成；c_1、c_2 称为学习因子，使得粒子个体能够向种群的历史最优值以及自身的历史最优值缓慢靠拢；$w^{(k)}$ 称为惯性权重系数，其依据一个随当前迭代次数增加而线性减小的函数进行更新：

$$w^{(k)} = w_{\max} - \frac{w_{\max} - w_{\min}}{k_{\max}} \cdot k \qquad (6\text{-}22)$$

式中，$w_{\max}$、$w_{\min}$ ——分别表示该算法的初始、最终权重；
$\quad\quad k_{\max}$ ——该算法的最大迭代次数。

这三者的值一般依据人工经验并结合实际进行设定。

3. 基于粒子群算法的启发式算法设计

首先，为每一个粒子赋予一个适应度函数，该适应度函数共包括两部分，即列车车次的接续时间总和以及动车组的接续时间总和。

$$\begin{aligned} F(x) = &\omega_1 \left(\sum_{e \in E} \sum_{n \in N} \sum_{k' \in K} \sum_{k \in K} \sum_{m \in M} \sum_{m' \in M} x_e^m y_m^n z_m^k x_e^{m'} y_{m'}^n z_{m'}^{k'} t_{mm'}^{N,kk'} \right) \\ &+ \omega_2 \left(\sum_{e \in E} \sum_{n' \in N}^{n' \neq n} \sum_{n \in N} \sum_{k' \in K} \sum_{k \in K} \sum_{m \in M} \sum_{m' \in M} x_e^m y_m^n z_m^k x_e^{m'} y_{m'}^{n'} z_{m'}^{k'} t_{mm'}^{Efor,kk'} \right. \\ &+ \left. \sum_{e \in E} \sum_{n' \in N}^{n' \neq n} \sum_{n \in N} \sum_{k \in K} \sum_{m \in M} \sum_{m' \in M} x_e^m y_m^n z_m^k x_e^{m'} y_{m'}^{n'} z_{m'}^k t_{mm'}^{Eback,k} \right) \end{aligned} \qquad (6\text{-}23)$$

然后，依据粒子群算法的基本原理，结合粒子的适应度函数，设计模型优化求解的具体流程如下。

步骤 1：读入运行线、动车组、列车车次相关的基础数据，以及目标函数中的权重系数 ω_1、ω_2；转至步骤 2。

步骤 2：为每一个动车组选择一条初始运行线，保证动车组不担当同一条运行线，并基于此生成模型的初始解；转至步骤 3。

步骤 3：计算对应该解的粒子适应度函数 $F(x)$ 的值，并将其赋予每个个体的历史最优解以及整个种群的历史最优解；转至步骤 4。

步骤 4：遵循粒子群算法的基本原理，依次按照式（6-20）、式（6-21）、式（6-22）及式（6-23）更新各个粒子的解，如果在更新过程中出现多列动车组担当同一条运行线的情形，则应采用初始解生成策略重新生成一个新的可行解；转至步骤 5。

步骤 5：再次计算新解的粒子对应的适应度函数 $F(x)$ 的值，若该值更优，则令其替代个体历史最优解和种群历史最优解；转至步骤 6。

步骤 6：判断本次迭代是否达到了设定的最大迭代次数，即是否满足条件 $k > k_{\max}$，若条件不满足则返回步骤 4；否则，停止迭代，同时输出列车运行线的选取方案。

列车运行线选取优化求解流程图如图 6-6 所示。

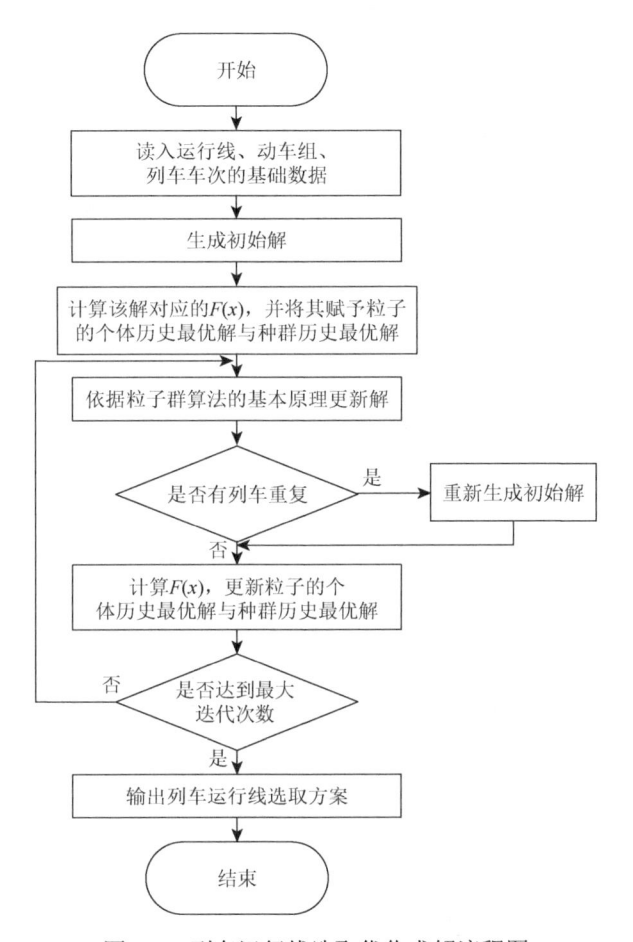

图 6-6　列车运行线选取优化求解流程图

第7章 区域网干线列车运行图编制优化技术

区域网干线本线列车运行图优化是在路网跨线列车、区域内跨线列车运行线确定后，针对满能力区域网干线周期性列车运行图，依据客流时空特性，将各时段剩余运行线按需合理匹配给各本线列车，实现区域网干线本线列车开行与旅客运输需求和运输企业经济效益的协调，优化确定本线列车运行线，形成区域网干线本线列车运行图。实际上，就是在路网跨线列车和区域内跨线列车运行图确定后，优化区域网干线周期性列车运行图所剩余的运行线。其中，考虑客流需求与动车组运用的区域网干线本线列车运行图优化技术是其关键和核心，可通过该技术合理确定各时段（周期）本线列车运行线数量与分布，即各时段（周期）本线列车开行数量与时空分布，实现与客流需求和运输企业经济效益的协调。

7.1 区域网干线列车运行图优化问题分析

基于区域协同的高速铁路列车运行图编制理论，首先是依据区域网干线客流时空特性优化编制满能力区域网干线周期性列车运行图；然后通过区域协同编制机制形成路网跨线列车运行图；接着编制区域内跨线列车运行图；基于此，优化区域网干线本线列车运行图；并编制区域网非干线列车运行图形成区域网列车运行图。鉴于基于区域协同的高速铁路列车运行图编制特性和方法，在区域网干线本线列车运行图调整与确定过程中，各时段（周期）列车运行图能力（路网跨线列车、区域内跨线列车运行线确定后的剩余能力）与该时段（周期）客流需求能力会存在一定的差异，主要原因如下：

（1）由第4章研究可知，区域网干线单元周期列车运行图是依据高峰时段的客流时空特性进行编制的，在此基础上进行复制、衔接形成区域网干线周期性列车运行图，其是在满足一定服务质量条件下的满能力列车运行图。区域网干线周期性列车运行图编制的特性与方法会导致非高峰时段（周期）客流需求能力小于列车运行图能力，理论上存在客流需求能力与列车运行图能力在某些时段（周期）存在差异的现象。

（2）由第2章研究可知，只有当路网跨线列车、区域内跨线列车运行线确定后，各区域网干线所剩余的运行线才可提供给本线列车。这也就意味着在进行区域网干线本线列车运行图调整时，各时段（周期）列车运行图剩余能力与客流需求能力并非完全吻合，造成某些时段（尤其高峰时段）列车运行图剩余能力无法满足本时段（周期）本线客流需求，某些时段（周期）的列车运行图剩余能力大于本时段（周期）的本线客流需求。

由上述分析可以发现，基于区域协同的高速铁路列车运行图编制特性、区域网干线周期性列车运行图的编制方法等在一定程度上导致某时段（周期）列车运行图能力与本线客流需求会存在一定差异。因此，区域网干线本线列车运行图优化并不是对各时段（周期）剩余运行线的简单顺序排列，不宜采取将所剩余的运行线直接匹配给本线列车的方式，需要通过对各时段（周期）客流的分析，合理确定各时段列车运行图剩余能力的运用和分配，即合理确定各时段（周期）剩余运行线的运用方案，在此基础上将运行线匹配给开行的列车，形成列车运行图。

此外，动车组的合理高效运用对提升运输部门的经济效益至关重要，在区域网干线本线列车运行图优化中需要在满足客流需求的同时，提高动车组的运用效率，实现列车运行图编制与动车组运用之间的相互协调。

7.2 考虑客流需求与动车组运用的区域网干线列车运行图优化原理

7.2.1 客流需求与动车组运用对周期性列车运行图的影响

1. 客流需求

高速铁路客流需求的分布通常在时空上呈现明显的不均衡特征，而作为一种典型的动态流，高速铁路客流同时受社会文化环境、经济发展水平、旅客服务质量等各种内外部因素的影响而不断变化，并直接作用于以"按流开车"为原则的高速铁路列车开行方案的制定，且最终体现在列车运行图编制过程中。

在微观层面上，高速铁路不同线路上不同车站之间的 OD 流量是该线路客流流量、流向等各种属性的综合反映，也是高速铁路旅客列车开行方案制定的重要支撑。因此，对各车站之间的 OD 流量准确地预测和把握至关重要，它在一定程度上决定了列车的开行数量、开行区段以及停站方案等。

在宏观层面上，客流在一天、一周及一个月等不同时间粒度下表现出的周期性变化规律或是节假日客流波动情况等，都将对旅客列车开行方案的制定和列车运行图的编制产生重要影响。

周期性列车运行图在编制过程中通常先基于客流需求编制满能力基本列车运行图，而在其他各单元周期则可按照客流的波动情况，在满能力基本列车运行图上"选线"开行某些车次，从而实现列车运行图与客流需求的高效匹配。由此可知，动态变化的客流需求是影响周期性列车运行图编制的重要因素。

2. 动车组运用

动车组作为旅客运输组织中完成旅客运输生产任务的主要移动设备，是高速铁路运力资源的重要组成部分，对编制优化列车运行图意义重大。在铁路运输部门编制及优化调整列车运行图期间，需要对动车组运用精准掌握，以高效促进动车组资源的优化配置，确保在充分合理利用现有动车组资源的基础上服务更多的旅客。

既有研究在编制高速铁路列车运行图以及安排动车组实际运用时仍然以"先编图，后排车"的次序进行，虽然二者在编制过程中存在一定的相互反馈机制，但本质上难以实现列车运行图编制与动车组运用之间的协同优化，而且在铁路部门实际运营过程中，列车运行图一旦编制完成，动车组运用优化调整难度极大，调整空间极小。

本章对动车组运用的研究主要为动车组数量以及接续关系方面，在周期性列车运行图编制过程中，除了需要适应不同时段客流需求的动态变化，同时要满足动车组承担运输任务之间的高效接续，即在对满能力基本列车运行图进行运行线调整的过程中，应充分考虑动车组运用的影响，尽可能减少动车组接续时间、降低动车组运用数量，从而有效提高动车组的运用效率，最大程度实现周期性列车运行图编制与动车组运用的协同优化。

7.2.2 考虑客流需求与动车组运用的区域网干线列车运行图优化思路

鉴于基于区域协同的高速铁路列车运图编制特性，列车开行的最大数量即为铺画的运行线数量。对于本线列车运行线，其最大的开行数量即为路网跨线列车运行线确定后剩余的运行线数量，因此此时客流的最大输送能力取决于剩余的运行线数量。在进行各时段（周期）运行线优化分布时，可以尽可能满足各时段客流出行需求，减少客流迁移与损失为其基本原则。但由于路网跨线列车运行线先期确定，且客流量存在时段的差异，在此情况下，难以完全保证各时段客流的出行需求，需要对各时段的运行线的分布进行优化，即合理高效运用动车组实现对各时段客流输送能力的优化配置，从而减少客流迁移与损失，保证运输企业和旅客的利益，提高运输服务质量和旅客满意度。

区域网干线本线列车运行图的优化主要考虑客流需求和动车组运用两大主要因素，其编制特性如下：第一，适应不同时段客流需求的动态变化，使运输能力与客流需求相匹配。第二，提高动车组运用的效率，实现周期性列车运行图编制与动车组运用之间的相互协调。在满足动态客流需求的基础上，兼顾动车组在运用数量和接续时间上的最优化。

客流需求在一日内不同时段呈现明显的高峰与平峰分布，只对满能力基本列车运行图机械地循环势必造成运力资源的浪费。因此，基于区域网干线满能力单元周期基本列车运行图，根据各时段客流需求变化，对基本列车运行图进行动态选线优化，以保证各时段客流需求与列车运行图的高效匹配[32]。与此同时，以最优化动车组运用为目标，考虑动车组的运用数量及接续时间，通过运行线的动态调整实现动车组运用的合理接续，从而提高动车组的运用效率，保证列车运行图的可实施性。以此满足客流需求在不同时段的动态变化以及实现动车组的高效运用，在提高旅客运输服务质量的同时，增加铁路企业运输效益。

7.3 区域网干线列车运行图优化模型及算法

根据对基本列车运行图选线拓展的思路，在保证区域网周期性列车运行图规律性强、柔性大、方便旅客记忆等优点的前提下，为满足不同时段客流需求和提高动车组运用效率，以动车组接续时间最短为目标，以停站次数、列车开行数量、特定开行列车、动车组接续等为约束，建立了考虑客流需求和动车组运用的区域网干线本线列车运行图优化模型，并设计了自适应大规模邻域搜索（adaptive large neighborhood search，ALNS）算法进行求解。

7.3.1 问题描述及假设

1. 问题描述

在满能力基本列车运行图的基础上，在保证各周期特定列车开行的前提下，根据不同时段客流需求的动态变化以及动车组运用情况，通过选择合适的列车运行线得到其他各单元周期的列车运行图，从而形成一日内完整的周期性列车运行图，实现运输能力与客流需求的动态匹配以及动车组的高效运用，最大限度提升旅客服务质量，增加铁路企业运输效益。

模型输入主要包括满能力基本列车运行图（包括列车在各区间站的到、发时刻，停站时刻，停站方案等基本信息）、线路、车站以及动车组的相关技术参数等。以列车运行图基本约束、动车组接续约束等为约束条件，以动车组的接续时间最短为目标构建模型。模型输出为列车状态（删除或保留）以及动车组接续优化方案。

2. 问题假设

为综合考虑各方面因素的影响，简化问题的复杂程度，对所建模型提出以下假设：

（1）高速铁路上、下行方向列车运行互不干扰且客流分布相似，开行列车均为全程列车，在建模时不考虑跨线列车；

（2）满能力基本列车运行图作为输入信息，包括列车在各区间站的到、发时刻，停站时刻，停站方案等基本信息，且固定不变；

（3）假设各单元周期客流需求（节点停站次数、列车开行对数）和特定开行列车集合已知；

（4）假设列车属性已知，包括动车组的型号、编组、定员数量等，且动车组数量充足；

（5）假设动车组可以在其配属所以外具备检修能力或可供夜间驻留的动车所进行一级检修或夜间驻留，因此本模型暂不考虑动车组检修计划。

7.3.2 模型构建

1. 符号说明

模型在构建过程中涉及的集合、参数和决策变量分别如下。

1）集合

K：列车集合；

K_F：特定开行列车集合；

S：车站集合；

P：单元周期集合；

2）参数

i、j：列车索引；

s、k、v：车站索引；

ori_i：列车 i 的始发站；

des_i：列车 i 的终到站；

$a_{i,s}$：列车 i 在车站 s 的到达时间；

$d_{i,s}$：列车 i 在车站 s 的出发时间；

$\eta_{s,p}$：第 p 个周期内车站 s 的停站率；

$T_{\min}$：列车最小接续时间；

T_c：单元周期长度；

M：一个较大的正整数；

N_p：第 p 个周期内的列车开行对数；

$\omega_{i,s}^p$：0-1 变量，表示第 p 个周期内列车 i 在车站 s 的停车状态，其值为 1 时，表示列车停站，否则为 0；

$T_{i,j}$：列车运行图选线后列车 i 与列车 j 的接续时间。

3）决策变量

$x_{i,p}$：0-1 变量，表示第 p 个单元周期中的第 i 条列车运行线是否被选择保留，其值为 1 时，列车运行线 i 被选择保留，否则为 0；

$\mu_{i,j}^s$：0-1 变量，表示动车组在车站 s 完成列车运行线任务 i 后是否接续完成列车运行线任务 j，其值为 1 时，表示接续，否则为 0。

2. 目标函数

考虑客流需求和动车组运用的区域网干线本线列车运行图优化目标主要分为两个部分，即适应客流需求的动态变化、提高动车组运用的效率。在构建优化模型时，不同客运节点（车站）在不同时段的客流需求通常转化为该节点（车站）的停站次数或列车开行数量，并作为约束条件进行量化描述，因此在建立目标函数时主要考虑动车组运用效率的最优化。

本章考虑的动车组运用主要为动车组交路设计优化方面，通常模型的基本目标为动车组运用效率最高，即运用数量最少，而运用数量主要取决于列车总旅行时间和总接续时间，由于在对各单元周期列车运行图进行选线编制优化时，列车满能力基本列车运行图已经确定，即列车总旅行时间固定，此时，动车组运用数量只由接续时间决定，因此本模型将动车组运用优化目标设为总接续时间最小，其数学描述如下：

$$\min Z = \sum_{i,j \in K} T_{i,j} \tag{7-1}$$

3. 约束条件

1）停站次数约束

如上所述，量化表示不同客运节点（车站）在不同时段客流需求的动态变化，通常转化为列车在该节点（车站）停站次数的变化，通过停站次数约束，即可在基本列车运行图中以选线的方式，实现各单元周期列车运行图运输能力与客流需求的动态匹配，停站次数约束为

$$\sum_{i \in K} \omega_{i,s}^p \cdot x_{i,p} \geqslant \eta_{s,p} \cdot \sum_{i \in K} x_{i,p}, \quad \forall s \in S, \forall p \in P \tag{7-2}$$

2）列车开行数量约束

为适应旅客不同出行需求，尽量减小客流在不同时段的波动造成的列车能力虚糜，同时最大程度地提升周期性列车运行图各单元周期内列车能力与客流需求的匹配度，经济高效地利用客运设备，需合理地确定旅客列车开行数量，各单元周期列车开行数量约束为

$$\sum_{i \in K} x_{i,p} = N_p, \quad \forall p \in P \tag{7-3}$$

3）特定列车开行约束

本章所指的特定开行列车主要为客流需求较大的高等级车站之间开行的一站直达或大站停列车、各单元周期内整点或半点开行的列车，特定列车开行约束为

$$x_{i,p} = 1, \quad \forall i \in K_F, \forall p \in P \tag{7-4}$$

4）列车区间可达性约束

虽然在编制基本列车运行图时已经对列车区间可达性进行了约束，但选线后的基本列车运行图可能会不满足该条件，从而降低旅客出行满意度，因此在选线时需再次进行约束，则列车区间可达性约束为

$$\sum_{i \in K} \omega_{i,k}^p \cdot \omega_{i,v}^p \cdot x_{i,p} \geqslant 1, \quad \forall k, v \in S, \forall p \in P \tag{7-5}$$

5）耦合关系约束

列车保留与否和该列车在其途经站的到发时刻需要满足耦合关系约束，若基本列车运行图中列车 i 被选中保留，即 $x_{i,p} = 1$，则该列车在其途经站的到发时刻均大于等于 0；否则均等于 0，其约束为

$$0 \leqslant a_{i,s} \leqslant x_{i,p} \cdot M, \quad \forall i \in K, s \in S, p \in P \tag{7-6}$$

$$0 \leqslant d_{i,s} \leqslant x_{i,p} \cdot M, \quad \forall i \in K, s \in S, p \in P \tag{7-7}$$

6）动车组接续时间约束

动车组接续时间是动车组运用效率的重要评价标准之一，其对动车组运用数量以及车站作业计划的质量会造成直接影响。动车组接续完成两个运输任务需要满足最小接续时间标准，以减少其在车站占用到发线的时间，从而提高动车组运用效率，动车组接续时间约束为

$$T_{i,j} = \begin{cases} d_{j,s} - a_{i,s}, d_{j,s} - a_{i,s} \geqslant T_{\min} \\ d_{j,s} - a_{i,s} + n \cdot T_c, d_{j,s} - a_{i,s} < T_{\min} \end{cases}, \mu_{i,j}^s = 1, \forall i, j \in K, s \in S \tag{7-8}$$

$$T_{i,j} \geqslant T_{\min}, \quad \forall i, j \in K \tag{7-9}$$

7）动车组接续唯一性约束

同一时间内，有且只有一个动车组担当某条列车运行线的运输任务。动车组担当运行线唯一性约束为

$$\sum_{i \in K} u_{i,j}^s = 1, \quad \forall j \in K, s \in S \tag{7-10}$$

$$\sum_{j \in K} u_{i,j}^s = 1, \quad \forall i \in K, s \in S \tag{7-11}$$

第 7 章 区域网干线列车运行图编制优化技术

8) 动车组交路始终站约束

动车组交路是一个由多段径路组成的闭环路径, 即交路的起始站和终点站必须保持一致, 假设列车 i 和列车 j 为交路的始发车和终到车, 则动车组交路始终站约束为

$$\text{des}_i = \text{ori}_j, \quad \forall i,j \in K \tag{7-12}$$

9) 决策变量约束

决策变量的相关约束:

$$x_{i,p} \in \{0,1\}, \quad \forall i \in K, \forall p \in P \tag{7-13}$$

$$\mu_{i,j}^s \in \{0,1\}, \quad \forall i,j \in K, s \in S \tag{7-14}$$

综合模型:

$$\min Z = \sum_{i,j \in K} T_{i,j}$$

$$\text{s.t} \begin{cases} \sum_{i \in K} \omega_{i,s}^p \cdot x_{i,p} \geqslant \eta_{s,p} \cdot \sum_{i \in K} x_{i,p}, & \forall s \in S, \forall p \in P \\ \sum_{i \in K} x_{i,p} = N_p, & \forall p \in P \\ x_{i,p} = 1, & \forall i \in K_F, \forall p \in P \\ \sum_{i \in K} \omega_{i,k}^p \cdot \omega_{i,v}^p \cdot x_{i,p} \geqslant 1, & \forall k,v \in S, \forall p \in P \\ 0 \leqslant a_{i,s} \leqslant x_{i,p} \cdot M, & \forall i \in K, s \in S, p \in P \\ 0 \leqslant d_{i,s} \leqslant x_{i,p} \cdot M, & \forall i \in K, s \in S, p \in P \\ T_{i,j} = \begin{cases} d_{j,s} - a_{i,s}, d_{j,s} - a_{i,s} \geqslant T_{\min} \\ d_{j,s} - a_{i,s} + n \cdot T_c, d_{j,s} - a_{i,s} < T_{\min} \end{cases}, & \forall i,j \in K, s \in S \\ T_{i,j} \geqslant T_{\min}, & \forall i,j \in K \\ \sum_{i \in K} u_{i,j}^s = 1, & \forall j \in K, s \in S \\ \sum_{j \in K} u_{i,j}^s = 1, & \forall i \in K, s \in S \\ \text{des}_i = \text{ori}_j, & \forall i,j \in K \\ x_{i,p} \in \{0,1\}, & \forall i \in K, \forall p \in P \\ \mu_{i,j}^s \in \{0,1\}, & \forall i,j \in K, s \in S \end{cases}$$

7.3.3 模型求解

由前面构建的模型可知, 列车运行图调整优化与动车组运用优化问题具有多目标、多变量、非线性等复杂特征, 是典型的大规模组合优化问题。目前对

于该类问题仍没有普适性的优化算法,现有研究多基于问题类型设计针对性的启发式算法进行求解。ALNS 算法是基于大规模邻域搜索（large neighborhood search，LNS）算法的延伸和改进,在求解列车运行图和动车组交路协同优化等大规模组合优化问题时,速度快且稳定性高。ALNS 算法的主要思想：在邻域搜索时,从初始解出发,通过"破坏-重建"操作获得初始解的邻域,并根据获得解的质量为"破坏-重建"操作赋予一定的权重,以此来控制该"破坏-重建"操作在搜索中使用的频率,每次赋予的权重都根据解的质量进行动态调整,从而在搜索和迭代中不断提高解的质量。因此,本章设计了 ALNS 算法对列车运行图和动车组交路协同优化问题进行求解,并利用模拟退火准则确定解的接受标准。

1. 初始解的构造

相对于局部搜索类型的算法,ALNS 在每一步搜索的过程中能够探索更大的解空间,其对初始解的依赖程度并不高。本章目标是对满能力基本列车运行图进行选线,从而匹配动态变化的客流需求,并同时对动车组运用协同优化。因此,根据第 4 章构建的模型,已经编制得到合理的满能力基本列车运行图,而且各个单元周期的列车开行数量 N_p 也已确定,只需在基本列车运行图中随机选取相应数量的列车运行线,将其拓展形成全日周期性列车运行图,即可作为本模型的初始解。

2. 算子定义

ALNS 算法中的邻域算子主要用于对当前解的改进,考虑到列车运行图与动车组运用协同优化问题的特点,通过定义破坏和重建邻域对其进行描述。"破坏"是指对某个基本列车运行图中的某些运行线进行了删除,打破了运行线之间原有的接续关系。"重建"是指删除某些运行线后建立的新的列车之间的接续关系,或者列车重新插入后对原接续关系的改变。

"破坏"邻域由两个移除算子组成,每次迭代时,选择一个移除算子,从当前解中的各个周期移除 $n_p(p=1,2,\cdots,n)$ 个列车,得到相应的破坏解。将移除的 n_p 个列车存储到设定的集合中,且在该集合中的列车都有概率在重建过程中被插入算子选择,重新插入该破坏解中。结合优化问题特点,定义以下两个移除算子。

1) 机会移除算子

该算子从当前解中的各个周期随机性选择 n_p 个列车,将这些列车从当前解中移除。该方法机制相对简单,运算速度快,且所求得解质量的不确定性大,即使可能产生一组较差的列车移除组合,但邻域搜索的多样性显著提高,并且在一定程度上能够避免算子陷入局部最优。

2）成本移除算子

该算子认为移除成本越高的列车，越应该从当前解中移除。定义当前解中所有列车的集合为 U_0，移除列车集合为 V，首先计算集合 U_0 中所有列车的移除成本，并将集合 U_0 中的列车依据移除成本降序排列，然后将移除成本较高的列车移出到集合 V 中。每次移除集合 U_0 中第 $[y^r|U_0|]$ 个列车，直到移除列车数量达到 n_p。其中，y 是 $[0,1)$ 范围内的一个随机数，r 为随机参数且 $r \geq 2$，移除成本如式（7-15）所示：

$$C_{i,s} = Z_0(s) - Z_i(s) \tag{7-15}$$

式中，s——当前解；

$Z_0(s)$、$Z_i(s)$——移除列车 i 前、后的目标函数值。

"重建"邻域由两个插入算子组成，插入算子每次从设定的存储集合中选择列车，将它们重新插入之前所得的破坏解中，得到新解。值得说明的是，此处重新插入的列车并不会改变其原有位置，只是重新插入的列车种类可能会发生变化，因为不同插入组合的列车生成的解不同，其对目标函数的值的影响也会不同。结合优化问题特点，定义以下两个插入算子。

1）贪婪插入算子

该算子对于每一个存储在移除列车集合 V 中的列车 i，首先计算该列车插入当前解相应位置后的插入成本，选择集合 V 的所有列车中插入成本最小的值 $C_{\min}$ 对应的列车 v，将列车 v 插入其对应的最优位置上，插入成本如式（7-16）所示：

$$C_{i,s} = Z_i(s) - Z_0(s) \tag{7-16}$$

式中，s——当前解；

$Z_0(s)$、$Z_i(s)$——插入列车 i 前、后的目标函数值。

2）次优插入算子

该算子在贪婪插入算子的基础上，综合考虑了列车次优插入位置对目标函数值的影响。对于每一个存储在移除列车集合 V 中的列车，同样计算该列车插入当前解相应位置后的插入成本 $C_{i,s}$，并依据插入成本大小升序排列，第 x 位的值为 $C_x(i)$，则列车插入最优位置的后悔值为 $D(i)$，选择集合 V 所有列车中 $D(i)$ 最小的值对应的列车 v，将列车 v 插入其对应的最优位置上，后悔值如式（7-17）所示：

$$D(i) = C_2(i) - C_1(i) \tag{7-17}$$

3. 自适应权重调整策略

本章的 ALNS 算法包含多个移除算子和插入算子，定义 n_i 为第 i 个算子，ω_i 为

第 i 个算子 n_i 的权重，π_i 为第 i 个算子 n_i 的评价总分数，在每段迭代起始时 π_i 初始值为 0，根据各个不同算子的表现给该算子打分，具体规则如下，φ_1、φ_2、φ_3 为不同分值。

φ_1：在本次迭代中新解为全局最优解；

φ_2：在本次迭代中新解比当前解更优；

φ_3：在本次迭代中新解比当前解更差，但被算法接受。

在每段迭代结束后，移除算子和插入算子根据其在该段迭代的得分动态更新算子的权重，其计算公式如式（7-18）所示：

$$\omega_i = \omega_i \cdot (1-\eta) + \eta \cdot \frac{\pi_i}{\theta_i} \tag{7-18}$$

式中，η——权重参数，表示算子的权重受评分更新的影响程度，$\eta \in [0,1]$；

θ_i——算子 i 在当前段被选择的次数，$\theta_i > 0$，且当 $\theta_i = 0$ 时，ω_i 不变。

本章在迭代过程中采用轮盘赌机制选择算子，算子 i 被选择的概率计算如式（7-19）所示：

$$P_i = \frac{\omega_i}{\sum_{i=1}^{m} \omega_i} \tag{7-19}$$

式中，m——算子个数。

4. 解的接受标准及迭代终止准则

借鉴模拟退火算法确定解的接受标准：如果新解 s_{new} 的目标函数值优于当前解 s_0 的目标函数值，则接受新解 s_{new}；否则，按概率 p 接受新解 s_{new}，具体计算形式如式（7-20）和（7-21）所示：

$$T_k = T_0 \cdot c \tag{7-20}$$

$$p = \exp\left(\frac{Z(s_0) - Z(s_{\text{new}})}{T_k}\right) \tag{7-21}$$

式中，T_0——退火初始温度；

c——冷却系数，$0 < c < 1$。

算法的终止准则为达到最大迭代次数 M，输出最优结果，ALNS 算法流程如图 7-1 所示。

第 7 章 区域网干线列车运行图编制优化技术

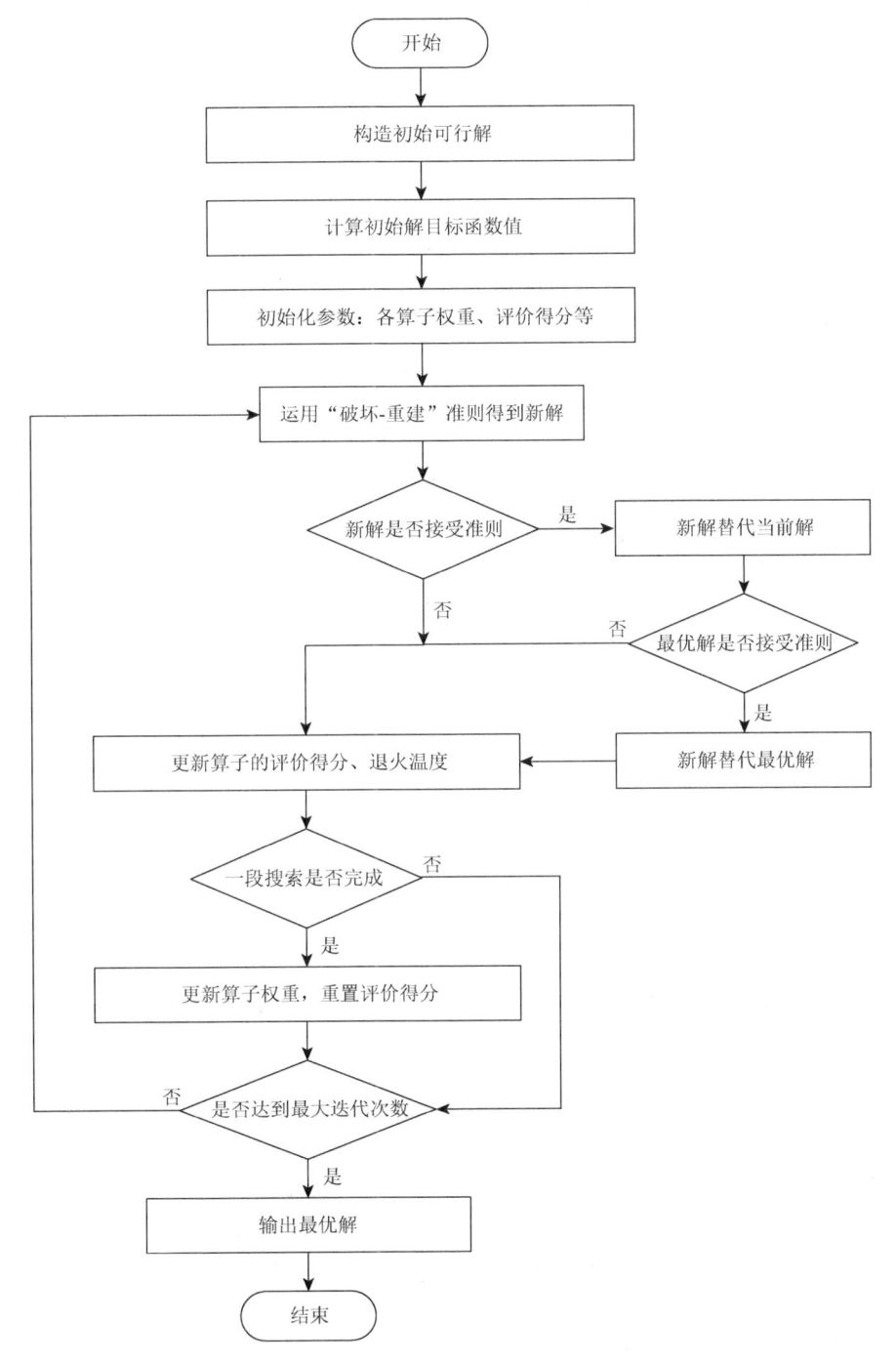

图 7-1 ALNS 算法流程

第8章　区域网非干线列车运行图编制优化技术

区域网干线周期性列车运行图、路网及区域内跨线列车运行图、区域网干线本线列车运行图铺画完成后，需针对区域内非干线编制相应列车运行图，以满足区域网非干线客流的出行需求。区域内非干线铁路相较于干线铁路客流规模相对较小，由于客流需求呈现出层次化和个性化差异，旅客出行目的多元化、出行时间随机性，客流需求随运营阶段呈现不同规律波动的特性更为显著，依据季节客流规律编制的列车运行图难以与具有实时动态性的客流需求相适应，导致运能与客流需求匹配性较差。由于区域内非干线客流需求量相对较小，线路输送能力较为充足，且区域内非干线列车运行图编制规模相对较小，列车运行图调整的复杂程度与困难程度相对减弱，为编制满足非干线动态客流需求、实现运能与客流需求有效匹配的列车运行图提供良好条件。

本章重点研究基于客流匹配的区域网非干线列车运行图编制优化技术。从满足非干线动态客流需求出发，考虑旅客出行需求和列车运行图能力的合理匹配，兼顾提高线路通过能力，实现基于客流匹配的区域网非干线列车运行图的优化编制。

8.1　基于客流匹配的区域网非干线列车运行图概述

8.1.1　概念

基于客流匹配的区域网非干线列车运行图，是基于已铺画完成的区域网干线周期性列车运行图、路网跨线列车运行图、区域内跨线列车运行图、区域网干线本线列车运行图，针对区域内非干线编制的以"以流定能"为原则，以满足非干线动态客流需求为基础，以提高运能与客流匹配度为目标，兼顾提高线路通过能力，实现列车开行动态化的列车运行图。其编制周期与客流规律性波动节拍一致，根据运能与客流需求的偏差程度决定列车运行图动态调整策略，并基于动态列车开行方案，结合高效的动车组运用计划和灵活的售票策略加以实施。在全日粒度上，基于客流匹配的区域网非干线列车运行图列车开行时段与区段体现客流需求的时空特性，各车站不同时段的客流需求反映在列车开行频次的差异性上，各OD根据客流成分和密度确定列车等级和开行频次，从而实现铁路运输资源效率和经营效益的最大化。

基于客流匹配的区域网非干线列车运行图编制模式，即在基本列车运行图的基础上，将客流需求与市场变化等因素有机结合编制实际列车运行图，实现运能与客流需求有效匹配，提高社会服务水平并兼顾铁路运营效益，从而形成双赢的良性循环。其中，基本列车运行图是指基于年度客流的一般规律制定的基础样板，实际列车运行图是指综合考量动态的客流需求与基本列车运行图以实现动车组的动态开行，能够在不同时段、不同客流需求下动态调整，从而编制高质量列车运行图，如图 8-1 所示。

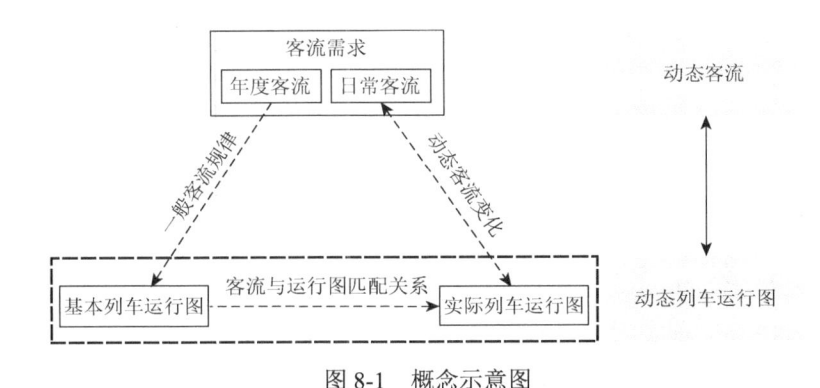

图 8-1 概念示意图

8.1.2 特点

1. 运能与客流需求相匹配

以客流精准预测分析为基础，按照"有流开车、以流定编、无流停运"的原则，在客流需求旺盛时段，高密度开行列车，扩大列车编组，增加客运能力有效供给，在客流量少，造成一定运能浪费的时段，停运列车，缩小列车编组，减少客运能力供给。根据客流成分和需求确定列车开行种类和速度等级，通过灵活配置运能供给，实现运力与旅客需求相匹配。

2. 响应快、易实施

基于客流实时监控和预测技术，技术人员针对动态变化的客流可以及时响应，根据运量的浮动变化精确匹配运能，在合理利用线路通过能力的前提下，调整列车开行时段和区段，短时期内缓解高速铁路供需矛盾。采用精确匹配运能的方法充分考虑铁路企业在技术和管理上的限制，不需要对现图进行大规模的调整，更易于实施执行。

3. 列车运行图能力利用率高

根据客流需求，高密度开行大客流区段的列车，低频率开行小客流区段的列车，按照客流量确定动车组编组和车型，每列车都有较高的客座率，充分利用运行线和动车组能力。通过优化列车运行图结构，减少列车越行次数，合理布置运行线停站次序，充分利用线路的通过能力。

8.2 基于客流匹配的区域网非干线列车运行图编制方法研究

8.2.1 基于客流匹配的区域网非干线列车运行图编制问题分析

1. 编制机制

基于客流匹配的区域网非干线列车运行图实质上是根据动态的客流计划，通过编制或调整基本运行计划与之相匹配，实现精准化旅客运输组织。因此，本章结合高速铁路客流特点，考虑客流计划与列车运行计划之间的相互作用关系，研究列车运行图编制机制。

基于客流匹配的区域网非干线列车运行图编制主要分为以下两阶段：

第一阶段为编制基本列车运行图，即基于年度客流，分别对不同季节编制基本列车运行图，以满足年度的客流波动。由于客流本身具有时变特征，有必要编制较好鲁棒性的基本列车运行图以提高列车运行图的动态性能，即允许客流在一定范围波动的情况下编制。

第二阶段为编制实际列车运行图，即在基本列车运行图的基础上，判断各时段内客流需求与基本列车运行图所提供的运能之间的匹配程度，当客流需求变化在可容许范围内时，继续执行现图；当客流需求变化超过可容许的波动范围时，列车运行图不能满足客流需求，需对列车运行图进行调整与更新，得到兼顾满足市场需求与运输服务一致性的实际列车运行图。

本章引入匹配偏差度 ε，以某条高速铁路全线为研究范围，通过比较每天的预测断面客流量与列车运行图承载客流量，可以反映列车运行图运能与客流需求的匹配程度。断面客流量为单位时间内通过一个区间的旅客人数。

$$\varepsilon = \left| \frac{\text{预测断面客流量} - \text{列车运行图承载客流量}}{\text{列车运行图承载客流量}} \right| \quad (8\text{-}1)$$

在计算匹配偏差度 ε 时，如式（8-1）所示，预测断面客流量根据精准的客流预测技术得出，列车运行图承载客流量为通过该断面的所有列车实际定员总和。列车实际定员由动车组实际运用车型和编组确定。列车运行图短时期处于稳态时，图定能力保持不变，实际能力与动车组运用计划相关。动车组运用计划除随着客流波动调整外，也受到动车组配属计划和检修计划的影响。铁路企业为提高客运服务质量，定期配属新车型动车组；为了统一配置动车组资源，铁路企业会重新分配动车组以服务特定线路。为保证动车组安全运行，铁路企业定期对动车组进行检修，检修内容复杂，耗时较长，动车组无法上线运行，铁路企业必须安排其余动车组执行检修动车组无法完成的运输任务。动车组配属计划和检修计划会影响上线运用的动车组车型和编组，因此在计算列车运行图承载客流量时，必须结合一段时期内的动车组配属计划和检修计划，基于动车组运用计划计算列车实际定员总和。

每个断面在不同时段均存在一个匹配偏差度 $\varepsilon_{i,j}^t$，如式（8-2）所示。在计算高速铁路的匹配偏差度时，需要综合考虑该条高速铁路各个断面的匹配偏差度，如式（8-3）所示。$\varepsilon_{i,j}^t$ 的正负分别反映由于运能不足和运能冗余造成的匹配程度偏差，$\varepsilon_{i,j}^t$ 取绝对值可以将运能不足和运能冗余造成的偏差叠加反映在匹配偏差度 ε 上。

$$\varepsilon_{i,j}^t = \frac{q_{i,j}^t - Q_{i,j}^t}{Q_{i,j}^t} \tag{8-2}$$

$$\varepsilon = \sum_{i,j,t} \left| \varepsilon_{i,j}^t \right| \tag{8-3}$$

式中，$\varepsilon_{i,j}^t$ —— t 时段断面 $[i,j]$ 的匹配偏差度；

$q_{i,j}^t$ —— t 时段断面 $[i,j]$ 的预测断面客流量；

$Q_{i,j}^t$ —— t 时段断面 $[i,j]$ 的列车运行图承载客流量。

客流根据变化频率可分为常态化客流与波动化客流，在时空维度上规律性地变动，若频繁地调整整张列车运行图，不仅增加铁路企业计划与执行难度，而且不利于旅客安排出行计划。因此，基于客流匹配的区域网非干线列车运行图应在基本列车运行图的基础上编制。本章将列车运行图划分为固定部分与非固定部分，固定部分满足较为稳定的客流需求，非固定部分满足波动明显的客流需求。根据客流预测分析技术确定列车运行图的全日编制阈值 $\varepsilon_{编}$ 和分时段编制阈值 $\varepsilon'_{编}$，以一周为时间范围预测客流需求，比较每天的 ε：当 $\varepsilon < \varepsilon_{编}$ 时，基本列车运行图可以满足日常客流需求，不需要做出调整；当 $\varepsilon_{编} \leq \varepsilon$ 时，需要对基本列车运行图进行调整以匹配客流需求。对于 $\varepsilon_{编} \leq \varepsilon$ 的时期，基本列车运行图上 $\varepsilon_{i,j}^t < \varepsilon'_{编}$ 的部分为实际列车运行图固定部分，$\varepsilon'_{编} \leq \varepsilon_{i,j}^t$ 的部分为非固定部分。当 $\varepsilon_{编} \leq \varepsilon$ 时，首先找到 $\varepsilon_{i,j}^t$ 非零的断面，然后通过 $\varepsilon_{i,j}^t$ 的正负判断区间 $[i,j]$ 的运能为不足还是冗余，从而做出相应的编制或调整策略。本章所指固定为相对固定，当非固定部分运行线与固定部分运行线产生冲突时，可通过调整固定部分列车的到发时刻、停站方案和停站时间疏解冲突。基于客流匹配的区域网非干线列车运行图编制机制流程如图 8-2 所示。

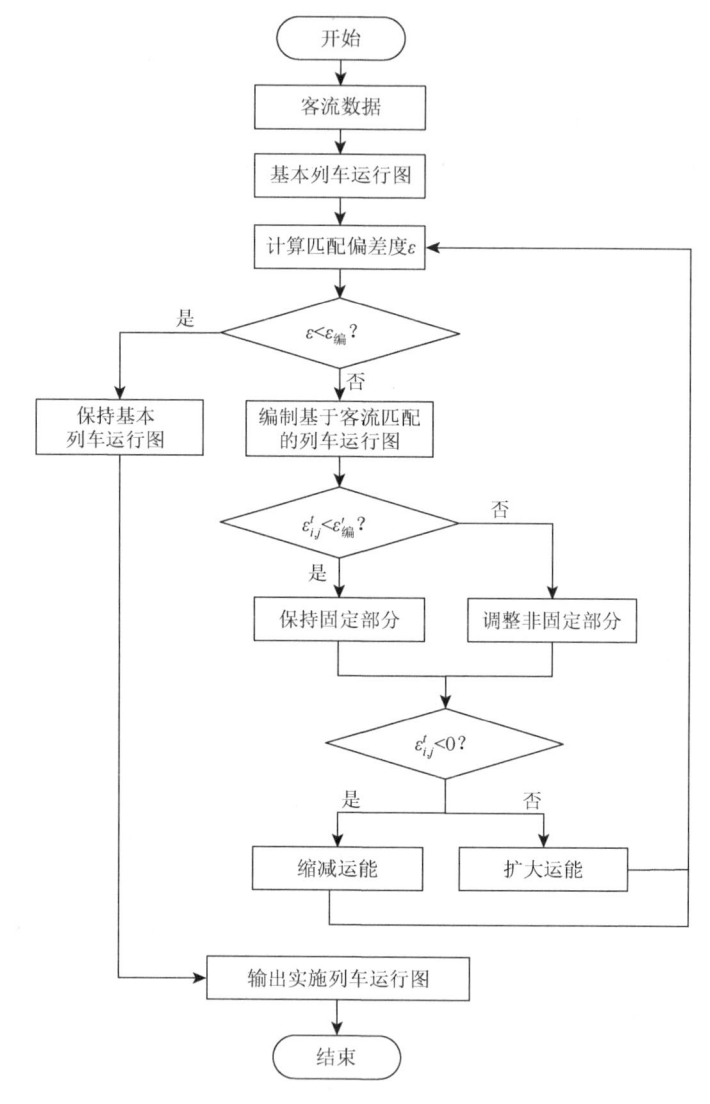

图 8-2 编制机制流程图

2. 编制思想

列车运行图固定部分满足常规客流需求，这一类客流的规律较为稳定，流量较大，且在较长时间内不易变动；非固定部分适应动态客流需求，这一类客流需求波动频繁，短时间内流量增减明显。因此，基于客流匹配的区域网非干线列车运行图应在保持固定部分相对固定的基础上优化编制非固定部分。

列车运行图需合理配置运力资源以适应客流需求的动态变化。列车运行图和动车组交路是铁路运力配置的技术性文件，列车运行图是对动车组列车时空位置的规划，动车组交路是对动车组资源的规划，是列车运行图的延伸，是对列车运行时空位置规划的细致化补充。因此，动车组交路应与列车运行图协同编制。

基于以上分析，本章提出基于客流匹配的区域网非干线列车运行图优化编制思想：基于基本列车运行图，以满足动态客流需求、实现客流需求与运能匹配为目标，在保持列车运行图固定部分相对固定的基础上优化编制非固定部分，并协同优化动车组交路与列车运行图，最终得到实际列车运行图。

3. 编制要素

列车运行图编制的基本要素主要包括运行时分、停站时间、作业时间标准和间隔时间，基于客流匹配的区域网非干线列车运行图在此基础上提出了新的要素，即客流时段、服务频率、列车种类、动车组类型。

1）客流时段

高速铁路客流在时间和空间上呈现出不同规律，为了更加精准地在列车运行图上反映客流变化情况，需要对全天合理始发时间范围划分客流时段。通过对高速铁路各节点或 OD 的分时段客流量进行聚类分析，即可确定客流时段。一般情况下，整点始发的列车客座率较好，容易引起该区段的客流需求波动，因此客流时段应从整点开始，以 h 为时间单位。

2）服务频率

服务频率分为列车服务频率和车站服务频率。列车服务频率由列车开行对数直接反映，列车服务频率增加，列车所提供的运能也随之增加，因此列车运行图在各个客流时段内保证合理的列车服务频率，满足该时段和区段旅客的出行需求。车站服务频率指一定时间内，该车站办理客运业务的列车对数。基于客流匹配的区域网非干线列车运行图在全日车站服务频率不变的基础上，将车站服务频率分配到每一个客流时段内，以满足各时段旅客的出行需求。

3）列车种类

基于客流匹配的区域网非干线列车运行图根据客流成分和需求确定列车开行种类和速度等级。若直达客流占比大，则开行高速度等级的直达列车；若大区段客流占比大，则开行低速度等级的择站停列车；若小区段客流占比大，则开行低速度等级的站站停列车。合理设置不同种类列车的铺画顺序，科学安排列车之间的越行，以满足多元层次化旅客出行的需求。

4）动车组类型

动车组是旅客运输的运载工具，不同编组和车型的动车组定员数不同。大编组的动车组适合承运大客流节点之间的旅客；小编组的动车组适合运行在小客流区段；重联的动车组适合运行于客流需求波动频繁的区段，根据不同时期的客流需求合理调整编组。基于客流匹配的区域网非干线列车运行图考虑动车组的编组类型和车型，将同种类型动车组安排在同一动车组交路内，并且缩短动车组的接续时间，提高动车组的运用效率。

4. 编制原则

1）能力紧张区段集束追踪运行

在满足服务频率的基础上，列车在能力紧张区段集束追踪运行，在该区段内集束运行的列车采用相同停站方案，以提高线路通过能力，如图8-3所示。

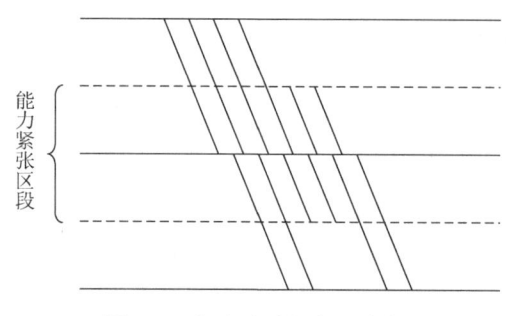

图8-3　集束追踪运行示意图

2）交错越行

由于速差和停站设置，列车势必会在车站发生越行。为了简化运行线之间的复杂关系，提高高速度等级列车服务质量，列车运行图中高速度等级列车之间不越行，低速度等级列车不越行高速度等级列车。一列车同时越行多列车会增加被越行列车的旅行时间，占用到发线能力，增加车站行车组织压力。因此，列车在车站至多同时越行两列车，必要时通过调整停站方案实现交错越行，如图8-4所示。

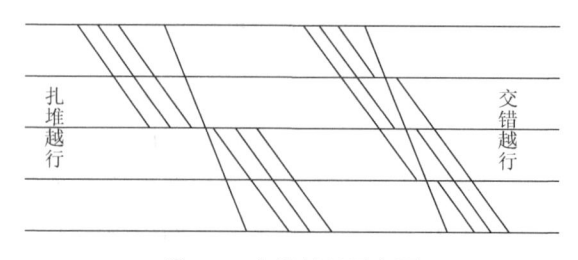

图8-4　交错越行示意图

3）"递远递停"停站方式

按照"递远递停"停站方式铺画列车运行线，具体指前方列车在远端车站停站，后方列车在近端车站停站，充分利用线路通过能力，如图8-5所示。

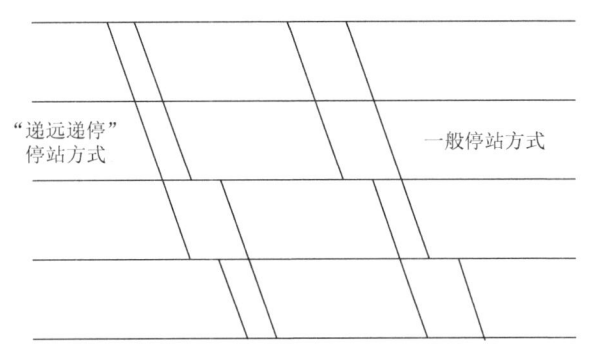

图 8-5 "递远递停"停站方式示意图

5. 编制流程

当客流需求与基本列车运行图不匹配时，需对列车运行图进行优化编制。基于上述相关研究，制定以下实际列车运行图编制流程：

（1）准备基础资料，包括开行方案和技术标准等；
（2）布置天窗，确定合理始发终到时间范围；
（3）划分客流时段，确定各客流时段内列车数量和停站次数；
（4）确定固定部分和非固定部分列车，按"在保持固定部分相对固定的基础上编制非固定部分"的思想编制列车运行图；
（5）铺画非固定部分列车运行线，消除固定部分与非固定部分运行线的冲突；
（6）制定非固定部分动车组交路；
（7）分析列车运行图旅行时间、旅行速度、列车运行图能力利用率、动车组运用效率、匹配偏差度等相关指标，结合客流情况，动态调整列车运行图运能。

综上，实际列车运行图编制流程如图 8-6 所示。

8.2.2 基于客流匹配的区域网非干线列车运行图编制关键技术

1. 客流时段划分方法

客流是一定时间内某条线路上旅客从出发节点到目的节点的流动，节点等级的高低会直接影响节点间客流的规律。因此，在划分客流时段之前需要先划分客流节点等级。

1）客流节点等级

从广义角度，客流节点等级取决于城市人口、客运设施规模、客流量等因素；从狭义角度，当客流趋于稳定后，客流节点等级主要取决于节点客流量的大小。因此，本章采用系统聚类法，根据节点客流量将高速铁路辐射范围内的客流节点划分为大客流节点和小客流节点。

```
准备基础资料
   ↓
布置天窗，确定始发终到时间范围
   ↓
划分客流时段，确定各客流
时段内列车数量和停站次数
   ↓
确定固定部分和非固定部分
   ↓
铺画非固定部分列车运行线，
消除固定部分与非固定部分运行线的冲突
   ↓
制定非固定部分动车组交路
   ↓
分析列车运行图指标，结合客流
情况，动态调整列车运行图运能
```

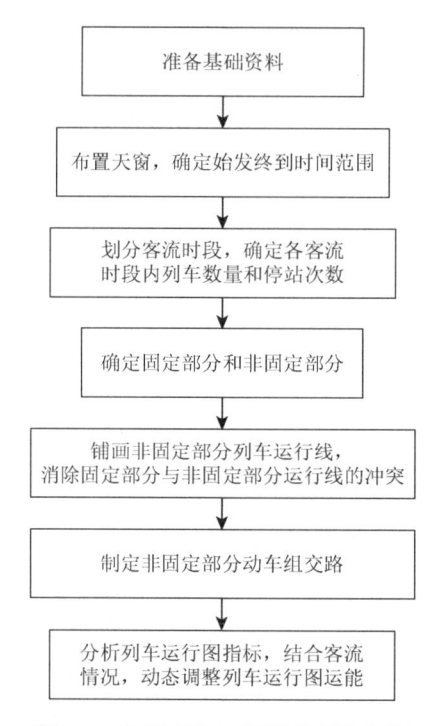

图 8-6　实际列车运行图编制流程图

2）客流时段种类

客流时段根据客流规律的时空特征可分为分节点客流时段和分区段客流时段。分节点客流时段表示为某节点的某个时间段，分区段客流时段表示为某 OD 的某个时间段。分节点客流时段方向性弱，适用于大客流节点与小客流节点、小客流节点与小客流节点之间的客流，该客流时段内同一方向的列车较少，列车开行方向较多，通达性较高。分区段客流时段方向性强，适用于大客流节点之间的客流，该客流时段内相同方向的列车较多，列车多运行在同一区段，客流量较大。

3）确定客流时段

在全日合理始发时间范围内，从整点出发时间开始，分别统计该节点以 1h 为时间长度的客流量，采用系统聚类法，根据单位小时内的客流量划分客流时段。大客流节点的分节点客流量为该节点与小客流节点之间的客流量，分区段客流量为该节点与其余大客流节点之间的客流量，小客流节点的分节点客流量为该节点与其余节点之间的客流量。

2. 动车组交路设计方法

动车组交路是动车组完成一次一级检修后至完成下一次一级检修期间担当的列车任务与进行的各种作业的有序集合。编组和车型是动车组的基本要素，是确定每列动车组运能的依据。我国目前配属的高速动车组已达 20 种,基于固定编组和车型条件协同编制列车运行图和动车组交路,会缩小解的空间,降低解的质量,甚至难以找到可行解。本章基于运能利用最大化,在不固定编组和车型的条件下,研究动车组交路设计方法。

1)动车组交路设计原则

列车运行图固定部分基于稳定的客流需求,调整频率小,非固定部分满足波动频繁的客流需求,调整频率大。若同一交路由固定部分列车和非固定部分列车组成,则动车组交路制定频率与非固定部分列车调整频率一致,影响固定部分的动车组运用。因此,固定部分和非固定部分分别制定动车组交路。

列车运行图的运能由每列车的运能组成,列车的运能即动车组承载能力,由动车组编组和车型确定,而列车客座率对确定动车组编组和车型具有指导作用,可以描述列车运能的利用程度。依据列车客座率划分列车集合可初步确定动车组编组和车型。由于列车接续必须由同一动车组完成,在不固定编组和车型的条件下,设计动车组交路时应满足同一交路内的列车属于相同列车集合。

2)跨线列车动车组交路

基于前面分析可知,跨线列车由线上列车和线下列车接续组成,因此列车运行图的动车组交路均由线上列车任务和线下列车任务组成,如图 8-7 所示,其中实线为线上列车任务,虚线为线下列车任务。

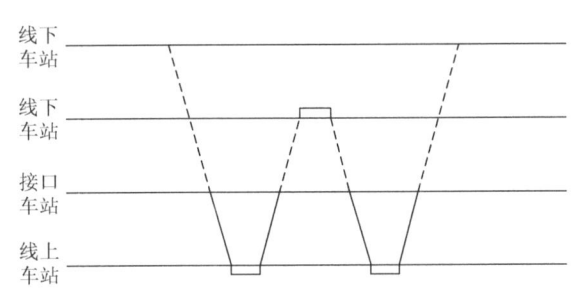

图 8-7 跨线列车交路示意图

3)划分列车集合

本章基于文献[33]提出的列车客座率预测方法,假定动车组均为 16 编组,预测开行方案中列车的客座率 K_i。根据经验值可知,当 $80\% \leqslant K_i \leqslant 100\%$ 时,列车运能利用率为优秀水平;当 $50\% \leqslant K_i < 80\%$ 时,列车运能利用率为良好水平。由于假定动车组为大编组,当 $40\% \leqslant K_i < 50\%$ 时,若动车组实际运用时安排小编组,则列车运能利用率为优秀水平,否则为一般水平;当 $20\% \leqslant K_i < 40\%$ 时,若动车组实际运用时安排小编组,则列车运能利用率为良好水平,否则为较差水平;当 $K_i <$ 20%时,认为该列车不具备开行条件,需调整开行方案。基于此,根据列车客座

率划分列车集合，设开行方案中的列车集合为 F：若 $80\% \leq K_i \leq 100\%$，则 $i \in F_{\mathrm{I}}$；若 $50\% \leq K_i < 80\%$，则 $i \in F_{\mathrm{II}}$；若 $40\% \leq K_i < 50\%$，则 $i \in F_{\mathrm{III}}$；若 $20\% \leq K_i < 40\%$，则 $i \in F_{\mathrm{IV}}$。

4) 设计动车组交路

本章对每列车赋予标记 H_i：若 $i \in F_{\mathrm{I}}$，则 $H_i=1$；若 $i \in F_{\mathrm{II}}$，则 $H_i=2$；若 $i \in F_{\mathrm{III}}$，则 $H_i=3$；若 $i \in F_{\mathrm{IV}}$，则 $H_i=4$。引入列车接续偏差度 $\tau_{i,j}$，如式（8-4）所示，其中，列车 j 接续列车 i，$\tau_{i,j}$ 越小，同一交路内属于相同列车集合的列车越多，动车组能力利用率也越高。

$$\tau_{i,j} = \left| H_i - H_j \right| \tag{8-4}$$

我国动车组车型分为"复兴号"和"和谐号"两大主型号，在每个主型号下面，又根据最高运营速度、编组数量、席位定员等要素分为若干子型号，本章的研究不精确到具体子型号的车型运用，仅给出动车组主型号和编组数量的选择方法。若动车组交路中存在 $H_i=1$ 的列车，则该交路应选用大编组"复兴号"动车组；若动车组交路中存在 $H_i=2$ 的列车，不存在 $H_i=1$ 的列车，则该交路应选用大编组"和谐号"动车组；若动车组交路中均为 $H_i=3$ 和 $H_i=4$ 的列车，则该交路应选用小编组"复兴号"动车组；若动车组交路中仅存在 $H_i=4$ 的列车，则该交路应选用小编组"和谐号"动车组。

3. 非固定部分优化调整方法

1) 优化调整原则

在对基本列车运行图进行优化调整前，需要确定列车运行图的调整原则，应遵循的原则如下：

（1）在优化调整列车运行图时，必须严格执行各项运输组织以及行车组织工作规范，以确保列车运行安全；

（2）为保证客运服务水平，满足客流需求，应遵循高等级列车优先原则；

（3）充分利用线路能力，高峰时期尽量缩小发车间隔，必要时可组织高等级列车越行低等级列车，在平峰或低峰时期，可适当增加发车间隔或采用大小编组，避免资源浪费；

（4）为确保铁路运营部门高效地进行工作，同时也为了降低铁路运营成本，保证铁路部门利益，应尽量保证基本列车运行图调整前后一致，并努力把因基本列车运行图调整给铁路运营和旅客出行造成的影响降到最低。

2) 优化调整内容

当客流小规模波动时，需优化调整基本列车运行图非固定部分以满足客流需求，调整的内容主要有以下几个方面：

(1) 调整列车编组方案。

当客流量发生变化时，由于线路通过能力的限制，可通过更换动车组类型、重联或拆解动车组等调整编组方案以适应客流需求。基于前面研究可知，动车组编组和车型是确定列车运能的依据，更换动车组编组和车型可以有效扩大运能。基于动车组交路设计方法中动车组编组和车型的选用方法，结合动车组配属和检修计划可以确定具体编组和车型。由于动车组资源有限，更换的动车组主要是其他交路停运或减编节省出的动车组或担当热备任务的动车组。日常运用时，可以采用重联、拆解的方式更换动车组编组：不同交路的两列短编组列车分别执行运输任务运行至具备重联技术条件的车站，经过重联作业后作为一列车继续运行，直到完成交路任务回到动车所进行检修，或运行到具备拆解技术条件的车站，经过拆解作业后被分解为两列短编组列车，分别执行各自的交路运输任务。

(2) 调整列车停站方案。

调整列车停站方案时，应按照不同列车等级合理设置，对中低等级列车通常设置较多停站，以便旅客乘降或换乘；若高等级列车限制停站频次，则能够提高列车的旅行速度和乘客舒适度。通常在调整基本列车运行图时尽量不改变基本列车运行图的停站状态。

(3) 调整停站时间。

在调整基本列车运行图时，可通过压缩停站时间以减少列车在站停留时间，从而提升旅行速度。

(4) 调整到发车时间。

在调整基本列车运行图时，根据客流需求的时空特性，可通过调整列车到发车时间以满足某一时空的客流需求，具体可细分为调整列车到站时间和发车时间。

(5) 调整列车到发顺序。

根据客流需求以及列车等级等因素，可通过调整列车出发或到达顺序以优化基本列车运行图。

(6) 调整列车开行频率。

根据客流需求，在对列车开行频率进行调整时，具体可分为停运列车和增开列车两种情况。

①停运列车。

当拆解动车组或更换小定员车型当前运能仍处于过剩状态时，可通过停运列车以满足客流需求，通常情况下在平峰时期考虑停运列车，停运列车的选择应尽量避免停运直达列车，避免产生较大行车间隔，避免对中转客流接续产生较大影响等。当停运列车后，可通过压缩列车停站时间恢复列车运行图中可能存在的冗余时间。

假设列车 i 选为停运列车，停运后可通过压缩列车 j 在车站 v 的停站时间以降低列车旅行时间，如图 8-8 所示。

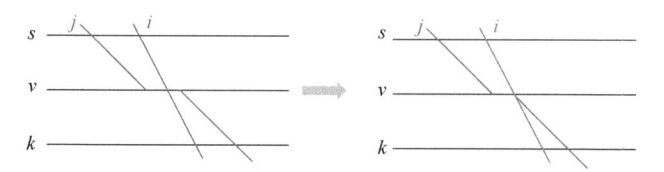

图 8-8　停运列车后压缩列车停站时间示意图

②增开列车。

当重联动车组或更换大定员动车组仍无法适应当前客流需求时，可采用增开列车的方式扩大运能，通常情况下在高峰时段考虑增开列车以扩大运能，增开列车时应根据客流需求确定增开列车区段、时段和数量，当运能不足时可考虑追踪运行。增开列车后可通过增加列车越行、调整停站方案、提高列车运行速度等进行冲突消解。

假设列车 i 为增开列车，此时，与列车 j 产生冲突，可通过列车 i 在车站 v 越行列车 j 进行冲突消解，如图 8-9 所示。

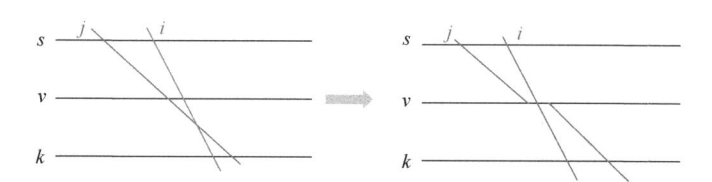

图 8-9　增开列车后增加越行示意图

假设列车 i 为增开列车，列车 i 与列车 j 之间的追踪时间超过最小追踪安全间隔，需通过增加列车 i 的运行时间进行冲突消解，如图 8-10 所示。

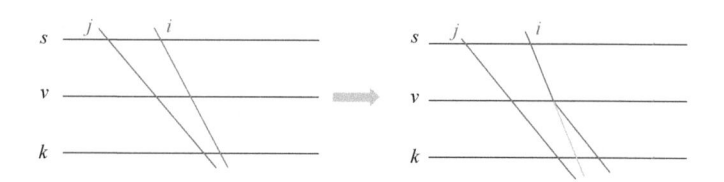

图 8-10　增开列车后增加列车运行时间示意图

假设列车 i 为增开列车，列车 i 与列车 j 之间的追踪时间超过最小追踪安全间隔，可通过采用"递远递停"的停站方式调整列车 i 的停站方案运行时间进行冲突消解，如图 8-11 所示。

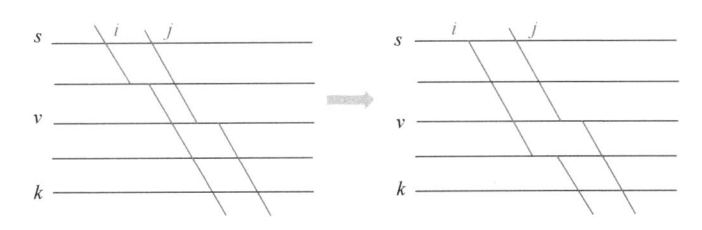

图 8-11　增开列车后调整停站方案示意图

假设列车 i 为增开列车，列车 i 与列车 j 存在多个区间超过最小安全间隔约束，可通过向后平移列车 i 进行冲突消解，如图 8-12 所示。

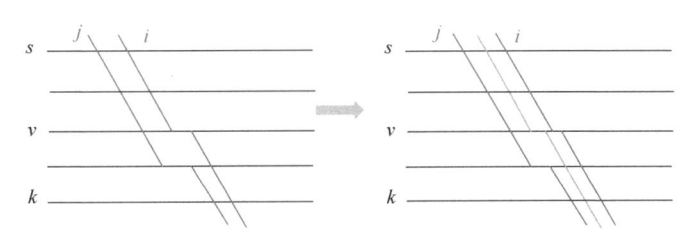

图 8-12　增开列车后平移列车示意图

8.3　基于客流匹配的区域网非干线列车运行图编制优化模型及算法

8.3.1　问题描述及假设

1. 问题描述

基于客流匹配的区域网非干线列车运行图的主要任务是实现铁路运能与客流需求的动态匹配,这要求该列车运行图必须兼顾铁路企业效益和旅客出行满意度。最大限度地减少旅客出行时间可以有效地吸引客流，增加铁路企业效益，提高旅客出行满意度；经济合理地运用动车组可以降低铁路企业运输成本，提高旅客乘车舒适度；快速高效地调整列车运行图可以降低技术人员工作难度，提高工作效率，及时响应旅客的出行需求。

通过上述分析，结合列车运行图编制机制，基于客流匹配的区域网非干线列车运行图编制优化问题可描述为：在给定区域网非干线列车运行图列车对数、列车等级、列车集合、开行时段、开行区段、停站方案、固定部分列车运行图和动车组交路等条件下，以安全间隔时间限制、到发线能力限制、列车到发时间域限制、动车组接续限制等为约束，求解非固定部分列车旅行时间最少与动车组接续时间最少的多目标优化问题。

2. 问题假设

问题假设如下：

（1）假设跨线列车线下旅行时间已知。跨线列车的合理上下线时间范围由始发终到时间范围和线下旅行时间确定，若考虑线下旅行时间，则必须研究线下停站方案、运行标尺和列车运行图结构，增加了问题规模。

（2）假设动车组出入库线能力充足。动车组在每日天窗之前返回动车所进行检修，天窗之后出库执行列车任务。若动车组出入库线能力不充足，可能导致夜间动车组滞留车站，无法进行检修作业，白天动车组积压在动车所内，无法承担运输任务。

（3）假设始发终到站具有动车组夜间驻留条件。多日交路的动车组列车在交路的首日需要在车站或存车所存放，若车站及存车所无法存放动车组，则必须安排动车组空车回送至存放点，不利于动车组合理经济运用。

（4）假设高速铁路车站咽喉能力充足。列车的停站、越行、折返会占用车站咽喉能力，若车站咽喉能力不足，可能无法正常接发列车，必须改变原有的开行方案。

（5）假设动车组各主型号组数充足。本章在不固定编组和车型的条件下设计动车组交路，最终输出的交路中包含动车组主型号和编组数量。若动车组某主型号组数不足，本章所提方法无法为交路选择最优的车型，会造成动车组运能过剩或不足。

8.3.2 模型构建

1. 符号说明

1）列车运行图参数

S：车站集合；

F：列车集合；

F_1：固定部分列车集合；

F_2：非固定部分列车集合；

I：列车追踪间隔时间；

I_{aa}：列车到达间隔时间；

I_{dd}：列车出发间隔时间；

I_{ac}：列车到通间隔时间；

I_{cd}：列车通发间隔时间；

t_s：列车起车附加时间；

t_b：列车停车附加时间；

$t_{s,s+1}$：列车纯运行时间；

$t_{\max}$：列车最大停站时间；

$t_{\min}$：列车最小停站时间；

Td_i^s：列车i在车站s的出发时间；

Ta_i^s：列车i在车站s的到达时间；

$[\mathrm{Ted}_i^s, \mathrm{Tld}_i^s]$：出发时间窗；

$[\mathrm{Tea}_i^s, \mathrm{Tla}_i^s]$：到达时间窗；

$[\mathrm{Td}, \mathrm{Ta}]$：合理始发终到时间域；

$[t, t']$：客流时段；

T_R：最大允许调整时间；

S_o：列车始发站；

S_d：列车终到站；

df_s：车站到发线数；

$u_{[t,t']}^s$：客流时段$[t,t']$内车站s发出的最小列车数；

$u_{[t,t']}^{s,s+i}$：客流时段$[t,t']$内运行区段为$[s,s+i]$的最小列车数；

δ_i：0-1变量，表示列车i是否属于高速度等级列车，属于为1，否则为0；

x_i^s：0-1变量，表示列车i是否在车站s停站，停站为1，否则为0。

2）动车组参数

E：动车组集合；

l_i：列车运行距离；

l_R：动车组日常修上限里程；

Δl：动车组日常修浮动里程；

t_R：动车组日常修上限时间；

$T_{\min}$：列车最小接续时间；

$T_{i,j}$：列车i与列车j接续时间；

$\mu_{i,j}^e$：0-1变量，表示动车组e执行完列车i后是否接续列车j，接续为1，否则为0；

$\tau_{i,j}$：列车i与列车j接续偏差度。

3）决策变量

$\mathrm{T'd}_i^s$：列车运行图调整后列车i在车站s的出发时间；

$\mathrm{T'a}_i^s$：列车运行图调整后列车i在车站s的到达时间；

$T'_{i,j}$：列车运行图调整后列车i与列车j接续时间；

$\mu'^e_{i,j}$：列车运行图调整后的$\mu_{i,j}^e$。

2. 目标函数

基于客流匹配的区域网非干线列车运行图编制优化以列车旅行时间最少与动车组接续时间最少为优化目标,即

$$\min T_\mathrm{X} = \sum_i^{F_2}\sum_s^S (\mathrm{T'a}_i^{S_\mathrm{d}} - \mathrm{T'd}_i^{S_\mathrm{o}}) \quad (8\text{-}5)$$

$$\min T_\mathrm{Y} = \sum_{i,j}^{F_2} T'_{i,j} \quad (8\text{-}6)$$

3. 约束条件

1)区间运行时间约束

列车运行标尺包括列车在区间的纯运行时间、起车附加时间、停车附加时间,即

$$\mathrm{T'a}_i^{s+1} - \mathrm{T'd}_i^s = t_{s,s+1} + t_s x_i^s + t_b x_i^{s+1} \quad (8\text{-}7)$$

2)列车停站时间约束

列车在中间站停站时间必须满足技术作业时间标准,为保证旅客出行舒适度,列车停站时间不宜过长,即

$$x_i^s t_{\min} \leqslant \mathrm{T'd}_i^s - \mathrm{T'a}_i^s \leqslant x_i^s t_{\max} \quad (8\text{-}8)$$

3)安全间隔约束

列车在区间和车站运行时,必须满足最小安全间隔时间,相邻的两列车在区间运行要符合列车追踪间隔时间,如图 8-13 所示,在车站处于到达、通过、出发状态时要满足到达、出发、到通、通发间隔时间要求,即

$$\begin{cases} \mathrm{T'd}_{i+1}^s - \mathrm{T'd}_i^s \geqslant I \\ \mathrm{T'a}_{i+1}^s - \mathrm{T'a}_i^s \geqslant I \end{cases}, \quad (1-x_i^s)(1-x_{i+1}^s) = 1 \quad (8\text{-}9)$$

$$\begin{cases} \mathrm{T'd}_{i+1}^s - \mathrm{T'd}_i^s \geqslant I_\mathrm{dd} \\ \mathrm{T'a}_{i+1}^s - \mathrm{T'a}_i^s \geqslant I_\mathrm{aa} \end{cases}, \quad x_i^s x_{i+1}^s = 1 \quad (8\text{-}10)$$

$$\begin{cases} \mathrm{T'd}_i^s - \mathrm{T'd}_{i+1}^s \geqslant I_\mathrm{cd} \\ \mathrm{T'a}_{i+1}^s - \mathrm{T'a}_i^s \geqslant I_\mathrm{ac} \end{cases} \quad x_i^s (1-x_{i+1}^s) = 1 \quad (8\text{-}11)$$

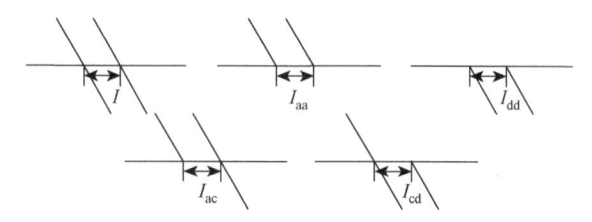

图 8-13 安全间隔示意图

4）越行约束

列车越行只能在车站进行，区间内禁止发生越行，即

$$(T'd_i^s - T'd_{i+1}^s)(T'a_i^{s+1} - T'a_{i+1}^{s+1}) > 0 \tag{8-12}$$

为保证列车服务质量，高速度等级的列车不能被低速度等级的列车越行，即

$$\delta_i(T'a_i^s - T'a_{i+1}^s)(T'd_i^s - T'd_{i+1}^s) > 0 \tag{8-13}$$

5）到发线能力约束

到发线是旅客乘降、列车越行的基础设施，到发线能力决定同一时间内车站能够停靠列车的数量，即

$$\sum_i^F [w(T'a_i^s, t) - w(T'd_i^s, t)] \leqslant df_s \tag{8-14}$$

其中，$w(x,t) = \begin{cases} 1, & x \leqslant t \\ 0, & x > t \end{cases}$。

6）客流时段服务频率约束

在分节点客流时段内必须保证合适的列车开行频率以满足客流需求，即

$$\sum_i^F z(T'd_i^s, t) \geqslant u_{[t,t']}^s \tag{8-15}$$

其中，$z(x,t) = \begin{cases} 1, & x \in [t,t'] \\ 0, & x \notin [t,t'] \end{cases}$。

在分区段客流时段内需要开行大客流节点之间的始发终到车以提供充足的运力，即

$$\sum_i^F y_{s,s+i}(T'd_i^s, t) \geqslant u_{[t,t']}^{s,s+i} \tag{8-16}$$

其中，$y_{s,s+i}(x,t) = \begin{cases} 1, & x \in [t,t'] \text{ 且 } S_{o_i} = s, S_{d_i} = s+i \\ 0, & \text{其他} \end{cases}$。

7）到发时间窗约束

合理安排列车到发时间，可以确保列车顺利运行，同时满足该时段内旅客的出行需求，即

$$\begin{cases} Ted_i^s \leqslant T'd_i^s \leqslant Tld_i^s \\ Tea_i^s \leqslant T'a_i^s \leqslant Tla_i^s \end{cases} \tag{8-17}$$

8）合理始发终到时间域约束

列车开行时段必须符合旅客出行习惯，满足合理始发终到时间域约束，以吸引更多客流，即

$$\begin{cases} \text{Ted}_i^s \geqslant \text{T}'\text{d} \\ \text{Tla}_i^s \leqslant \text{T}'\text{a} \end{cases} \tag{8-18}$$

9）动车组检修约束

动车组检修采用"双修制"，即"累计运用里程为主，累计运用时间为辅"的检修标准，即

$$\sum_{i,j}^{F} \mu_{i,j}'^{e} l_j \leqslant l_R + \Delta l \tag{8-19}$$

$$\sum_{i,j}^{F} \mu_{i,j}'^{e} (\text{T}'a_i^{s_d} - \text{T}'d_i^{s_o} + T_{i,j}') \leqslant t_R \tag{8-20}$$

10）动车组接续时间约束

动车组接续时间应保证在合理范围内，减少列车占用到发线时间，提高动车组运用效率，即

$$T_{i,j}' = \begin{cases} T_{j,s}'^{\text{d}} - T_{i,s}'^{\text{a}}, & T_{j,s}'^{\text{d}} - T_{i,s}'^{\text{a}} \geqslant T_{\min} \\ 1440 + T_{j,s}'^{\text{d}} - T_{i,s}'^{\text{a}}, & T_{j,s}'^{\text{d}} - T_{i,s}'^{\text{a}} < T_{\min} \end{cases}, \quad \mu_{i,j}'^{e} = 1 \tag{8-21}$$

$$T_{i,j}' \geqslant T_{\min} \tag{8-22}$$

11）动车组交路起终站约束

交路必须由多段闭环径路构成，故交路起站与交路终站必须一致，列车 i 为交路首班车，列车 j 为交路末班车，即

$$S_{\text{d}_i} = S_{\text{o}_j} \tag{8-23}$$

12）动车组接续唯一性约束

动车组交路是一条闭合回路，由同一动车组承担交路内所有列车运输任务。因此，动车组运行至终到站后，在同一时间内只能担当一个列车运输任务，即

$$\begin{cases} \sum_i^F \mu_{i,j}'^{e} = 1 \\ \sum_j^F \mu_{i,j}'^{e} = 1 \end{cases} \tag{8-24}$$

13）动车组接续偏差度约束

根据动车组交路设计方法，动车组接续偏差度 $\tau_{i,j}$ 越小，动车组能力利用率越高。因此，本章规定动车组接续偏差度 $\tau_{i,j}$ 在合理范围内，即

$$\tau_{i,j} \leqslant 1 \tag{8-25}$$

14）固定部分动车组接续固定约束

调整非固定部分列车运行图时，不改变固定部分动车组接续关系，即

$$\mu_{i,j}^{e}=\mu_{i,j}^{\prime e}, \quad i,j \in F_{1} \tag{8-26}$$

15）列车运行图调整时间约束

调整非固定部分列车运行图时，当前列车运行图的时刻变化必须在最大允许调整时间范围内，即

$$\sqrt{(\mathrm{Td}_{i}^{s}-\mathrm{T}^{\prime}\mathrm{d}_{i}^{s})^{2}+(\mathrm{Ta}_{i}^{s}-\mathrm{T}^{\prime}\mathrm{a}_{i}^{s})^{2}} \leqslant T_{R} \tag{8-27}$$

8.3.3 模型求解

本章采用 ALNS 算法求解基于客流匹配的区域网非干线列车运行图编制优化模型，并对算法的结构和流程进行阐述。

1. 多目标问题转化

本章以列车旅行时间最少与动车组接续时间最少为优化目标，建立基于客流匹配的区域网非干线列车运行图编制优化模型，即

$$\min Z = a \cdot T_{\mathrm{X}} + b \cdot T_{\mathrm{Y}} \tag{8-28}$$

式中，a、b——各目标的加权值，a、$b>0$，加权值越大表示该目标的重要程度越高，应优先考虑。

2. 基于 ALNS 算法设计

由本章构建的模型可知，列车运行图与动车组交路协同优化问题具有多变量、非线性等复杂特征，是典型的大规模组合优化问题，属于 NP 难问题，采用传统精确算法难以在可接受的时间范围内获得最优解。ALNS 算法是基于 LNS 算法的改进，能够求解大规模组合优化问题，速度快，稳定性高。该算法在搜索中依据"破坏-重建"的原则，通过先破坏当前解的结构再重新修复的方式寻找新解。迭代一定次数后，根据算子是否找到了更优解，更新算子的权重。通过引入随机因素，算法更容易跳出局部最优解，在更大的解空间内搜索邻域。ALNS 算法求解流程如图 8-14 所示。

1）初始解的构造

初始解的构造基于贪婪算法：定义 U 为未铺画的列车集合。该算法在未铺画的列车中随机找列车 i，将该列车插入使插入成本最小的位置中。目标函数的增加量即为列车插入列车运行图某一位置的插入成本。遍历集合 U，直到集合 U 为空时，获得初始解。

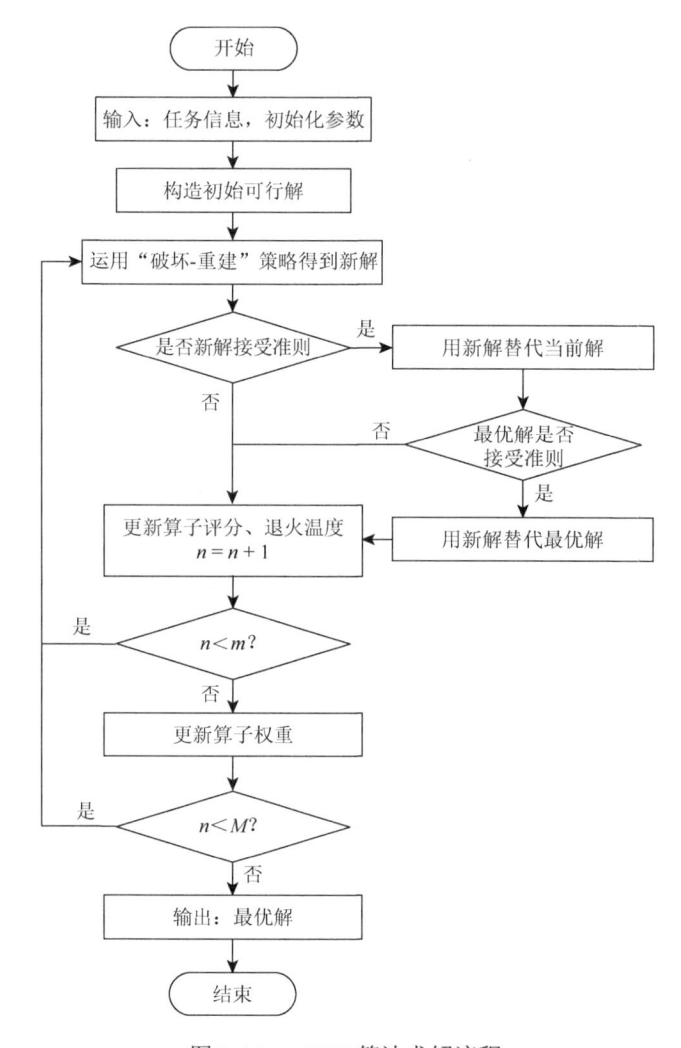

图 8-14　ALNS 算法求解流程

2）移除算子

本章采用三种移除算子将 q 个列车从现有解中移除。其中，最差移除算子和相似移除算子中引入随机参数 p 增加移除算法的随机性，有利于扩大搜索范围，避免重复移除相同的列车而陷入局部最优。

（1）随机移除算子。

该算子从现有解中随机选取 q 个列车，将这些列车从现有解中移除。该方法操作简单，运算速度快，随机性很强，求解质量不确定性大，可能会产生一组较差的移除点集，但有助于邻域搜索的多样化以及在一定程度上避免局部最优。

(2）最差移除算子。

该算子认为移除成本越高的列车，越应该从当前解中移除，移除成本 $\cos t(i,s)$ 如式（8-29）所示，定义移除列车集合为 V，当前解中所有列车集合为 U，计算所有列车 q 的移除成本，将集合 U 按照移除成本降序排列，移出移除成本较高的列车到集合 V 中。引入随机参数 p，每次移除集合 F 中第 $[y^p|U|]$ 个列车，直到移除列车数量达到 q。其中，y 是 [0,1) 内的随机数，p 是一个不小于 2 的常数，$|U|$ 是当前集合 U 的长度，移除一个列车后，集合的长度减 1。

$$\cos t(i,s) = Z(s) - Z_{-i}(s) \qquad (8\text{-}29)$$

式中，s——i 当前解；

$Z(s)$ 和 $Z_{-i}(s)$ ——移除列车 i 前和移除后的目标函数值。

(3）相似移除算子。

该算子认为通过删除某些特征相似的列车，容易在插入后获得更优解。如果移除差异较大的列车，更有可能将其插入原先的甚至更坏的位置，无法搜索新的解空间。本章利用列车 i 和列车 j 之间的接续时间和接续偏差度定义相似度，同时引入 φ 和 χ 作为两者的权重，如式（8-30）所示，定义移除列车集合为 V，当前解中所有列车集合为 U，首先随机选择一个列车移出当前解。之后，每次从集合 V 中随机选择一个列车，计算该列车与当前解中所有列车的相似度。$R(i,j)$ 越小，列车 i 与列车 j 的相似度越大。将集合 U 按照 $R(i,j)$ 升序排列，移出相似度较高的列车到集合 V 中。引入随机参数 p，每次移除集合 U 中第 $[y^p|U|]$ 个列车，直到移除列车数量达到 q。其中，y 是 [0,1) 内的随机数，p 是一个不小于 2 的常数，$|U|$ 是当前集合 U 的长度，移除一个列车后，集合的长度减 1。

$$R(i,j) = \varphi T_{i,j} + \chi \tau_{i,j} \qquad (8\text{-}30)$$

3）插入算子

本章采用两种插入算子需要将被移除的 q 个列车按一定规则依次重新插入现有解中。

(1）贪婪插入算子。

该算子对于每一个在移除集合 V 中的列车 i，计算该列车插入当前解各位置后的插入成本，如式（8-31）所示，$c(i)$ 为所有 $\cos t(i,s)$ 中的最小值，$h(i)$ 代表 $c(i)$ 对应的最优位置。选择集合 V 所有列车中 $c(i)$ 最小的值对应的列车 r，将列车 r 插入 $h(r)$ 对应的位置上。重复这一过程，直到所有被移除的列车重新插回解中。

$$\cos t(i,s) = Z_{+i}(s) - Z(s) \qquad (8\text{-}31)$$

式中，s——i 当前解；

$Z_{+i}(s)$ 和 $Z(s)$ ——插入列车 i 后和插入前的目标函数值。

（2）后悔插入算子。

该算子在贪婪插入算子的基础上，考虑了次优插入位置对目标函数的影响。对于每一个在移除集合 V 中的列车 i，计算该列车插入当前解各位置后的插入成本 $\cos t(i,s)$。将 $\cos t(i,s)$ 按升序排列，第 j 位的值为 $c_j(i)$，$h(i)$ 代表 $c_j(i)$ 对应的最优位置。列车 i 插入最优位置的后悔值为 $r(i)$，如式（8-32）所示，选择集合 V 所有列车中 $c_j(i)$ 最小的值对应的列车 r，将列车 r 插入 $h(r)$ 对应的位置上。重复这一过程，直到所有被移除的列车重新插回解中。

$$r(i) = c_2(i) - c_1(i) \tag{8-32}$$

4）自适应权重调整策略

本章 ALNS 算法包含多个移除算子和插入算子，在迭代过程中用轮盘赌的方式选择算子。假设有 k 个移除算子（或插入算子），第 i 个算子的权重为 ω_i，则第 i 个算子被选中的概率如式（8-33）所示：

$$P_i = \frac{\omega_i}{\sum_{i=1}^{k} \omega_i} \tag{8-33}$$

本章将 ALNS 算法整个搜索过程分为许多段，每 m 次迭代构成一段，在一段迭代开始时，初始化所有算子的权重和评分，各算子的权重在每一段迭代中保持不变。在一段迭代进行时，根据移除算子和插入算子的表现按表给算子打分，算子的记分规则如表 8-1 所示。

表 8-1 算子记分规则

分数	算子表现
ζ_1	在本次迭代中找到新的全局最优解
ζ_2	在本次迭代中找到比当前解更优的新解
ζ_3	在本次迭代中找到的新解比当前解更差，但被算法接受
不变	除上述三种的其他情况

在一段迭代结束后，移除算子和插入算子根据其在该段迭代的得分更新算子的权重。算子 i 在第 $j+1$ 段的权重如式（8-34）所示：

$$\omega_{i,j+1} = \omega_{i,j}(1-r) + r\frac{\pi_{i,j}}{\theta_{i,j}} \tag{8-34}$$

式中，$\omega_{i,j}$——算子 i 在第 j 段中的权重；

$\pi_{i,j}$——算子 i 在第 j 段中的总得分；

$\theta_{i,j}$——算子 i 在第 j 段中被选用的次数；

r——权重参数，表明算子的权重受评分更新的影响程度。

5）解的接受和终止准则

本章借鉴模拟退火算法接受解的思想，如果新解 s' 比当前解 s 优，则接受新解 s'；如果新解 s' 比当前解 s 差，则按概率 $p = \exp\left(\dfrac{T(s) - T(s')}{T_k}\right)$ 接受新解 s'。其中，T 为退火初始温度，如式（8-35）所示，每次迭代后 $T = T \cdot c\ (0 < c < 1)$，其中，$c$ 为迭代的冷却系数。

$$T = -\frac{\tau}{\ln\theta}T(s_0) \qquad (8\text{-}35)$$

式中，τ——目标函数的退化系数；

θ——接收解的概率，即新解的成本比初始解大 τ 时仍有 θ 的概率被接受。

当算法搜索到最大迭代次数 M 时，则停止 ALNS 算法，输出最优结果。

参 考 文 献

[1] 中国国家铁路集团有限公司发展和改革部. 中国国家铁路集团有限公司 2023 年统计公报[N]. 人民铁道，2024-03-01（002）. DOI：10.28657/n.cnki.nrmtd.2024.000255.

[2] 包维民，闫海峰，张强锋，等. 中国高速铁路运输组织模式研究[J]. 交通运输工程与信息学报，2016，14（3）：13-18.

[3] 倪少权. 铁路旅客运输组织[M]. 北京：科学出版社，2020.

[4] 左自辉，李林灿，张守帅. 东海道-山阳-九州新干线列车运行图分析及启示[J]. 铁道运输与经济，2022，44（12）：146-153.

[5] 国土交通省. 全国の新幹線鉄道網の現状/全国高速铁路网现状[EB/OL]. https://www.mlit.go.jp/common/001292924.pdf. [2023-06-30].

[6] 林宏，刘俊，刘闻东，等. 日本铁路运输组织现状及启示[J]. 铁道运输与经济，2012，34（3）：65-72.

[7] 闫海峰. 客运专线旅客列车开行方案优化[M]. 成都：西南交通大学出版社，2012.

[8] 刘军. 珠三角城际铁路列车运营调度流程分析[J]. 铁路通信信号工程技术，2013，10（S1）：298-301.

[9] 百度百科. 法国高速列车[EB/OL]. https://baike.baidu.com/item/法国高速列车/1549720.

[10] 任朋彪. 受电弓主动控制实验装置的实现及其控制策略的研究[D]. 北京：北京交通大学，2014.

[11] 杨朋. 2023 各国高铁里程排名：美国第九，我国位居榜首. https://www.phb123.com/shijiezhizui/guojia/63987.html.[2023-08-07].

[12] 王娇娥，焦敬娟. 欧洲高速铁路网络发展历史[N]. 中国科学报，2015-04-08（B07）.

[13] 杨丽蓉. 高速铁路列车合理开行距离研究[D]. 成都：西南交通大学，2018.

[14] 尹健. 铁路列车运行图编制管理模式研究[D]. 成都：西南交通大学，2010.

[15] 彭其渊，文超. 高速铁路运输组织基础[M]. 2 版. 成都：西南交通大学出版社，2014.

[16] 胡伟，杜欣，李文新. 德国铁路运营管理评析[J]. 铁道经济研究，2001，（6）：24-30.

[17] 佚名. "十四五"现代综合交通运输体系发展规划[J]. 铁道技术监督，2022，50（2）：9-23，27.

[18] 荣剑，曲思源. 列车运行图编制与管理[M]. 北京：中国铁道出版社，2008.

[19] 倪少权. 中国铁路列车运行图编制系统研究[D]. 成都：西南交通大学，2013.

[20] 张强锋. 基于区域协同的高速铁路列车运行图编制理论与方法研究[D]. 成都：西南交通大学，2019.

[21] 吕苗苗，倪少权，张强峰. 基于区域协同的高速铁路客运组织创新模式研究[J]. 交通运输工程与信息学报，2019，17（3）：80-84，117.

[22] 王春晖. 基于区域协同的高速铁路运输组织模式及关键问题研究[D]. 成都：西南交通大

学，2020.

[23] 骆剑承，周成虎，梁怡，等. 多尺度空间单元区域划分方法[J]. 地理学报，2002，57（2）：167-173.
[24] 郑州铁路局. 高速铁路客运[M]. 北京：中国铁道出版社，2012.
[25] 张南. 高速铁路列车开行合理距离研究[D]. 成都：西南交通大学，2019.
[26] 刘万明. 我国高速铁路客运专线主要技术经济问题研究[D]. 成都：西南交通大学，2002.
[27] 何宇强，毛保华，陈团生，等. 高速客运专线客流分担率模型及其应用研究[J]. 铁道学报，2006，28（3）：18-21.
[28] 邓诗弋. 基于区域协同的高速铁路列车运行图优化研究[D]. 成都：西南交通大学，2022.
[29] 张强锋，王恪铭，倪少权，等. 基于网络连接及服务中心选择的高铁路网区域划分方法[J]. 中国铁道科学，2018，39（4）：123-130.
[30] 周颖. 基于区域协同的高速铁路换乘组织研究[D]. 成都：西南交通大学，2021.
[31] 吴达. 高速铁路跨线列车运行线布局优化研究[D]. 成都：西南交通大学，2018.
[32] 李斯涵. 基于"每日一图"的高速铁路列车运行图编制优化研究[D]. 成都：西南交通大学，2021.
[33] 徐广岩. 高速铁路动车组列车客座率预测及盈亏分析[D]. 北京：北京交通大学，2016.